HERMANN BAUER
Lenauwahn

MEIN IST DIE RACHE Nach dem Tod des Gymnasiallehrers Hannes Langthaler möchte dessen Neffe Stefan den Anzug seines Onkels aus dem Grab entwenden, um ihn bei einer Halloween-Party zu tragen. Stefan verschwindet spurlos. Zur gleichen Zeit wird ein weiterer Junge vor dem Friedhof niedergeschlagen. Brigitte Renner, Stefans Mutter, bittet Leopold, ihren Sohn zu suchen. Der ist, wie auch sein Bruder Horst, Mitglied des Vereins »Lenaubrüder«, einer Gruppe von Stockerauern, die das Floridsdorfer Gymnasium absolvierten und bekennende Verehrer des Dichters Nikolaus Lenau sind, der eine Zeit seiner Jugend in Stockerau verbrachte. Langthaler gründete den Verein. Während Leopold auf erste Spuren stößt, geschieht anlässlich eines Allerseelenkonzertes im Café Heller ein Mord. Gottfried Eichinger, Pianist der Sängerin Klothilde Gattermann, ist vor seinem Auftritt nirgendwo zu finden und wird schließlich wird erdrosselt beim Jedleseer Friedhof entdeckt. Nur langsam erschließen sich Leopold die Zusammenhänge ...

Hermann Bauer wurde 1954 in Wien geboren. 1961 kam er nach Floridsdorf. Während seiner Zeit am Floridsdorfer Gymnasium begann er, sich für Billard, Tarock und das nahe gelegene Kaffeehaus, das Café Fichtl, zu interessieren. Seither ist er dort Stammgast. Er unterrichtet an der BHAK Wien 10. 1993 heiratete er seine Frau Andrea, der zuliebe er seinen Heimatbezirk verließ. Er ist Mitglied des Theaterensembles seiner Schule und wirkte dort bereits in 13 Aufführungen mit. 2008 erschien mit »Fernwehträume« sein erster Kriminalroman, dem vier weitere Krimis um das fiktive Floridsdorfer Café Heller und dessen neugierigen Oberkellner Leopold folgten. »Lenaubrüder« ist der sechste Kaffeehauskrimi des Autors.

Bisherige Veröffentlichungen im Gmeiner-Verlag:
Nestroy-Jux (2012)
Philosophenpunsch (2011)
Verschwörungsmelange (2010)
Karambolage (2009)
Fernwehträume (2008)

HERMANN BAUER

Lenauwahn

Ein Wiener Kaffeehauskrimi

GMEINER
Original

Sämtliche Zitate Nikolaus Lenaus sind folgenden Ausgaben entnommen:
Lenau, Nikolaus: Gedichte. Herausgegeben von Hartmut Steinecke.
Reclam, Stuttgart 2005 (Reprint 2010).
Lenau, Nikolaus: Faust. Ein Gedicht. Herausgegeben von Hartmut Stein-
ecke. Reclam, Stuttgart 1997 (Reprint 2009).

Personen und Handlung sind frei erfunden.
Ähnlichkeiten mit lebenden oder toten Personen
sind rein zufällig und nicht beabsichtigt.

Besuchen Sie uns im Internet:
www.gmeiner-verlag.de

© 2013 – Gmeiner-Verlag GmbH
Im Ehnried 5, 88605 Meßkirch
Telefon 0 75 75/20 95-0
info@gmeiner-verlag.de
Alle Rechte vorbehalten
1. Auflage 2013

Lektorat: Claudia Senghaas, Kirchardt
Herstellung: Mirjam Hecht
Umschlaggestaltung: U.O.R.G. Lutz Eberle, Stuttgart
unter Verwendung eines Fotos von: © kemai / photocase.com
Druck: GGP Media GmbH, Pößneck
Printed in Germany
ISBN 978-3-8392-1414-5

1

Ich trag im Herzen eine tiefe Wunde,
Und will sie stumm bis an mein Ende tragen;
Ich fühl ihr rastlos immer tiefres Nagen,
Und wie das Leben bricht von Stund zu Stunde.

(Aus: Lenau, Der Seelenkranke)

»Herr: Es ist Zeit. Der Sommer war sehr groß.«

Der alte Mann, der vor dem offenen Fenster saß, die angenehm milde Luft des Oktobernachmittags einatmete und wehmütig in jene Landschaft hinausblickte, die zu betreten er bereits zu schwach war, entsann sich der ersten Zeile des berühmten Gedichtes von Rainer Maria Rilke. Es war ein schöner Herbsttag, wie er sich in diesem Jahr nicht mehr allzu oft wiederholen würde. Die Sonne ließ noch einmal ahnen, welche Kraft in ihr steckte, und doch begannen die Blätter bereits sich zu verfärben.

Er sprach das Gedicht in Gedanken weiter:

»Befiehl den letzten Früchten, voll zu sein;
gib ihnen noch zwei südlichere Tage,
dränge sie zur Vollendung hin und jage
die letzte Süße in den schweren Wein.«

Die Worte kamen kaum hörbar aus seinem Mund. Das war seine Lieblingsstelle, obwohl er sie für stilistisch nicht ganz ausgewogen hielt. ›Letzte Früchte‹ und ›letzte Süße‹! Das hätte man einem weniger bekannten Dichter als Rilke wohl als vermeidbare Wortwiederholung ausgelegt. Er selbst plädierte für ›ganze Süße‹. Aber es war egal. Er hatte früher selbst einmal Gedichte geschrieben, seiner Meinung nach schöne, leider nur von wenigen gelesene Gedichte. Auch das war mittlerweile egal.

Er griff zu dem Glas, das auf dem kleinen Tischchen neben ihm stand, und trank es leer. Beinahe jeder Wein kam seinem geschwächten Körper nun schwer vor. Er vertrug nichts mehr. Er trank bloß noch aus Gewohnheit.

»Die Sonne und die Luft tun dir gut, Hannes«, hörte er seine Schwester Brigitte sagen, die das Zimmer betrat. »Du hast eine richtig schöne Gesichtsfarbe bekommen, ganz rosige Wangen. Aber ich mache das Fenster jetzt lieber zu. Es wird kühl.« Sie bemühte sich um ein freundliches Lächeln.

»Der Buchenwald ist herbstlich schon gerötet,
so wie ein Kranker, der sich neigt zum Sterben,
wenn flüchtig noch sich seine Wangen färben,
doch Rosen sind's, wobei kein Lied mehr flötet.«

Diese Zeilen eines anderen Lyrikers, seines Lieblingsdichters Nikolaus Lenau, drangen ihm mit einem Mal ins Gedächtnis. »Ich habe keine rosige Gesichtsfarbe, ich bin blass wie immer«, protestierte er matt und versuchte, sich zu erheben. Mit der einen Hand stützte er sich auf den Tisch, mit der anderen griff er zu seinem Gehstock. Umständlich machte er ein paar Schritte. Dabei fuhr er sich mit der Hand durch das beinahe vollständig weiße, schüttere Haar.

»Was hast du bloß wieder für Launen? Jede kleine Bemerkung von mir regt dich auf«, resignierte Brigitte achselzuckend.

»Es wird einem Menschen mit irreparabler Gesundheit wohl noch gestattet sein, Launen zu haben«, erwiderte Hannes so barsch er konnte. Dabei steckte er eine Zigarette in den Mund und zündete sie an.

»Du sollst nicht rauchen«, zischte Brigitte sofort hinüber. »Der Arzt hat es dir strikt verboten.«

»Der Arzt ist ein Idiot!«

»Es ist nicht gut für dich!«

»Und was ist gut für mich, im Zustand meiner Irreparabilität?«, höhnte er. Er hüstelte. »Du kommst mir vor wie ein Kunde, der auf der Rechnung vom Supermarkt nachsieht, was den Einkauf so teuer gemacht hat. Es ist aber kein einzelner Posten, den man so einfach weglassen könnte, es ist die Gesamtheit, die ihren Preis fordert. Der Preis ist hoch, doch man müsste so viele Dinge streichen, dass der Einkauf keinen Sinn mehr machen würde.«

»Ich weiß nicht, warum es dein einziges Ziel zu sein scheint, dich selbst zu ruinieren«, meinte Brigitte nur kopfschüttelnd. Sie ging wieder hinaus, um in den anderen Räumen noch ein paar Handgriffe zu erledigen. Zwei- bis dreimal in der Woche kam sie hierher, um ihrem Bruder ein wenig den Haushalt zu führen – nicht, weil sie ihn übertrieben mochte, sondern weil sie als nächste Angehörige es nach dem Tod seiner Frau als ihre Pflicht erachtete, das zu tun. Sie wusste, dass es nicht mehr für lange Zeit sein würde.

Als sie zu ihm zurückkam, um sich zu verabschieden, hatte er sich wieder hingesetzt und das Fenster geöffnet. »Du gehst?«, wollte er wissen.

»Ich komme übermorgen wieder.«

Eine kurze Pause. »Sag, ist es wahr, das mit Stefan und Ulrike?«, kam es dann von ihm.

»Dass sie sich scheiden lassen? Ja, es stimmt! Wer hat dir denn das schon wieder erzählt?«

»Das ist im Augenblick uninteressant. Aber du kannst deinem Sohn ausrichten, dass er ein Idiot ist, es so weit kommen haben zu lassen.«

»Richte es ihm doch selber aus! Du hast ja seine Telefonnummer, auch wenn er nicht mehr bei dir vorbeikommt«, bemerkte Brigitte knapp. Sie hatte sich mittlerweile an die Art ihres Bruders gewöhnt, jede ihrer Begegnungen mit einer negativen Äußerung zu beenden. »Also dann bis übermorgen. Und verkühl dich nicht. Es wird jetzt wirklich frisch.«

Er brummte etwas, das sie nicht mehr verstand, weil es so leise und undeutlich war. Kaum war sie gegangen, nahm er sich wieder eine Zigarette und versank mit dem Rauch, den er inhalierte, in seine eigene Welt aus Vergangenheit, Verlust und Poesie.

Als Brigitte nach zwei Tagen wiederkam, fand sie ihn tot am Fußboden seines Badezimmers liegen. Wie es später hieß, hatte er noch am selben Abend einen Herzinfarkt erlitten.

2

Mir hat noch deine Stimme nicht geklungen,
Ich sah nur erst dein holdes Angesicht;
Doch hat der Strom der Schönheit mich bezwungen,
Der hell von dir in meine Seele bricht.

(Aus: Lenau, Frage)

Leopold, seines Zeichens Oberkellner im Floridsdorfer Café Heller, stand in der U-Bahn-Station Karlsplatz und wartete auf einen Zug der Linie U4. Er ärgerte sich, denn der Zug hatte Verspätung. Der Bahnsteig füllte sich rasch mit Menschen. Das machte ihn noch nervöser. Es war wie meistens, wenn er, der sonst mit Auto oder Rad unterwegs war, einen Weg mit öffentlichen Verkehrsmitteln erledigte. Immer kam es zu unvorhergesehenen Zwischenfällen und Verzögerungen. Benötigte man Autobus oder Straßenbahn, so bildete der schleppende Straßenverkehr das größte Hindernis. Das war beinahe so, wie wenn man mit dem eigenen Auto auf Umwegen ans Ziel zu gelangen suchte und dabei noch zusätzlich an allen möglichen Haltestellen stehen bleiben musste. Die Schnellbahn wiederum war schon ein wenig in die Jahre gekommen und zeigte deswegen häufiger durch Verspätungen ihre Launen, als einem lieb sein konnte. Blieb die U-Bahn als das für gewöhn-

lich rascheste und zuverlässigste öffentliche Verkehrsmittel. Aber selbst die sogenannten ›Silberpfeile‹ hatten regelmäßig ein Problem, wenn Leopold sich einmal
entschloss, sie zu benützen.

»Warum habe ich mich bloß darauf eingelassen?«,
seufzte er voll Selbstmitleid, während der Lautsprecher
die Fahrgäste informierte, dass es in der nächsten Zeit
zu unregelmäßigen Wartezeiten und Zugsfolgen kommen werde. Leopold blickte unruhig auf seine Uhr. Es
war schon halb zwei vorüber. Er konnte nicht mehr
ausschließen, dass er seinen Dienst als Oberkellner im
Café Heller zu spät antreten und deshalb von seiner
Chefin einige höchst unerfreuliche Bemerkungen zu
hören bekommen würde. Und das alles, weil es offenbar so schwer war, auf einem selbstständigen Gleiskör-
per, wo man nichts überholen musste und einem nichts
entgegenkam, die Zeit einzuhalten.

Ja gut, verplaudert hatte er sich zugegebenermaßen
auch. Er hatte einen Kollegen, den er von früher sehr
gut kannte und schon lang nicht gesehen hatte, an dessen Arbeitsplatz im Café Bräunerhof besucht. Natürlich hatte da ein Wort das andere gegeben, Erinnerungen waren aufgefrischt und Erfahrungen ausgetauscht
worden. Da hatte Leopold nicht so auf die Zeit geachtet und hatte sich später verabschiedet, als er vorgehabt
hatte. Mit einer guten Verbindung hätte er es trotzdem
leicht geschafft, zu seinem Dienst zurechtzukommen.
Aber so war es schon beinahe unmöglich. Dabei erschien
er nie unpünktlich im Kaffeehaus, außer wenn ihn die
unvermeidliche Suche nach einem Verbrecher aufhielt.

Jetzt stand neben ihm auch noch eine Frau, die ungeniert laut mit ihrem Handy telefonierte. Das war eine Angewohnheit, die er überhaupt nicht schätzte. Glaubten die Leute wirklich, ihr Leben wäre so interessant, dass sie es allen Umstehenden erzählen mussten? Es war, gelinde gesagt, unerträglich. Leopold ging ein paar Schritte weiter, inmitten einer immer unruhiger und ungeduldiger werdenden Menge, und versuchte sich abzulenken, aber es gelang ihm nicht. Zu sehr haderte er mit seinem Schicksal. So viele Leute fuhren täglich mit den Öffis und waren glücklich und zufrieden. Warum nur musste immer etwas passieren, das ihn derart negativ denken ließ?

Als ihn ein junger Giftler um einen Euro anschnorrte, trat Leopold entrüstet ein paar Schritte zurück. Hier war also offensichtlich auch kein besserer Platz. Was die Situation so schlimm machte, war die Anwesenheit der vielen anderen Menschen, die permanente Tuchfühlung mit ihnen, der Lärm, der Gestank und die Tatsache, dass man ständig auf sich aufpassen musste. Es war nicht wie im Kaffeehaus, wo alles seine Ordnung hatte, wo gleichzeitig vertraute Nähe und respektvoller Abstand existierten. Nein, hier herrschten Chaos und Rücksichtslosigkeit. Jetzt, da endlich ein Zug einfuhr, war es deutlich zu merken.

Bewegung kam in die Menge, alles drängte nach vor. Leopold stand dabei verhältnismäßig ungünstig. Denn er wurde nicht nur von den vorwärts Strebenden unsanft gerempelt, es kam ihm auch die geballte Ladung der aus der U-Bahn herausdrängenden Menschen wie eine Wand entgegen und schob ihn zu den Rolltreppen. Von dort wiederum hetzte eine nicht abzureißen scheinende Kette derjenigen einher, die es eilig hatten, sich noch in die ohnehin schon überfüllten Waggons hineinzuzwängen. »Geh'n S' doch weiter und halten S' die Partie ned auf!« – »Wie man nur so blöd dastehen kann!« – »Moch Meter, Oida, du bist ned aus Luft!« – Solches und Schlimmeres bekam Leopold zu hören, während sein Körper jede Menge Puffer einstecken musste.

Wie sehnte Leopold in diesen Augenblicken einen gemütlichen Stau auf der Autobahn herbei, wo man allein in seinem Fahrzeug saß und sich, ohne von seinen Mitmenschen dabei gestört zu werden, in aller Ruhe darüber ärgern konnte, dass nichts weiterging. Jetzt aber musste er, kaum war es ihm gelungen, die Angriffe aus allen Richtungen abzuwehren, tatenlos zusehen, wie die U-Bahn-Garnitur abfuhr und im Nu seinen Blicken entschwand. »Folgezug kommt gleich«, hörte er den Lautsprecher sagen. Er dachte noch nach, welchen Zeitwert das Wort ›gleich‹ bei den Wiener Verkehrsbetrieben wohl haben mochte, da kam tatsächlich schon der nächste Zug. Das erweckte in Leopold beinahe so etwas wie ein Gefühl der Dankbarkeit. Er trachtete jedoch vor allem, nun wirklich rasch in den Wagen zu kommen und nicht weiter unnütz Zeit zu versäumen.

Obwohl immer noch eine Menge Leute zustiegen, fand Leopold sich zu seinem eigenen Erstaunen auf einem Sitzplatz wieder. Ein Hauch von Entspannung zeigte sich in seinem Gesicht, verflog aber schnell, als er sah, wer gegenüber von ihm Platz genommen hatte: die Handytelefoniererin. Und sie telefonierte noch immer. Auch an der Lautstärke hatte sich nichts geändert, sodass Leopold endgültig unfreiwilliger Zeuge ihres Gespräches wurde:

»Nein … Nein … Du musst jetzt ein wenig mehr auf dich schauen, Mutter. Streich das viele Fleisch endlich aus deinem Speiseplan und versuch es mit mehr Gemüse … Nein … Bitte … Nein … Ja, ab und zu ein bisschen was vom Huhn ist schon in Ordnung, aber gedünstet, hörst du, nicht gebraten oder paniert … Du musst dich jetzt eben halten, Mutter, da hilft nun einmal nichts. Von selbst gehen die vielen Kilos, die du mit dir herumschleppst, nicht weg. Und es *ist* gefährlich in deinem Alter, glaube mir, du darfst das nicht unterschätzen … Nein … Nein … Nein, du schaffst das auch ohne mich. Es ist sinnlos, mich anzujammern und mit mir darüber debattieren zu wollen, hörst du? Schlag dir das nur ja aus dem Kopf … Ja … Genau … Nein …«

Was man alles in so ein Gerät hineinreden konnte, wenn der Tag lang war! Furchtbar! Leopold überlegte kurz aufzustehen und jemand anders seinen Sitzplatz zu überlassen, schließlich siegte aber doch die Bequemlichkeit. Auch aus- bzw. umzusteigen würde nur wenig nützen. Jederzeit drohte wieder eine Störung, ein unfreiwilliger Aufenthalt, eine weitere Verzögerung. Man musste bei den öffentlichen Verkehrsmitteln ständig mit allem rechnen. Deshalb war es besser, sich zu fügen und zu schauen, dass man es doch noch rechtzeitig ins Kaffeehaus schaffte.

Um sich abzulenken, versuchte Leopold, seinem Gegenüber einen Quickcheck in bester Sherlock Holmes'scher Manier zu verpassen. Dadurch konnte er aus der Not eine Tugend machen und selbst in einer solchen Situation seine detektivischen Fähigkeiten trainieren:

Erster Eindruck: eher unscheinbare Frau mittleren Alters. Vielleicht kommt das aber daher, dass sie den Kopf immer leicht zur Seite gedreht hat und den Großteil ihres Mundes hinter dem Handy versteckt. Also Vorsicht! Solche Eindrücke können täuschen.

Allgemeine körperliche Eigenschaften: klein und zart. Hände allerdings sehnig. Ausdauerpotenzial!

Sonstiges Aussehen: Haare brünett und leicht gewellt, nicht ganz schulterlang. Sicher nicht gefärbt. Schwarze Jacke, dunkelblaue Jeans, hellbraune Stiefeletten. Schwarze Handtasche. Nichts Aufdringliches, nichts von besonderer Eleganz, aber alles zur Person passend und sauber.

Alter: wie gesagt, irgendwo in der Mitte. Schwer, genau zu schätzen. Vielleicht Anfang bis Mitte 40.

Charaktereigenschaften: fürsorglich, zumindest was ihre Mutter betrifft. Klar in ihren Anweisungen. Leichter Hang zur Besserwisserei. Wahrscheinlich gesundheitsbewusst. Was das Telefonieren betrifft: penetrant.

Familienverhältnisse: unklar, ob verheiratet oder ledig, jedenfalls kein Ring. Bindung zur Mutter intakt. Möglicherweise kein Vater mehr vorhanden, wenn doch, dann bei gesundheitlichen Fragen nur von geringer Bedeutung.

»Mehr Bewegung, hörst du, Mutter?«, drangen indessen weitere Teile des schier endlos scheinenden Telefongesprächs an seine Ohren. »Du musst dich einfach mehr bewegen ... Nein ... Ja ... Ganz richtig, zu Fuß gehen und nicht jede kleine Strecke mit dem Auto fahren ... Nein ... Ich bilde mir gar nichts ein, ich wiederhole nur, was dir schon Doktor Brabetz gesagt hat und jeder andere Arzt auch sagen wird. Es geht um deine Gesundheit, nicht um meine!« Die Frau schaute auf ihre Uhr. »Ich muss jetzt Schluss machen, Mutter«, kündigte sie unerwarteterweise an. »Ja ... Ja ... Ja, ich melde mich heute Abend noch einmal bei dir. Tschau ... Ja ... Ja, natürlich ... Also tschau!«

Sie steckte das Handy in ihre Tasche, die sie sich über die Schulter hängte, und stand auf, um auszusteigen. Auch Leopold musste hier, bei der Station Spittelau, hinaus und dann mit der Linie U6 nach Floridsdorf weiterfahren. Auf dem Bahnsteig war nicht so viel los wie auf dem Karlsplatz, aber es ging auch hier recht lebhaft zu. Leopold beschleunigte seine Schritte. Als er an der Dame vorbeiging, die soeben noch des Langen und Breiten mit ihrer Mutter telefoniert hatte, sah er aus dem linken Augenwinkel, wie ein Halbwüchsiger blitzschnell in ihre Tasche griff, ohne dass sie es merkte, und dann seelenruhig weitermarschierte, als ob nichts gewesen wäre.

Das Handy, schoss es Leopold durch den Kopf. Sie hatte es viel zu schlampig in ihrer Tasche deponiert und diese unverschlossen gelassen. Der Bursche musste das noch in der U-Bahn bemerkt haben. Jetzt war es weg, wenn er nicht rasch handelte.

Leopold stürmte nach vor. »Halt, junger Mann«, rief er und packte den Burschen beim Arm. »Gib her, was du gerade eingesteckt hast.« Noch bevor sich der Dieb umdrehen konnte, drehte Leopold dessen rechte Hand auf den Rücken und griff in seine linke Tasche. Triumphierend holte er das Handy heraus. Er winkte seiner Sitznachbarin von vorhin, die, wie viele andere Leute auch, neugierig stehen geblieben war, zu, ohne die Hand dabei loszulassen. »Das ist Ihres«, machte er sie aufmerksam. »Ist es Ihnen überhaupt schon abgegangen?«

Die Frau begann zu suchen. »Um Gottes willen … mein Handy …«, stammelte sie.

»Sag, warum machst du das? Den Leuten mir nichts dir nichts etwas wegnehmen? Gar so arm schaust du mir ja nicht aus«, wandte sich Leopold dem jugendlichen Dieb zu. Der hatte mittlerweile offensichtlich zwei Beamte der U-Bahn-Aufsicht erspäht, die sich von der Rolltreppe her näherten. Leopold war einen Augenblick unachtsam, das nützte er aus. Er drehte sich, so gut er konnte, und versetzte Leopold dann mit seinem linken Ellenbogen einen kurzen, kräftigen Stoß in die Magengrube, sodass dieser in die Knie ging und losließ. Er rief zwar noch »Haltet das Bürscherl«, aber bis die zwei Aufsichtsbeamten bemerkten, was los war, war der kleine Gauner schon über alle Berge.

Die Frau war jetzt bei Leopold. »Haben Sie sich wehgetan?«, erkundigte sie sich.

»Es geht schon! Nicht der Rede wert«, versicherte er ihr.

Auch die Leute der U-Bahn-Aufsicht kümmerten sich um ihn. »Leider haben wir nicht schnell genug geschaltet«, beteuerte der eine von ihnen entschuldigend. »War wieder einer dieser rotzfrechen kleinen Taschendiebe. Wir haben gleich unsere Kollegen hier in der Station angerufen, vielleicht nützt es noch etwas. Wollen Sie, dass wir die Polizei verständigen?«

»Also, von mir aus ist es nicht notwendig«, erwiderte die Dame schnell.

»Von mir aus auch nicht«, ergänzte Leopold. »Da kommt ohnedies nichts dabei heraus, und das Handy haben wir ja wieder. Außerdem habe ich einen guten Freund bei der Polizei, an den ich mich jederzeit wenden kann.«

Die beiden Beamten verabschiedeten sich. Leopold bemerkte, dass er das Handy immer noch in der Hand hielt. »Jetzt muss ich Ihnen das Ding aber zurückgeben, sonst stecke ich es noch selbst ein«, lächelte er.

»Vielen Dank, dass Sie sich so eingesetzt haben. Es ging alles furchtbar rasch. Ich habe überhaupt nichts mitgekriegt.«

»Es waren viele Leute am Bahnsteig, das hat der Bursche ausgenützt. Und ein bisserl leichtsinnig waren Sie auch, wenn ich mir die Bemerkung erlauben darf. Das Handy ist ganz oben in Ihrer Tasche gelegen, und sie war offen. Leider muss man heutzutage auf seine Sache überall aufpassen wie ein Haftelmacher.«

Erstmals schaute Leopold der Frau bewusst ins Gesicht. Langsam löste sich bei ihr die Spannung, und ihre Züge wurden weich. Sie hatte neugierige, lebendige blaue Augen, ein Stupsnaserl vom Feinsten und schmale, appetitliche Lippen. Gar nicht unsympathisch, sogar eher das Gegenteil.

17

»Ich bin einfach zu schusselig«, gab sie zu. »Herrje, Sie haben sich ja die Hose ganz schmutzig gemacht«, sagte sie dann.

»Das macht nichts, ich kann sie ja putzen lassen«, bemerkte Leopold verlegen. »Jetzt muss ich ohnedies schnell in die Arbeit. Dort habe ich meinen eigenen Dienstanzug.«

»Ach so? Was arbeiten Sie denn?«, fragte die Dame interessiert.

Jetzt war Leopold wieder ganz in seinem Element. »Ich bin Oberkellner im schönsten Kaffeehaus von Wien«, verkündete er. »Nämlich im Café Heller in Floridsdorf. Sie können dort ja einmal auf einen Sprung vorbeischauen, wenn Sie möchten.«

»Vielleicht!« Die Dame lächelte. »Und dann frage ich nach …?«

»Nach dem Herrn Leopold. Ich bin sowieso fast immer da.« Er zwinkerte ihr zu. »Jetzt muss ich aber schleunigst ins Geschäft. Also auf Wiedersehen, Frau …«

»Haller. Erika Haller. Auf Wiedersehen und nochmals vielen Dank!«

Als er die Rolltreppe zur U6 nach Floridsdorf hochfuhr, merkte Leopold mit angenehmem Erstaunen, dass sich ein gewisses Hochgefühl seiner bemächtigt hatte. Erstens hatte er eine gute Tat begangen. Und zweitens hatte ihn diese zufällige Begegnung davon überzeugt, dass man in der U-Bahn durchaus auch nette Menschen kennenlernen konnte – selbst wenn sie unverbesserliche Handytelefonierer waren.

3

Alles schlummert, alles schweigt,
Mancher Hügel ist versunken,
Und die Kreuze stehn geneigt
Auf den Gräbern – schlafestrunken.

(Aus: Lenau, Die Wurmlinger Kapelle)

»Da hinten ist er.«

»Wer?«

»Der Friedhof.«

Drei etwa 14jährige Buben schlenderten an der Lorettokirche und dem anschließenden Park im Floridsdorfer Bezirksteil Jedlesee vorbei. Die einbrechende Dunkelheit hatte sie zusammengeführt. Es war jetzt spannender, ein wenig umherzustreifen und dabei zu rauchen, als noch kurze Zeit vorher.

»Wollt ihr unbedingt dorthin gehen?«, fragte Martin, der zwischen den beiden anderen, dem dicken Jürgen und dem langen Patrick, wie deren kleinerer Bruder aussah.

»Hast du etwa Angst?«

»Ich weiß nicht …«

Jürgen legte seine starke Hand auf Martins schwache Schulter. »Du sollst ihn dir nur einmal ansehen«, raunte er ihm zu. »In ein paar Tagen kannst du uns dann beweisen, was du so alles drauf hast.«

»In ein paar Tagen ist hier toll was los«, ergänzte Patrick. »Da brennen eine ganze Menge Lichter bei den Gräbern, weil die Leute hierher kommen und vor Allerheiligen nach den Toten schauen. Vielleicht wird auch noch der eine oder andere eingegraben.«

»Und zu Halloween steigen angeblich die Toten aus ihren Gräbern. Glaubst du daran?«, wollte Jürgen wissen. »Es gibt da eine ganze Menge Geschichten.«

»Mein Onkel behauptet, er hat schon einmal den Geist von einem Toten gesehen«, erzählte Patrick. »Er war durchsichtig und ist geschwebt. Wenn er auf einen zugekommen ist, ist es ganz kalt geworden. Es war, wie wenn er geatmet hätte: der Hauch des Todes.«

Martin bekam eine Gänsehaut und begann, am ganzen Körper zu zittern.

»Muss schon ein schönes Gefühl sein, wenn man so etwas einmal begegnet«, fuhr Jürgen fort, als er das merkte. »Man spürt es ja schon lang, bevor man es sieht. Es breitet sich in einem selbst aus, im ganzen Organismus, bis es einem die Luft abschnürt.«

»Hört auf!«, schrie Martin. »Ich will diese blöden Geschichten nicht hören!«

Sie waren beim Eingangstor zum Friedhof angelangt, bogen aber nach rechts, wo die Straße aufhörte und ein kleiner Weg entlang einer Wiese am Gottesacker vorbeiführte. »Zigarette?« Jürgen hielt Martin die halb volle Packung hin. Martin griff blind hinein, klemmte eine Zigarette zwischen seine Zähne und zündete sie so umständlich an, dass die Flamme zweimal ausging. Dann machte er ein paar Züge, begann aber sofort zu husten. »Können wir nicht wieder gehen?«, fragte er. »Ich glaube, ich habe jetzt alles gesehen.«

Patrick, der in der Dunkelheit vorangegangen war, winkte Martin zu sich. »Komm einmal her«, ordnete er an. »Na los!«

Widerwillig folgte Martin ihm, dazwischen immer wieder hastig den Rauch seiner Zigarette inhalierend. »Ich sehe fast nichts«, protestierte er.

»Du siehst genug«, versicherte Patrick. »Jetzt komm schon, und schau es dir an. Merkst du, wie niedrig der Zaun hier ist? Da kann man ganz leicht drüberklettern. Von hier aus wirst du nächste Woche in der Nacht in den Friedhof hineinsteigen und uns etwas Hübsches mitbringen – einen Kranz oder eine Schleife. Wir sind da nicht so wählerisch.«

Martin schüttelte es wiederum. »Ich mag nicht«, lehnte er entschieden ab. »Ich will nicht in der Nacht auf den Friedhof!«

Jetzt war auch Jürgen bei ihnen. »Du möchtest doch unser Freund werden«, redete er Martin zu. »Dafür musst du auch etwas tun. Wie sollen wir sonst wissen, ob wir uns auf dich verlassen können? Wenn du ein Schlappschwanz bist, bist du für uns uninteressant.«

»Ich habe euch gestern bei der Mathe-Schularbeit geholfen«, rechtfertigte Martin sich.

»Das ist normal. Das reicht nicht aus«, grinste Patrick. »Wir brauchen einen richtigen Freundschaftsbeweis, verstehst du? Wenn du dich nicht einmal auf diesen lächerlichen Friedhof traust, wozu bist du dann zu gebrauchen?«

»Du hast doch gesagt, dass du mit uns mitwillst, wenn wir auf so eine richtig geile Party gehen«, nahm ihn wieder Jürgen ins Gebet. »Da gibt's viel zu trinken und jede Menge super Mädchen. Wenn denen beim Tanzen heiß wird, haben sie fast gar nichts mehr an. Und man kann cool mit ihnen herumknutschen.«

»Du bist doch scharf aufs Knutschen?«, fragte Patrick.

»Ja, ja«, erwiderte Martin, schaute dabei aber weg von ihm.

»Auf die Manuela aus unserer Klasse mit ihren Riesenduttln bist du auch scharf, das weiß ich genau«, sagte Jürgen.

»Wir könnten dir helfen, dass du an sie rankommst. Ihr beide passt ja irgendwie zusammen. Immerhin ist sie noch kleiner als du«, lachte Patrick schmutzig. »Aber ohne Fleiß kein Preis.«

»Ich glaube, ich bringe das nicht zusammen – das mit dem Friedhof, meine ich«, gab Martin kleinlaut zu. »Erstens darf man das sicher nicht, zweitens ...«

Patrick nahm eine drohende Haltung ein. »Jetzt hör mir einmal ganz genau zu«, zischte er Martin an, während er ihn beim Kragen packte und gerade so weit hochzog, dass er den Boden noch mit seinen Zehenspitzen berührte. »Ich könnte dich da über den Zaun werfen und mit all den Gräbern und Geistern und Toten und was es sonst noch gibt alleinlassen. Ich könnte dich sogar irgendwo da drinnen an einem Baum anbinden, damit du dort bleibst, bis es wieder hell ist. Aber ich tue es nicht. Und warum tue ich es nicht?«

»Weil wir dir eine *Chance* geben wollen«, kam es eindringlich von Jürgen. »Du möchtest unser Freund sein und führst dich auf wie ein Muttersöhnchen. Das ist nicht gefragt, verstehst du? Bei uns musst du zeigen, was du drauf hast. Klar?«

»Klar«, flüsterte Martin kaum hörbar.

»Du wirst nächste Woche das Ding hier durchziehen, klar?«

»Klar!«

»Na also! Das wird ein Klacks für dich, du wirst sehen.« Jürgen klopfte ihm aufmunternd auf die Schulter.

Martin nahm sich noch eine Zigarette, zündete sie an und inhalierte tief. In der Dunkelheit konnte niemand sehen, dass ihm eine Träne über die Wange kullerte.

*

Leopold stand mit Ehrfurcht gebietender Miene zwischen Eingang und Theke des Café Heller. Den kleinen Zwischenfall von zu Mittag hatte er beinahe schon wieder vergessen. Er war gerade noch zu seinem Dienstantritt zurechtgekommen und hatte sich deshalb weder bei seinem Kollegen Waldemar ›Waldi‹ Waldbauer noch bei seiner Chefin, Frau Heller, rechtfertigen müssen. Jetzt konnte er wieder seiner Lieblingsbeschäftigung nachgehen: den Blick durchs Kaffeehaus schweifen lassen, schauen, was los war und kalkulieren, wie einträglich der heutige Abend für ihn noch zu werden versprach.

Im vorderen Bereich des Lokals war ein Großteil der Plätze belegt. Die Gäste tranken Kaffee, Tee oder ein Glas Wein, nahmen vielleicht einen kleinen Imbiss zu sich, plauderten miteinander oder vertieften sich in die Zeitungen und Journale. Viele, die dem Café Heller während des Sommers den Rücken zugekehrt hatten, fanden sich jetzt, da es allmählich zu herbsteln begann, wieder ein. In Leopolds Augen waren es die Ungetreuen, weil man mit ihnen sozusagen nur bei idealem Kaffeehauswetter rechnen konnte: ein bisschen kühl, ein bisschen windig, ein bisschen regnerisch. Aber er war keinem von ihnen böse, im Gegenteil: Jedes Jahr freute er sich, wenn ihre Gesichter nach und nach wieder bei der Tür hereinschauten und sich vergewisserten, ob ihr gewohnter Platz noch frei war.

Im hinteren Teil wurde an zwei Tischen tarockiert, einerseits von der legendären Tarockrunde (dem Herrn Kammersänger, dem pensionierten Herrn Kanzleirat, dem Herrn Adi und dem Herrn Hofbauer), die zweimal in der Woche ihrem Spiel frönte, andererseits von vier Burschen, die gerade erst dem Gymnasiastenalter entwachsen waren. Schön, wenn wir wieder ein bisschen Nachwuchs bei den Kartenspielern bekommen, dachte Leopold. Es verschaffte ihm eine gewisse Genugtuung, dass es nach wie vor die Kartentippler und Schachspieler waren, die diesem Bereich das Gepräge gaben. Eine Zeit lang hatte es so ausgesehen, als würde er vollständig zum Zwecke künstlerischer Veranstaltungen umgebaut werden, zumindest hatte sich Frau Heller in diese Idee geradezu verbohrt. Nur dank der Umsicht ihrer Tochter Doris konnte die Katastrophe vermieden werden. Zwar war ein kleines Podium errichtet worden, auf dem für alle Fälle auch ein Klavier stand, aber sonst hatte es keine

baulichen Veränderungen gegeben. Der einzige Wermuts-
tropfen für Leopold blieb, dass sich künstlerische Abende
nicht ganz verhindern ließen, schon nächste Woche stand
einer ins Haus. Doch es war, nicht zuletzt seiner kriti-
schen Anmerkungen wegen, immerhin gelungen, den
ursprünglichen Charakter dieses Teils zu wahren.

Im mittleren Bereich des u-förmigen Lokals, im
unmittelbaren Blickfeld Leopolds, fand gerade eine bri-
sante Billardpartie statt. Obwohl Leopold noch nicht
genau wusste, worum es ging, war er davon überzeugt,
dass der Einsatz hoch war. Das war nämlich immer der
Fall, wenn die Renner-Brüder gegeneinander antraten.
Immerhin herrschte eine – zumindest derzeit noch – entspannte Atmosphäre. Kunststück: Der eine war Augenarzt, dem anderen gehörte ein gut gehender Tapezie-
rerbetrieb. Was konnte man da schon verlieren? Was
auch immer die Brüder Renner ausspielten, sie würden
es sich leisten können. Es war die Rivalität untereinander,
die einen respektablen Einsatz verlangte und die beiden
reizte. Und Leopold reizte es, endlich dahinter zu kommen, welchen Strauß sie diesmal ausfochten.

Er nickte zufrieden, als ihn Horst Renner, der Jüngere
der beiden, mit einer Handbewegung zu sich rief. Das
dunkle Haar stand ihm, wie immer, ein bisschen wirr in
die Höhe. »Was steht zu Diensten, die Herren?«, erkundigte er sich devot.

»Noch ein Vierterl vom Riesling«, ordnete Renner mit
einer vollen, durch den Alkohol schon um einige Dezi-
bel lauteren Stimme als sonst an. »Ohne Zielwasser ist
heute nichts zu machen.«

25

»Sie spielen gegen einen Augenarzt, Herr Horst. Der schaut genau hin. Da tut man sich immer schwer«, räumte Leopold ein.

»Das täuscht«, bemerkte Stefan Renner, der ältere und weitaus ordentlicher aussehende Bruder, nachdem er seinen Stoß vollendet hatte. »Erstens habe ich soeben daneben geschossen, wie du gesehen hast, zweitens muss auch ein Tapezierer ein gutes Auge haben.«

»Ich habe die beiden Herren jetzt schon längere Zeit nicht gesehen. Darf man fragen, ob es vielleicht einen besonderen Anlass für die heutige Partie gibt?«, versuchte Leopold, dezent auf den für ihn entscheidenden Punkt zu kommen.

»Natürlich darfst du das«, lächelte Horst Renner ein wenig verlegen. »Wir wissen ja, was für ein neugieriges Kerlchen du bist. Einerseits sind wir wirklich schon lang nicht mehr gegeneinander angetreten. Der Hauptgrund ist aber ein äußerst trauriger: Unser Onkel ist gestorben.«

»Mein herzlichstes Beileid«, kondolierte Leopold sofort.

»Er war schon lang schlecht beisammen, ist kaum mehr aus der Wohnung hinausgekommen. Unsere liebe Mutter hat ihn bis zum Schluss betreut, er war ja ganz allein«, erklärte Stefan Renner. »Dann hat sein Herz nicht mehr mitgemacht. Aber das Leben geht weiter. Deshalb haben wir beschlossen, uns heute auszufechten, wer den Leichenschmaus blechen wird.«

»Ja, so ist das, Leopold«, sinnierte der leicht angesäuselte Horst. »Wer weiß, wie es uns einmal ergehen wird. Ich will gar nicht daran denken. Zurzeit sind wir ja noch unter den Lebenden und können uns das nachfriedhöfliche Essen ausspielen, hoffentlich ganz im Sinne des Dahingeschiedenen.«

»Gott sei Dank ist der liebe Onkel noch nicht unter der Erde. Wenn er sehen würde, was wir da zusammenspielen, würde er sich nämlich im Grab umdrehen«, ärgerte sich Stefan Renner, nachdem er einen sogenannten ›Sitzer‹, einen Punkt also, den man sogar im Sitzen von einem bequemen Stuhl aus machen konnte, ausgelassen hatte. »Wo er doch so ein guter Billardspieler war, solang er noch konnte. Und sein dichterisches Vorbild, unser Stockerauer Weltschmerzpoet Nikolaus Lenau, angeblich auch. Ich glaube, ich brauche auch noch ein Vierterl.«

»Immerhin führe ich derzeit noch«, bemerkte Horst Renner mit einer gewissen Schadenfreude.

»Was sich in Kürze ändern wird«, prophezeite sein Bruder.

Es folgte ein Wortgeplänkel, bei dem Leopold nicht länger zugegen sein wollte. Er hatte in Erfahrung gebracht, was ihn interessierte, und konnte sich so nun wieder seiner Arbeit und den anderen Gästen widmen. Außerdem war gerade sein Freund, der Gymnasiallehrer Thomas Korber, bei der Tür hereingekommen.

»Na, Thomas, wie geht's?«, fragte er ihn im Vorbeigehen. Es irritierte ihn ein wenig, dass Korber um diese Zeit allein im Kaffeehaus auftauchte, das war in letzter Zeit so gut wie nie der Fall gewesen. In letzter Zeit hieß, seit Geli Bauer aus Salzburg nach Wien zurückgekehrt war. Man durfte hoffen, dass die beiden wieder vollständig ausgesöhnt waren. Aber so genau wusste Leopold das eben nicht.

»Danke, gut«, antwortete Korber und bestellte ein kleines Bier.

Leopold gab sich mit dieser Antwort nicht zufrieden. Sie war keineswegs geeignet, sämtliche Verdachtsmomente seinerseits aus dem Weg zu räumen. Nach einer kurzen Servierrunde kam er neugierig zurück. »Da stimmt doch schon wieder etwas nicht«, schloss er messerscharf.

»Was soll nicht stimmen?«, wunderte Korber sich.

»Jetzt tu nicht so! Ich merke es genau, wenn dich wo der Schuh drückt. Es ist etwas zwischen dir und Geli.«

Korber lachte kurz auf: »Leopold, du hörst das Gras wachsen. Geli und ich kommen gut miteinander aus – vielleicht sogar zu gut.«

»Was soll denn das heißen?« Leopold sah sich in seinen Befürchtungen bereits so gut wie bestätigt.

»Das heißt, dass es mir eben manchmal zu harmonisch ist, wenn du's genau wissen willst. Und dann komme ich hierher und trinke mein Bier, solang ich noch kann.«

»Du solltest froh sein, dass du endlich ein wenig von deinen Eskapaden geheilt bist«, mahnte Leopold. »Aber so ein Zusammenleben in Ruhe und Frieden hältst du offenbar nicht aus.«

Korber seufzte. »Noch leben Geli und ich nicht zusammen, und ich hoffe, dass es in nächster Zeit so bleiben wird. Sonst könnte ich mir solche abendlichen Besuche bei dir wahrscheinlich abschminken.«

Leopold, der nie ein Hehl daraus gemacht hatte, dass er Geli Bauer als ideale Partnerin für seinen Freund erachtete, fand diese Aussage äußerst bedenklich. »Jetzt wart ihr doch etliche Monate voneinander getrennt. Da wär's zur Abwechslung nicht schlecht, wenn du einmal in Gelis Nähe verbleiben würdest«, befand er. »Ich lauf dir schon nicht davon. Und auf Dauer wird es sich nicht vermeiden lassen, dass ihr zusammenzieht. Das ist bei Liebespaaren früher oder später nun einmal so.«

Korber inhalierte mittlerweile eine Zigarette. Es passte ihm gar nicht, dass Leopold wieder einmal versuchte, sich in seine Angelegenheiten einzumischen. »Manchmal glaube ich wirklich, du steckst mit Geli unter einer Decke«, protestierte er. »Die ganze Zeit liegt sie mir schon wegen einer gemeinsamen Wohnung in den Ohren. Aber das kommt derzeit für mich nicht infrage. Ich habe andere Prioritäten.«

»Jetzt kommen wir der Sache langsam auf den Grund«, resümierte Leopold. »Du möchtest mit Geli zusammen sein und gleichzeitig dein altes Junggesellenleben weiterführen, nebenbei vielleicht wieder das eine oder andere Pantscherl eingehen. Wenn du meine Meinung hören willst: Du hast überhaupt nichts dazugelernt.«

»Ich will deine Meinung aber nicht hören«, versicherte Korber ihm. »Du willst nur Unfrieden stiften. Was die Liebe und die Frauen betrifft, hast du nämlich keine Ahnung.

»Ich und keine Ahnung?«, ereiferte Leopold sich. »Da liegst du sehr falsch, lieber Thomas! Wenn ich noch einmal die Möglichkeit dazu hätte, ich würde dir schon in der Praxis zeigen, wie man sich in einer Partnerschaft richtig verhält.«

Korber, der beiläufig wusste, dass Leopold es in seinem Leben noch zu keiner dauerhaften Beziehung mit einer Frau gebracht und den einzigen Bund fürs Leben mit dem Kaffeehaus geschlossen hatte, wandte sich wieder seinem Bier zu. Er hielt es für das Beste, jetzt schnell das Thema zu wechseln. »Sag mir lieber, wer die beiden Herren sind, die am zweiten Tisch so lautstark Billard spielen, dass man es durch die zugemachte Glastür hört«, brummte er.

»Die kennst du nicht?«, wunderte sich Leopold. »Na ja, sie waren auch schon länger nicht da. Es handelt sich um die Renner-Brüder, sie sind eigentlich seit ihrer Schulzeit Stammgäste hier. ›Lenaububerln‹, haben wir immer zu ihnen gesagt.«

»Lenaububerln?«, fragte Korber irritiert.

»Ja, Lenaububerln. So hat man einmal die Stockerauer Schüler genannt, die das Floridsdorfer Gymnasium besucht haben. Es waren früher gar nicht so wenige, die jeden Tag mit der Schnellbahn hereingefahren sind, weil sie bzw. ihre Eltern geglaubt haben, dass es in einem Wiener Gymnasium besser um die Bildung bestellt ist als bei ihnen draußen. Ein bisserl haben sie wie Exoten gewirkt, zum Beispiel, weil sie mitten in der schönsten Billardpartie plötzlich aufgesprungen sind und alles liegen und stehen gelassen haben, um nur ja nicht ihren Zug zu versäumen. Gezahlt haben sie halt dann am nächsten Tag. Und natürlich waren sie sehr stolz auf ihren Dichterfürsten Nikolaus Lenau. Du weißt sicher, dass dieser melancholische Lyriker einige Zeit seiner Jugend in Stockerau verbracht hat.«

»Na klar! Er hat da bei seinen Großeltern gewohnt, weil sich seine Mutter, die damals in zweiter Ehe mit einem Arzt verheiratet war, den Unterhalt ihrer Kinder nicht mehr leisten konnte. Das muss so um 1820 gewesen sein. Angeblich hat ihn die Stockerauer Au zu ersten Naturgedichten und seinen ›Schilfliedern‹ inspiriert. Er hat sich aber bald mit seiner Großmutter überworfen und Stockerau wieder verlassen. Das weiß ich. Von den ›Lenaububerln‹ an unserer Schule habe ich allerdings noch nie gehört. Das muss vor meiner Zeit gewesen sein.«

»Ich vergesse halt manchmal, dass du noch nicht so lang da bist«, entschuldigte Leopold sich. »Da wirst du auch den alten Herrn nicht kennen, der der Grund für ihre Billardpartie ist: ihren Onkel, einen pensionierten Gymnasiallehrer, ebenfalls von eurer Schule. Der ist nämlich gestorben, und sie spielen sich aus, wer den Leichenschmaus bezahlt.«

»Ich glaube, ich weiß, um wen es sich handelt«, fiel es Korber ein. »Es ist ja der Partezettel bei uns ausgehängt. Langthaler heißt er, wenn ich mich richtig erinnere, Hannes Langthaler. Ein verdienter ehemaliger Kollege, sagt man. Das Begräbnis findet nächste Woche auf dem Jedleseer Friedhof statt. Da werden sicher viele unserer Lehrer anwesend sein.«

»Es werden überhaupt eine Menge Leute kommen«, sinnierte Leopold. »Und der Verlierer der Billardpartie darf das Festessen brennen. Immerhin trifft es keine Armen. Sag, wird der Lenau heutzutage überhaupt noch im Deutschunterricht durchgenommen?«, wechselte er dann das Thema.

»Nikolaus Niembsch, Edler von Strehlenau, wenn man es genau nimmt«, korrigierte Korber. »Lenau ist ja nur sein Künstlername. Autor melancholischer Natur- und Liebesgedichte sowie unter anderem einer Versfassung des ›Faust‹, außer in Stockerau noch ansässig in Wien, einigen Orten Ungarns, Stuttgart und den Vereinigten Staaten von Amerika. Immer schon ein bisschen eigen. Tod schließlich in geistiger Umnachtung in einer Anstalt in Oberdöbling in Wien. Ich persönlich denke, seine Bedeutung wird heute ein wenig überschätzt. Und für die Schüler handelt es sich mit Sicherheit um einen ziemlichen Langweiler. Ich hab's einmal probiert, ihn mit einer meiner Klassen zu lesen, aber es ist mir nicht gut bekommen. Zu wenig Action!«

»Ich hab ihn noch auswendig lernen müssen, und geschadet hat's nix«, verkündete Leopold stolz. »Ich habe mir sogar noch die eine oder andere Zeile gemerkt:

›Wie sehr ich dein, soll ich dir sagen?
Ich weiß es nicht, und will nicht fragen;
Mein Herz behalte seine Kunde,
Wie tief es dein im Grunde.

O still! Ich möchte sonst erschrecken,
Könnt ich die Stelle nicht entdecken,
Die unzerstört für Gott verbliebe
Beim Tode deiner Liebe.‹

Ist doch schön, oder?«

»Leidlich«, bemerkte Korber. »Bist du etwa verliebt, weil du so herzergreifende Stellen zitierst?«

»Wo denkst du schon wieder hin, ganz im Gegenteil«, winkte Leopold sofort ab und ging wieder daran, seine Arbeit zu verrichten.

Am zweiten Billardtisch hatte sich Stefan Renner in der Zwischenzeit einen kleinen Vorsprung erarbeitet, während bei Horst die Kräfte nachließen: vielleicht, weil er doch der ungeübtere Spieler war, vielleicht auch, weil er dem Alkohol bereits zu viel zugesprochen hatte. Plötzlich, sozusagen aus heiterem Himmel, wie um den Rhythmus seines Gegners zu brechen, fragte er Stefan: »Und du willst diese irrwitzige Aktion wirklich durchziehen?«

»Natürlich«, lachte Stefan. »Wäre nett, wenn du mir dabei helfen würdest.«

»Nein! Diese Sache ist einfach zu pervers!«

»Jetzt beruhige dich! Du musst das vollkommen neutral sehen. Was passiert denn schon Großartiges? Der Anzug meines Onkels nutzt niemandem etwas, sobald sie ihn damit in den Sarg gelegt haben. Wenn ich ihn mir aber noch rasch organisiere, bevor er endgültig unten bei den Würmern ist …«

»Was geschieht dann?«

»Dann kann ich ihn zu Halloween tragen. Das muss doch ein geiles Gefühl sein, oder? Einen Anzug am Leibe haben, den ein Toter schon mit ins Grab genommen hat! Natürlich lasse ich ihn vorher noch reinigen. Ich habe schon mit einem Freund gesprochen, der in einer Putzerei arbeitet und bei dem Spaß dabei ist. Trotzdem wird es überdrüber schräg. Ich habe ja dieselbe Größe und Statur wie Onkel Hannes, also müsste mir alles ziemlich gut passen.«

»Du bist verrückt! Das ist jetzt also ein neuer Höhepunkt deiner Abartigkeiten? Gut, aber ohne mich!«

»Du lässt mich allein? Ich kann nicht auf dich zählen so wie früher?« Stefans Gesicht nahm jetzt einen ernsten, verärgerten Ausdruck an. Die heitere Stimmung des Spiels war vorüber.

»Ich kenne dich nur zu gut. In diese Sache lasse ich mich nicht hineinziehen«, erklärte Horst Renner standhaft.

Stefan Renner warf ihm einen bösen, hasserfüllten Blick zu, wie er zwischen den beiden Brüdern schon lang nicht vorgekommen war. »Ist das dein letztes Wort? Schön, Bruderherz, dann eben nicht«, knurrte er. »Nicht einmal auf den eigenen Bruder kann man sich verlassen.«

Er schaute auf den Spielstand. Ihm fehlte ein einziger Punkt zum Sieg. Obwohl im Reglement nicht vorgeschrieben, ließ er seinen Spielball noch einmal rund ums ganze Brett laufen und beendete die Partie mit einem lupenreinen Dreibandstoß. »Du hast verloren«, verkündete er dann trocken, ohne seinem Bruder ins Gesicht zu sehen. »Jetzt darfst du brennen wie ein Luster. Geschieht dir recht. Ich fürchte, es werden schlechte Zeiten auf dich zukommen.«

4

Vergänglichkeit! wie rauschen deine Wellen
Durchs weite Labyrinth des Lebens fort!
In deine Wirbel flüchten alle Quellen,
Dir baut kein Damm entgegen sich, kein Hort!

(Aus: Lenau, Die Zweifler)

Das Begräbnis war bereits mehrere Stunden vorüber. Den alten Hannes Langthaler hatten mehr Menschen auf seinem letzten Weg begleitet, als sich irgendeiner, der ihm am Schluss seines Lebens begegnet war, wohl gedacht haben mochte. Viele seiner ehemaligen Schüler und Kollegen waren gekommen, aber auch eine große Zahl von Menschen aus seiner Heimat Stockerau hatte die Fahrt nach Floridsdorf auf den Jedleseer Friedhof nicht gescheut.

Mittlerweile hatte sich die Nacht auf den Friedhof herabgesenkt. Am Himmel war die Sichel des Mondes zu erkennen, und wenn man genau hinsah, funkelte da und dort ein Stern. Stefan Renner stand mit Enrico, dem Totengräber, vorn beim Eingang und flößte ihm von Zeit zu Zeit mit dem Flachmann Schnaps ein.

»No! Niente! Nein«, erklärte der Totengräber entschieden.

»Aber Enrico! Du hast es mir doch versprochen«, beschwor Renner ihn.

»Ich habe nix versprochen«, beteuerte Enrico. »Ich habe nur gesagt ja. Und jetzt ich sage nein. No! Assolutamente no!«

»Hier sind die 200 Euro für dich, wenn du's machst.« Renner winkte Enrico mit zwei grünen Scheinen, deren Farbe in der Dunkelheit freilich schwer zu erkennen war.

»Ich nehme nix Geld, ich brauche nix Geld. Ich kann es nicht machen. Die Toten brauchen ihre Ruhe, wenn sie schlafen«, lehnte Enrico ab. »Außerdem bin ich Gemeindebediensteter. Wie schaut denn das aus?«

»Enrico, du gehst jetzt nach hinten, machst den Sarg noch einmal auf, ziehst meinem Onkel den Anzug aus, und fertig ist die Sache. Ich weiß nicht, warum du dich auf einmal sträubst. Das ist für dich doch nichts Besonderes, das gehört quasi zu deinem Beruf dazu. Und ob der Anzug zusammen mit meinem Onkel unter der Erde verfault, oder ich ihn mir nehme, kann dir doch egal sein!« Stefan Renner wurde ungeduldig. Wenn er sich einmal etwas in den Kopf gesetzt hatte, dann war er auch nicht mehr davon abzubringen. Er wollte wissen, wie es sich anfühlte, einen Anzug am Leibe zu tragen, mit dem man einen Toten beerdigt hatte. Es war seine feste Absicht, ihn zu Halloween anzuziehen. Der Totengräber hatte ihm seine Hilfe doch schon zugesagt, warum, verdammt noch einmal, hatte er es sich wieder überlegt? Renner reichte ihm erneut die Flasche mit dem Schnaps.

»Grazie«, bedankte sich Enrico und ließ den Grappa seine Kehle hinunterlaufen. Sehr bald, nachdem die Grenzen innerhalb der EU durch das Schengen-Abkommen geöffnet worden waren, hatte er seine Heimat Italien verlassen und war nach Österreich gezogen. Seinen Erzählungen nach war es ihm unten in Sizilien zu heiß geworden, weil sich die Mafia sehr für ihn und seinen kleinen Souvenirladen interessiert hatte. In Österreich fühlte er sich sicher. Nach etlichen Gelegenheitsjobs fand er schließlich den Beruf, der ihm auch zur Berufung wurde. Als Totengräber betrachtete er es als seine Ehre und Pflicht, die Dahingeschiedenen nicht nur zu bestatten, sondern danach auch ihre Grabesruhe gegen jeglichen Eingriff von außen zu verteidigen, selbst wenn dies natürlich nicht immer leicht fiel. Freigiebige und aufdringliche Menschen wie Stefan Renner konnten einen schon in Versuchung führen.

»Trotzdem – ist nicht egal«, erwiderte Enrico, nachdem er den Flachmann wieder abgesetzt und sich kurz besonnen hatte. »Dieser Friedhof ist eine heilige Ort. Man darf die Toten nicht stören, sonst geschieht ein Unglück! Es ist eine Entwürdigung, eine Schande, una profanazione di tombe! Ein Fluch trifft alle, die sich vergreifen an den Gräbern, so wahr ich hier sitze und trinke Ihren Schnaps. Hören Sie, wie hier ist alles so friedlich? Es muss so bleiben. Man darf nicht beleidigen diese Ruhestätte!«

»Lass mich doch jetzt nicht im Stich, Enrico«, redete Renner mit der schwachen Hoffnung auf ihn ein, ihn noch herumzukriegen.

»Es ist nicht anders möglich, leider. Ich liebe meine Beruf, ich liebe jede einzelne Körper, der hier liegt. Normalerweise Enrico macht alles. Enrico steht auf um Mitternacht, um zu erobern eine Dame, Enrico kämpft für seine Freunde bis zum letzten Tropfen Blut, Enrico geht nicht schlafen, bis er nicht kann sagen, er hat getan, was er musste tun. Mit Enrico kann man gehen durch dick und dünn. Doch so etwas darf niemand verlangen. Sie haben keine Angst? Keine Angst vor die Rache von die Toten? Dass Sie krank werden? Dass Sie ausgelöscht werden mitsamt Ihre Familie? Dass Sie nicht mehr schlafen können vor lauter schlimme Gedanken und wahnsinnig werden? Dass die Toten auferstehen und Sie umbringen?«

Stefan Renner lachte: »Ich glaube, ich habe dir zu viel von meinem Schnaps gegeben, Enrico. Du redest wirres Zeug!«

»Ich rede nix wirres Zeug. Ich habe keine Familie, und ich bin eine tapfere Mann.« Stolz schlug sich der Totengräber auf die Brust. »Aber was Sie verlangen, ich werde nicht machen. Sie können selber gehen und holen Ihre Zeug, wenn Sie sind so mutig. Das Grab ist noch offen, und man kann den Sarg noch aufmachen. Ich habe so vorbereitet, wie Sie haben gesagt. Es ist verrückt, è una pazzia! Aber wenn Sie wollen Unglück heraufbeschwören, bitte!« Er deutete in die Weite des Friedhofes, wo in der Dunkelheit weiter hinten Hannes Langthalers Grab lag, und tat dabei so, als wasche er seine Hände in Unschuld.

»Das ist vielleicht gar keine schlechte Idee«, überlegte Renner. »Ich müsste das auch allein schaffen, nachdem du mich so schmählich im Stich lässt. Ich brauche allerdings ein paar Sachen von dir: eine Taschenlampe, deine Handschuhe, und vielleicht hast du auch einen großen Plastiksack, mit dem ich den Anzug transportieren kann.«

Enrico machte erst einmal in Ruhe einen Schluck, dann schaute er nach. »Hier ist eine Lampe, und hier ist eine Sack«, stellte er fest. »Und hier eine Paar Handschuhe zum Wegschmeißen nachher. Jetzt aber pronto! Ich muss nachher noch alles zumachen und zuschaufeln. Ich möchte auch einmal nach Hause!«

»Keine Sorge«, beruhigte Renner ihn. »Du kommst schon hinter deinen warmen Ofen.«

Er wollte sich auf den Weg machen, da rief ihn Enrico noch einmal zurück: »Un momento!«

»Was ist?«

»Was soll sein? Es kostet Geld! 100 Euro!«

»Ich habe geglaubt, du nimmst kein Geld«, protestierte Renner.

»Ich nehme nix 200 Euro für Beleidigen von Toten«, erklärte Enrico. »Aber naturalmente ich nehme 100 Euro für Vorbereiten, für Warten, für Kosten von Material …«

»Ist schon gut, ist schon gut!« Renner steckte ihm, ohne lang nachzudenken, einen Schein zu, dann drehte er die Taschenlampe auf und verschwand in der Dunkelheit. Er wollte es nicht zugeben, doch ihm war jetzt ein wenig mulmig zumute. Er hatte sich nicht gerade eine angenehme Aufgabe ausgesucht, dessen wurde er sich immer deutlicher bewusst. Andererseits hatte er in seinem bisherigen Leben noch alles zu einem guten Ende gebracht, was er sich vorgenommen hatte. Er würde auch das überstehen und dann, bei der Halloween-Party mit einem Kostüm aufkreuzen, wie es kein anderer vorweisen konnte: in einem Anzug, der praktisch – von der leider notwendigen Reinigung abgesehen – frisch aus dem Sarg kam.

39

Enrico steckte das Geld ein und bediente sich dann wieder an dem Flachmann, den Stefan Renner in der Aufregung zurückgelassen hatte. Er mochte diesen wichtigtuerischen Kerl und das, was er vorhatte, nicht. Das hier war ein Friedhof und kein Horrorkabinett. Es war ein eigener Kosmos, in dem man nichts aus dem Gleichgewicht bringen durfte, damit kein Unglück geschah. Davon war er fest überzeugt. Leider hatte er sich auf dieses zweifelhafte Unternehmen eingelassen und konnte nur hoffen, dass alles gut vorüberging.

Enrico machte das Kreuzzeichen und begann, zu seinem Herrgott zu beten.

*

Es war beinahe unerträglich still. Martin kam es so vor, als bewege sich außer ihm überhaupt nichts mehr, als seien seine Kameraden Jürgen und Patrick bloß zwei große, schwarze Puppen, die mechanisch auf einer Höhe mit ihm blieben. Das Einzige, was er spürte, war das Pochen in seinen Adern und das Rauschen in seinem Kopf.

Jetzt befanden sie sich auf demselben Platz auf der Wiese neben dem Jedleseer Friedhof wie vorige Woche. Bis auf die spärliche Straßenbeleuchtung im Hintergrund war alles in ein fremdes, unheimliches, dem Auge ungewohntes Dunkel getaucht. Erst nach einer Zeit der Gewöhnung nahm Martin schemenhafte Umrisse und die da und dort vom Friedhof schwach herüberflackernden Lichter wahr. Er atmete tief durch, immer und immer wieder. Dabei hatte er das Gefühl, als schnüre sich ihm die Kehle zu.

Jürgen klopfte ihm auf die Schulter: »So, gleich schlägt deine große Stunde!«

»Ich weiß nicht! Ich habe gerade eben noch so ein komisches Licht gesehen. Ich glaube, es hat sich bewegt«, reklamierte Martin.

»Du hast dich getäuscht. Die einzigen Lichter, die hier brennen, sind die Kerzen bei den Gräbern«, versicherte Jürgen ihm.

»Schön langsam gehst du mir schwer auf die Nerven«, beherrschte sich Patrick nur mit Mühe. »Entweder du ziehst das hier durch, oder du kannst uns vergessen. Wir pfeifen auf dich, hörst du? Und deine Manuela kannst du dir dann auch abschminken, mit der werden eben wir unseren Spaß haben.«

Jürgen versuchte, die Situation zu beruhigen. »Du kletterst jetzt da über den Zaun«, ordnete er an. »Hier ist es nicht so hoch. Merk dir das Grab, neben dem du ankommst, dann hast du es beim Zurückgehen leichter. Du gehst bis zum Hauptweg und dort nach rechts. Nach zwei, drei Reihen gehst du wieder links. Da haben sie heute einen eingegraben, es ist nicht schwer zu finden. Es müssen noch lauter Kränze und so Zeug herumliegen. Einen davon schnappst du und bringst ihn uns mit, verstanden? Es kann überhaupt nichts passieren. Es ist kein Mensch da!«

Martin stand unentschlossen da. In seinem Kopf rauschte es noch immer. Er wartete auf etwas, das ihn endgültig in dieses Abenteuer stieß und vor vollendete Tatsachen stellte. Dann hörte er ein verhaltenes »Los«

von Jürgen und spürte einen leichten Schubser. Seine Füße bewegten sich träge nach vor, rutschten mehr als sie gingen. Er stolperte. Das Nächste, was er merkte, war, dass er sich über den Holzzaun schwang und auf dem Friedhof landete.

Jetzt gab es kein Zurück mehr. Er beschloss, geradeaus zu schauen, nicht nach links und nicht nach rechts. Der Pfad zwischen den Gräbern war auch in der Dunkelheit gut zu erkennen. Zielstrebig und geradlinig musste er sein. Und auf keinen Fall durfte er stehen bleiben, sonst würde er spüren, wie seine Knie schlotterten.

Er war mutiger, als er es jemals von sich geglaubt hatte. Rasch langte er am Hauptweg an. Jetzt nach rechts, hatte es geheißen. Irgendwo links musste es dann sein. Tatsächlich: Schon waren die Umrisse des Haufens von Kränzen und anderen letzten Grüßen zu erkennen. Noch einmal beschleunigte Martin seinen Schritt. Das wurde ihm beinahe zum Verhängnis.

War es, weil er im Laufen seine Handytaschenlampe einschalten wollte? Jedenfalls stolperte er und landete auf allen Vieren. Das Mobiltelefon entglitt seiner Hand. Er tastete und fand es zu seiner Beruhigung nach einigen Augenblicken wieder. Doch mit seiner anderen Hand griff er plötzlich ins Leere. Er bemerkte, dass das Grab noch offen war. Wie leicht hätte er da hineinfallen können. Ihn schauderte. Wenn Patrick und Jürgen wüssten, auf welch gefährliches Abenteuer sie ihn da geschickt hatten! Oder war das Absicht gewesen? Hatten sie gar insgeheim die Möglichkeit mit eingeschlossen, dass er sich in dieser Grube das Genick brach?

Am liebsten wäre Martin jetzt bäuchlings liegen geblieben. Das Aufstehen fiel ihm schwer. Auf einmal war er furchtbar träge. Der Schreck saß ihm immer noch in allen Gliedern. Er beschloss, seine nähere Umgebung mit der Handytaschenlampe auszuleuchten. Er durfte keine gefährliche Bewegung, keinen falschen Schritt mehr machen.

Alles wirkte in dem schwachen Lichtkegel bizarr und furchterregend. Er leuchtete über die Kränze mit ihren Schleifen, die Buketts und die Blumen. Dann ging der Strahl der Lampe nach unten. Jäh schreckte Martin zurück: vielleicht, weil er noch nie in seinem Leben einen richtigen Toten gesehen hatte, vielleicht, weil die Leiche so seltsam verdreht und halb nackt mit aus dem Sarg heraushängenden Armen und Beinen dalag. Er fühlte sich mit einem Mal, als habe er soeben einen Eiswürfel injiziert bekommen, der die Gegend um sein Herz kalt und gefühllos machte. Panisch sprang er auf und lief los, ohne auch nur einen einzigen Gedanken an den ursprünglichen Zweck seines Friedhofsbesuches zu verschwenden. Bloß fort von hier! Er vergaß auf den Kranz, das Beweisstück seiner Tapferkeit, und es war ihm egal, was er sich draußen von Jürgen und Patrick würde gefallen lassen müssen. Es konnte nicht schrecklicher sein als das, was er eben erlebt hatte.

Auf einmal vermeinte Martin, ein Geräusch zu hören, gerade so laut, dass er das beklemmende Gefühl hatte, nicht allein zu sein. Es befand sich in seiner Nähe, klang, als würde etwas über den Boden geschleift. Die kalte Luft umarmte ihn. War das der Hauch des Todes, von dem

Patrick erzählt hatte? Er flüchtete Hals über Kopf, lief, stolperte erneut. Kaum hatte er sich gefangen, stieß sein Fuß gegen einen Plastiksack neben dem Weg, der mit etwas Schwerem, Unförmigem gefüllt war. Ein Knarren von Holz. Doch da war, dem Himmel sei Dank, schon der Zaun. Mit letzter Kraft und unter Zuhilfenahme eines knapp davor liegenden Grabsteins schleppte Martin sich hinüber auf die andere Seite. Geschafft!

Er brauchte einige Augenblicke, um sich wieder neu zu orientieren. »Jürgen, Patrick«, rief er mit gedämpfter Stimme. Er hatte keine Angst vor seinen Freunden. Er würde ihnen alles erzählen, was ihm zugestoßen war. Wenn sie ihm nicht glaubten, sollten sie doch selbst nachsehen.

Aber Patrick und Jürgen ließen sich nicht blicken. Ein schrecklicher Gedanke kam ihm. War sein erster Verdacht richtig gewesen? Steckten sie etwa hinter dem ganzen Mummenschanz? Wahrscheinlich war es ihnen nur darum gegangen, ihm einen ordentlichen Schrecken einzujagen, und jetzt hatten sie sich einfach aus dem Staub gemacht. Keinen Augenblick hatten sie vorgehabt, ihn als ihren Freund zu akzeptieren, nur ihren Spaß hatten sie mit ihm haben wollen.

Ärger stieg in Martin hoch. Jetzt stand er da, allein, mit schmutzigem Gewand, dreckigen Händen und höchstwahrscheinlich aufgeschundenen Knien. Ihm musste noch etwas einfallen, wie er seinen Eltern das alles erklärte. Er hatte ihnen ja erzählt, dass er noch mit seinen Freunden lernen würde und es später werden könnte. Da hatte er sich ja etwas Schönes eingebrockt!

Müde schaute er hinüber zur beleuchteten Lorettokirche und begann, sich auf den Heimweg zu machen, den er dazu nützen wollte, sich eine glaubwürdige Geschichte auszudenken.

Erst jetzt fiel ihm auf, dass auf dem Weg vor ihm etwas wie ein Bündel lag – ein menschliches Bündel. Vorsichtig ging Martin näher hin und schaltete mit zitternden Händen wieder die Taschenlampe seines Handys ein. Er erkannte die Umrisse seines Freundes Jürgen. Nun lief er Gefahr, den Verstand zu verlieren. Denn im ersten Augenblick dachte er, Jürgen sei tot.

Er rannte, so schnell er konnte, in Richtung der Lichter vor ihm. Er begegnete keiner Menschenseele, der er sich anvertrauen hätte können. Als der erste Schock vorüber war, erinnerte sich Martin dann an die Notrufnummern, die man ihm schon als kleines Kind in der Volksschule eingebläut hatte, und verständigte Rettung und Polizei.

5

In der Symphonien Rauschen,
Heiligen Gewittergüssen,
Seh ich Zeus auf Wolken nahn und
Christi blut'ge Stirne küssen.

(Aus: Lenau, Beethovens Büste)

»Nächste Woche ist es soweit«, frohlockte Frau Heller.
»Dann eröffnen wir der Kunst eine neue Bühne, hier bei
uns im Kaffeehaus.«

Leopold hatte sich dazu entschlossen, die neue Situation einfach zu ertragen. Er hatte versucht, sich mental
darauf einzustellen, dass in nächster Zeit allerlei spiel-
und sangesfreudige Menschen die schöne Ruhe und
Ordnung, die ansonsten in den heiligen Hallen des Café
Heller herrschten, gehörig durcheinanderbringen würden. Das konnte ihn schon beinahe nicht mehr erschüt-
tern. Was ihn hingegen aufregte, war, dass er sich bereits
die ganze Mittagszeit über ständig die entsprechenden
Ankündigungen seiner Chefin anhören musste. Und
Herr Wondratschek, der quasi Beihilfe zu dieser üblen
Tat geleistet hatte, saß seelenruhig am Cheftisch und
durfte sich gratis an einem gebackenen Hühnerschnitzel
mit Reis und gemischtem Salat gütlich tun. Dazu trank
er, anstatt wie sonst Mineralwasser, ein Glas Weißwein.

»Ich erhoffe mir für uns alle das Beste«, bemerkte Leopold schlicht. Mehr fiel ihm im Augenblick nicht ein.

»Es werden Glanzlichter, wahre Glanzlichter«, steigerte sich Wondratschek in eine Euphorie. Dabei verschluckte er sich beinahe.

»Oh, wie wahr«, pflichtete Frau Heller ihm bei. »Aber nur, weil Sie mir zur Seite gestanden sind! Allein hätte ich das nie geschafft.«

»Es war eine Pflicht, die ich gern erfüllte habe. Eine Pflicht unserem schönen Bezirk gegenüber.« Wondratschek wischte sich den Mund genüsslich mit einer Serviette ab.

»Schon der Abend am Allerseelentag, unsere Premiere sozusagen, wird alle Stückerln spielen. Klothilde Gattermann.« Frau Heller ließ den Namen genüsslich auf ihrer Zunge zergehen. »Was sagt Ihnen das, Leopold?«

»Eine einzigartige Persönlichkeit«, kommentierte Leopold knapp.

»Auch Ihnen ist ihr betörender Gesang also ein Begriff?«, fragte Frau Heller erstaunt.

»Das meine ich nicht«, gab Leopold zu. »Aber ich bin jetzt gewiss schon eine lange Zeit im Kaffeehaus, gute 30 Jahre, und eine Klothilde ist mir bei unseren Gästen noch nie untergekommen. So ein Vorname hat schon einen gewissen Seltenheitswert.«

»Frau Gattermann ist unzählige Male in der Volksoper aufgetreten und war zweimal Mitglied des Ensembles bei den Seefestspielen in Mörbisch«, klärte Wondratschek ihn auf. »Sie ist ein Star und gleichzeitig eine waschechte Floridsdorferin. Leider fällt Herr Fekete, der sie früher bei ihren Auftritten am Klavier begleitet hat, aus, aber sie hat, scheint's, einen geeigneten Ersatz gefunden.« Zufrieden erhob er sein Weinglas, führte es genießerisch an seinen Mund, nahm noch einmal mit der Nase den Duft des Buketts in sich auf und schwappte dann alles in einem Zug hinunter.

»Das ist aber noch nicht alles«, verkündete Frau Heller. »Ein Höhepunkt jagt gewissermaßen den anderen.«

Wondratschek hatte nun glänzende Augen bekommen. Er schnäuzte sich lautstark in ein Papiertaschentuch, dann erläuterte er: »Nach der Pause wird das Ensemble ›Goldener Wienerschmerz‹ seine Künste darbieten und uns mit Liedern um die besondere Beziehung der Wiener zum Tod verwöhnen. Ich muss sagen, dass ich schon vieles in dieser Richtung gehört und gesehen habe, aber wie diese Musiker unser altes Liedgut interpretieren, ist etwas ganz Besonderes.«

»Die Leute werden toben«, freute sich Frau Heller.

»Ist auch nur eine Ersatzbefriedigung«, warf Leopold gleichgültig ein, während er eine Melange zubereitete.

»Leopold, Sie sind ein Banause. Ich hätte es mir ja gleich denken können«, schüttelte Frau Heller verständnislos den Kopf. »Sie interessieren sich nicht einmal so viel für unser neues, einmaliges Kulturprogramm. Wenn gesungen und musiziert statt gemordet wird, ärgern Sie sich bloß, statt sich zu freuen, dass es auch etwas Schönes und Friedliches auf der Welt gibt. Denn wo man singt, da lass dich ruhig nieder, böse Menschen haben keine Lieder, wie schon ein altes Sprichwort sagt.«

»Von friedlich kann meines Erachtens nach keine Rede sein«, entgegnete Leopold kühl. »Erstens bedeutet eine Veranstaltung, zu der viele Menschen kommen, immer ein gewisses Sicherheitsrisiko. Darauf habe ich schon mehrmals hingewiesen und leider recht bekommen. Zweitens werden, wenn ich richtig aufgepasst habe, Lieder über das Sterben und den Tod vorgetragen werden. Noch nie etwas von einer ›Self-fulfilling Prophecy‹ gehört? Einer Voraussage, die sich umso wahrscheinlicher erfüllt, je mehr Leute daran glauben und sich dementsprechend verhalten? Ständig wird von dieser Schmerzpartie der Tod angerufen und geradezu herbeizitiert werden. Da erscheint es mir nur zu wahrscheinlich, dass er auch wirklich auf einen Sprung vorbeikommt. Und wie? Natürlich in Form eines Verbrechens.«

»Papperlapapp! Was glauben Sie, wie oft Sie schon vom Tod geredet haben, und nix ist passiert«, korrigierte Frau Heller ihn.

»Im Gegenteil! Wenn ich von einem Verbrechen geredet habe, war der Mord meist nur mehr eine Frage der Zeit«, beharrte Leopold. Wondratschek sah sich durch sein Unverständnis wieder einmal so genervt, dass er, nachdem er sich an Speis und Trank gelabt hatte, seine Siebensachen packte und Anstalten machte, das Kaffeehaus zu verlassen. Na bitte, warum nicht gleich? Leopold betrachtete den Zweck seiner zugegebenermaßen etwas übertriebenen Behauptungen als erfüllt. »Die Tarockierer werden sich auch ärgern, dass sie am Freitag nicht spielen können«, merkte er Frau Heller gegenüber noch an.

»Die sollen sich nur ja nicht aufregen. Wir sperren extra am Allerheiligentag auf, damit sie ihre Partie herunterklopfen können«, erinnerte Frau Heller ihn. »Da brauchen Sie übrigens nicht zu kommen, Herr Waldbauer wird mir behilflich sein. Aber am Allerseelentag, bei unserer Veranstaltung, benötige ich Sie. Da werden Sie gemeinsam mit unserer Doris die kulturbeflissenen Gäste betreuen. Allerdings ohne abfällige Bemerkungen, das bitt' ich mir aus!«

»Natürlich nicht, Frau Chefin. Wo denken Sie hin?« Langsam stieg Leopolds Laune wieder an. Schon im Sommer hatte er für zwei Wochen zusammen mit Doris Heller die Geschäfte im Kaffeehaus führen dürfen. Zeitweise war noch ein junger Mann, den Doris liebevoll ›Schatzi‹ und ›Hasibutz‹ genannt hatte, zu ihnen gestoßen. Jedenfalls hatte die Sache in Abwesenheit von Herrn und Frau Heller ausgezeichnet funktioniert, sodass Leopold der Wiederholung eines gemeinsamen Dienstes mit Freuden entgegensah. Er registrierte dabei auch einigermaßen beruhigt, dass sich Doris wieder mehr für das Kaffeehaus zu interessieren schien. Ihre Abstecher vom Architekturstudium in Graz nach Wien wurden immer häufiger. Irgendwann, vielleicht würde es gar nicht mehr lang dauern, würden Herr und Frau Heller ja in den verdienten Ruhestand gehen, und dann würde es gut sein, wenn jemand aus der Familie das Café weiterführen würde, damit alles beim Alten blieb …

Leopold versank, während er nun wieder seine Runden drehte und die Gäste gut gelaunt bediente, in derartige Gedanken. Niemand wusste, was die Zukunft bringen würde, nicht für ihn, und auch nicht für das Kaffeehaus. Man musste abwarten und schauen, was am Ende herauskam. Vorläufig war für ihn die wichtigste Aussicht auf das kommende Unvorhersehbare, dass sein heutiger Dienst in einer Viertelstunde zu Ende sein würde. Die Kaffeehausuhr an der Wand ging zwar immer um ein paar Minuten nach, trotzdem konnte er genau an ihr ablesen, wie spät es war.

Da kamen zwei wohlbekannte Gestalten zur Türe herein. Ja, er täuschte sich nicht, es waren wirklich zwei: nicht nur sein Freund Thomas Korber, den er nach seinem Unterricht durchaus noch erwartet hatte, nein, in seiner Begleitung befand sich auch Leopolds früherer Intimfeind, der immer unausgeglichen und ein wenig hypertonisch wirkende Inspektor Bollek. Bollek hatte sich zwar mittlerweile zu einem ganz brauchbaren und nicht mehr so cholerischen Gehilfen von Leopolds Schulfreund, Oberinspektor Juricek, gemausert – wozu eine Dame mit Namen Nora einen nicht unwesentlichen Beitrag leistete – aber Leopold tat sich schwer, die ersten heftigen und unsachlichen Auseinandersetzungen mit ihm zu vergessen. Korber hingegen pflegte seit geraumer Zeit ein beinahe freundschaftliches Verhältnis mit ihm. Dennoch kam es überraschend, dass beide gemeinsam hier auftauchten. Leopold näherte sich also freundlich, aber vorsichtig. Wer weiß, was die beiden im Schilde führten. »Guten Tag, die Herren, was darf's denn sein?«, erkundigte er sich neugierig. »Ein Bierchen, ein Weinderl, ein Schnapserl?«

Bollek winkte sofort ab. »Nein danke, ich bin im Dienst. Ein Cola bitte!«

»Und mir einen großen Braunen, Leopold. Der Herr Inspektor war nämlich gerade bei uns in der Schule. Es ist etwas Eigenartiges passiert«, berichtete Korber.

»Ach so?« Leopold wurde hinter der Kaffeemaschine hellhörig.

»Eine blöde Sache das«, brummte Bollek.

»Einer unserer Schüler, Jürgen Schleier, ist in der Nacht beim Jedleseer Friedhof niedergeschlagen worden«, erklärte Korber. »Der Bursche ist gerade einmal 14 Jahre alt. Jetzt liegt er mit einer schweren Gehirnerschütterung im Spital.«

»Ursprünglich waren sie zu dritt«, führte Bollek weiter aus. »Die anderen zwei sind einfach weggelaufen. Einer kam immerhin noch auf die Idee, uns und die Rettung zu verständigen.«

»Die anderen zwei sind Patrick Pavlovic und Martin Hanser«, setzte Korber fort. »Martin war derjenige, der angerufen hat. Er hat uns auch erzählt, dass er im Friedhof drinnen war, als sich der Vorfall ereignete. Beinahe wäre er in ein Grab gefallen. Gestern hat die Beerdigung von unserem ehemaligen Gymnasiallehrer, Professor Langthaler, stattgefunden. Ich weiß nicht, ob es ein Zufall ist, aber wahrscheinlich handelt es sich um dieses Grab.«

»Interessant«, meinte Leopold nur, während er das Cola und den großen Braunen auf die Theke stellte.

»Dieser Patrick will aber von alledem nichts wissen«, konstatierte Bollek. »Er behauptet, sie waren bloß spazieren und sind dann irgendwie beim Friedhof gelandet. Schließlich sei er früher als die anderen gegangen, weil er nicht so spät nach Hause kommen wollte.«

»Hat ganz den braven Schulbuben herausgekehrt, ist aber eher das Gegenteil«, schmunzelte Korber.

»Das bringt uns auch nicht weiter«, stöhnte Bollek. »Wir müssen uns mehrere Fragen stellen: Wer lügt, wer sagt die Wahrheit? Wer hat Jürgen niedergeschlagen und warum? War es ein Fremder, oder hat es eine Auseinandersetzung zwischen den drei Burschen gegeben? Jürgen ist uns leider keine große Hilfe. Er ist noch kaum ansprechbar und kann sich an nichts erinnern.«

»Wenn ihr mich fragt, sagt am ehesten dieser Martin die Wahrheit«, überlegte Leopold. »Dass sie nicht zufällig dort waren, sondern ein kleines Abenteuer geplant hatten, liegt doch auf der Hand. Aber im Nachhinein geben es Burschen wie Patrick aus Angst vor der Strafe nicht zu.«

»Oder es ist umgekehrt«, machte Bollek aufmerksam, »und diese Friedhofsgeschichte ist eine reine Erfindung, um von einem Streit untereinander abzulenken, der zu der Gewalttat geführt hat.«

»In dem Grab, in das Martin fast hineingefallen wäre, soll eine halb nackte Leiche gelegen sein«, erinnerte Korber sich. »Unheimliche Geräusche will er auch gehört haben. War diese Leiche Hannes Langthaler? Oder hat Martin geflunkert? In der Schule schneidet er hin und wieder ganz schön auf. Er glaubt, dass er dann von den anderen mehr anerkannt wird. Er ist in der körperlichen Entwicklung noch ein wenig hintennach.«

Bollek trank sein Cola so hastig aus, dass es ihm kurz aufstieß. Dann warf er einen Blick auf seine Uhr. »Es hilft nichts, wir müssen auf den Friedhof und uns die Sache ansehen«, stellte er fest.

»Ich fahre mit«, verkündete Korber stolz. »Und dich mit deinem Blick fürs Detail könnten wir auch gut brauchen, Leopold. Du hast doch jetzt bald Dienstschluss, oder?«

»Gewissermaßen ja, aber andererseits ... Ich weiß nicht, ob ich da nicht hinderlich bin«, entgegnete Leopold ein wenig misstrauisch.

»Nein, ich denke, Sie könnten uns durchaus helfen. Derzeit bin ich bei diesem Fall mehr oder minder auf mich allein gestellt, und sechs Augen sehen ja bekanntlich mehr als zwei. Also kommen Sie ruhig mit, Herr ... Leopold war doch der Name, oder?« Diese Worte aus Bolleks Mund fielen ohne besondere emotionale Aufforderung, aber sie fielen.

Leopold kam aus dem Staunen nicht heraus. Auf dem Weg zu Bolleks Wagen flüsterte er Korber zu: »Was hat er denn? Ist er etwa befördert worden?«

»Du meinst Bollek?«, wunderte sich Korber. »Nein, aber der ist in letzter Zeit immer so. Weißt du denn das nicht?«

*

Der kleine Mann mit dunklem, schütterem Haar, Sonnenbrillen und einer bräunlich-gelben Gesichtsfarbe, der leicht gebückt am Eingang zum Friedhof stand und gierig an seiner Filterzigarette sog, trug, wie man es bei einem Friedhofsverwalter wohl nicht anders erwarten durfte, ein weißes Hemd und einen dunklen Anzug. Nur die rote Krawatte brachte ein wenig Farbe in seine Erscheinung »Sind Sie die Herren von der Polizei, die vorhin angerufen haben?«, fragte er ungeduldig.

»Herr Morak?« Bollek räusperte sich und trat vor. »Inspektor Bollek mein Name. Sie haben von dem Vorfall gehört?«

»Ja! Deshalb wundert es mich, ehrlich gesagt, dass Sie zu mir kommen«, entgegnete Morak. »Soviel ich erfahren habe, hat sich die Sache auf der Wiese außerhalb des Friedhofs ereignet.«

»Es steht zu vermuten, dass sich zumindest einer der drei Burschen auch innerhalb des Friedhofsgeländes herumgetrieben hat«, klärte Bollek ihn auf.

»Ja und? Ich verstehe immer noch nicht.«

»Kommt es öfter vor, dass sich Unbefugte nachts Zutritt zum Friedhof verschaffen? Gibt es so etwas wie Vandalenakte?«

»Vandalenakte? Hier bei uns? Davon ist mir nichts bekannt.« Das erste Mal kam dem Mann ein Lächeln aus. »Wir sind eine kleine Stadt mit mehreren Tausend Einwohnern, die allesamt zu uns gezogen sind, weil sie Frieden suchen – den ewigen Frieden. Hier nimmt jeder auf jeden Rücksicht, und unsere Besucher von außerhalb tun das auch, selbst wenn es sie einmal des Nachts auf nicht ganz legale Weise in unser einmaliges Ambiente verschlägt. Wir haben am nächsten Tag immer noch alles so vorgefunden, dass es nicht der Rede wert war.«

»Hat es heute früh irgendwelche Auffälligkeiten gegeben?«, wollte Bollek wissen.

»Etwa ein offenes Grab mit einer halb nackten Leiche als besondere Draufgabe für unsere zeitigen Friedhofsbesucher?«, meldete sich jetzt Leopold aus dem Hintergrund. Korber versetzte ihm sofort einen leichten Rempler, Bollek verzog kurz irritiert das Gesicht. Aber Morak antwortete bereitwillig, ohne Leopolds Identität zu hinterfragen: »Ich weiß nicht, was Sie wollen, meine Herren. Es war alles in bester Ordnung! Und das, obwohl wir gestern drei Beerdigungen hatten! Die vom Reif angezuckerten Gräber und der leichte Nebel haben der Szene sogar einen besonderen Reiz verliehen.«

»Könnten wir vielleicht mit dem Totengräber sprechen?«, fragte Leopold weiter.

»Mit Enrico? Er ist heute nicht hier. Er macht seine Arbeit zwar hauptsächlich bei uns, wird aber auch auf anderen Friedhöfen gebraucht«, erklärte Morak. »Sie können gern mit ihm reden, ich habe zufällig seine Handynummer dabei. Ich denke aber nicht, dass er so spät noch hier war. Und wenn, was sollte er schon Großartiges bemerkt haben? Der Vorfall hat sich doch außerhalb des Friedhofs ereignet, nicht wahr? Es ist die große Welt draußen, die gewalttätig ist, nicht unsere kleine Welt hier herinnen, wenn ich mir diese Bemerkung erlauben darf. Darum finde ich es sehr merkwürdig, dass Sie zuallererst zu mir kommen.«

Bollek steckte den Zettel, den ihm Morak überreichte, ein. Man merkte ihm trotz seiner mittlerweile geschulteren Psyche deutlich an, wie sehr ihm das Gespräch mit dem Friedhofsverwalter auf die Nerven ging. »Dürfen wir uns auf Ihrem friedlichen Terrain trotzdem ein wenig umsehen?«, zischte er.

»Wenn Sie glauben, dass Sie etwas finden, bitte!«
Morak wies mit seiner linken Hand in sein Reich hinein und stellte dabei sein Unverständnis für die Situation noch einmal zur Schau. Bollek ließ sich noch erklären, wie man zum Grab Hannes Langthalers kam, dann
marschierten er, Leopold und Korber los.

Als sie das Grab erreichten, fanden sie zunächst nichts
Verdächtiges. Es war ordnungsgemäß verschlossen, und
darauf türmten sich die letzten Grüße der Hinterblie-
benen. Leopold ließ seinen Blick routinemäßig über
die Schleifen der Kränze schweifen: Horst und Janine
Renner, Stefan und Ulrike Renner, Brigitte und Philipp
Renner; weitere Anverwandte, die ihre Trauer kundta-
ten; die Lehrerschaft des Floridsdorfer Gymnasiums;
einige Freunde und Bekannte des Toten. Eine Inschrift
fiel Leopold aber besonders auf: ›Deine Lenaubrüder.
Wir halten Wacht an deinem Grab.‹ Waren das die liebevoll ›Lenaububerln‹ genannten Stockerauer Schüler,
die früher ihre Gymnasialzeit in Floridsdorf verbracht
hatten? Hatten sie diesen Kranz in Verehrung ihres alten
Lehrers gespendet? Leopold irritierte dabei allerdings
das Wort ›Brüder‹. Es musste eine Gemeinschaft geben,
der Langthaler angehört hatte, und die das Wirken des
Dichters Nikolaus Lenau ehrte. Immerhin ein interessanter Nebenaspekt.

Er entfernte sich ein wenig vom Grab und betrachtete die Umgebung. Seine alte Neugier ergriff Besitz von
ihm, gepaart mit der Überzeugung, dass er etwas Wichtiges finden würde. »Glaubst du, dass Martin wirklich
hier herinnen war?«, fragte Korber ihn, aber Leopold

hörte nur mit halbem Ohr hin. Er sah eine Mülltonne, und die zog ihn an wie ein Magnet. Mülltonnen waren eine wahre Fundgrube. Man vertraute ihnen oft etwas an, was zwar nicht im Sinne der Umwelt recycelbar, im Sinne der Kriminalistik jedoch in jedem Fall wiederverwertbar war.

Leopold öffnete die Tonne. Sofort schlug ihm ein unangenehmer Geruch entgegen. Er kam aus einem großen, durchsichtigen, schlecht verschlossenen Plastiksack, den hier jemand deponiert hatte. Leopold nahm ein Paar Einweghandschuhe aus seiner Jackentasche, von denen er stets einige in seiner Lade im Kaffeehaus aufbewahrte, streifte sie über und hob den Beutel dann vorsichtig mit Daumen und Zeigefinger seiner rechten Hand heraus.

»Ein Anzug«, bemerkte er zu Korber, der ihm gefolgt war, wobei er den Sack möglichst weit von sich weg hielt. »Stinkt nach Verwesung. Ich würde also aus hygienischen Gründen zu äußerster Vorsicht im Umgang mit dem Stück raten. Was aber viel wichtiger ist: Deine Frage von vorhin halte ich damit für beantwortet, Thomas. Wenn Martin von einem halb nackten Leichnam spricht, den er in einem offenen Grab gesehen hat, dann sagt er offensichtlich die Wahrheit. Der Anzug hier sieht so aus, als hätte ihn jemand einem im Sarg liegenden Toten vom Leib gerissen und dann in dieser Mülltonne entsorgt. Der Tote war ziemlich sicher Hannes Langthaler. Frag mich nicht warum, aber offenbar ist es so.«

Korber wandte sich mit Abscheu ab. »Pfui Teufel, wer macht denn so etwas?«, wunderte er sich.

»Das herauszufinden, verspricht außerordentlich interessant zu werden«, erklärte Leopold mit einer gewissen Vorfreude.

»Die Angelegenheit wird immer verwirrender«, meldete sich der mittlerweile ebenfalls hinzugetretene Inspektor Bollek zu Wort. »Durchaus möglich, dass wir hier noch einer anderen Sache auf der Spur sind.«

»Na, das glaube ich«, konnte Leopold sich nicht zurückhalten.

»Ich werde das Beweisstück jedenfalls genau untersuchen lassen«, erklärte Bollek. »Sieht so aus, als käme da einige Arbeit auf mich zu. Schauen wir uns draußen noch ein wenig um.«

Leopold brauchte er das nicht zweimal zu sagen. Mit raschen Schritten, die so gar nicht zu seiner eher gedrungenen, rundlichen Gestalt passen wollten, marschierte er den anderen voraus in Richtung Wiese. Bollek deponierte noch rasch den Plastiksack samt Anzug im Kofferraum seines Autos. »Der Bub ist hier gelegen«, zeigte er danach auf eine Stelle beim Friedhofszaun mit Büschen und etwas Gestrüpp.

»Um welche Zeit ist er überhaupt niedergeschlagen worden?«, erkundigte Leopold sich.

»Wir sind gegen 22.15 Uhr verständigt worden«, berichtete Bollek. »Wir waren dann auch recht schnell da. Jürgen ist gerade wieder zu sich gekommen. Wir denken, dass alles knapp vor 22.00 Uhr passiert ist. Bei der Waffe handelt es sich um einen stumpfen Gegenstand.«

»Zum Beispiel eine Schaufel?«

»Das wäre eine Möglichkeit.«

»Gibt es irgendwelche Hinweise, von wo der Täter gekommen ist?«

»Vorerst nicht. Es waren auch keine Leute da. Um diese Uhrzeit kein Wunder«, gab Bollek Auskunft. »Und auf eine großartige Suchaktion in der Dunkelheit haben wir verzichtet. Warum fragen Sie?«

»Weil mir das alles sehr seltsam vorkommt. Der Anzug und der niedergeschlagene Bub könnten ein Teil desselben Rätsels sein. Ich frage mich eben nach dem Sinn des Ganzen«, überlegte Leopold.

»Eigentlich hatte der Attentäter ja keinen Grund, auf Jürgen loszugehen«, mischte Korber sich in die Debatte ein.

»Außer er fühlte sich durch ihn bei irgendeiner Handlung gestört«, mutmaßte Leopold. Während sie so miteinander sprachen, streiften alle drei langsam den Zaun entlang und suchten nach Auffälligkeiten. Beinahe gleichzeitig bemerkten sie den durchgeschnittenen Draht, der die Holzlatten zu einem stabilen Ganzen verbinden sollte, an jener Stelle diese Funktion aber nicht mehr erfüllte. Dort war der Zaun so locker, dass man unter ihm auch Gegenstände von beachtlicher Größe durchschieben konnte.

»Da hat sich jemand zu schaffen gemacht«, konstatierte Bollek.

»Und das aus gutem Grund«, ergänzte Leopold. »Es war der einfachste Weg, etwas aus dem Friedhof herauszutransportieren. Wenn mich nicht alles täuscht, eine Leiche!«

»Und warum sollte jemand eine Leiche aus dem Friedhof befördern wollen?«, rätselte Korber, der immer weniger verstand.

»Zunächst einmal, weil er – oder sie – sie umgebracht hat«, klärte Leopold ihn auf. »Die weiteren Gründe kennen wir noch nicht. Deshalb hat vorerst einmal das ›Wie‹ Vorrang.«

»Da vorn!« Bollek zeigte in Richtung der Straße, die hinter dem Friedhof vorbeiführte und an die Wiese anschloss. »Von dort könnte er gekommen sein.«

Leopold begriff sofort. »Man kann hier mit einem Wagen zufahren, wenn man es darauf anlegt. Vielleicht gibt es Spuren«, deutete er an.

Einige Schritte weiter sah es tatsächlich so aus, als sei das Gras durch Autoreifen niedergewalzt worden. »Hier sind noch ein paar Abdrücke«, stellte Bollek fest. »Ich werde sie ebenfalls untersuchen lassen. Vielleicht finden wir etwas über das Profil heraus.«

Während er zu seinem Handy griff, um im Kommissariat anzurufen, nutzte Leopold die Gelegenheit, um Korber ein bisschen auf die Seite zu nehmen. »Zusammenfassend können wir also vorläufig sagen, dass gestern Nacht jemand auf dem Friedhof getötet, dann nach draußen gebracht und vermutlich mit einem Auto abtransportiert worden ist«, setzte er ihm auseinander. »Nähere Umstände sind uns noch nicht bekannt. Es lässt sich aber vermuten, dass Jürgen den oder die Täter unabsichtlich bei ihrer Verrichtung störte und deshalb niedergeschlagen wurde. Dazu kommen einige seltsame Begleiterscheinungen: angeblich eine halb nackte Leiche in einem offenen Grab, das heute ganz normal verschlossen ist, und mit Sicherheit ein nach Verwesung riechender Anzug in einem Plastiksack in einer Mülltonne. Was sagt uns das also?«

»Dass du es wieder einmal nicht lassen können wirst, die Geschichte näher zu untersuchen«, vermutete Korber. Es war das Einzige, was ihm zu Leopolds Ausführungen einfiel.

»Richtig«, bestätigte Leopold. »Zwei Dinge werden dabei zunächst von Bedeutung sein. Nummer eins: der Totengräber. Er sollte uns ein wenig mehr über alles erzählen können. Ich kenne diesen Enrico. Er war früher öfter bei uns im Kaffeehaus Schach spielen. Ich glaube, ich weiß, wo ich ihn finden kann.«

»Könnte es nicht sein, dass jemand zusammen mit ihm Hannes Langthalers Leiche aus dem Friedhof herausgeschafft hat?«

»Davon gehe ich nicht aus. Einerseits ergibt es überhaupt keinen Sinn, andererseits geht es sich von der Zeit her nicht aus. Martin hat den Toten im Grab gesehen und war dann recht schnell aus dem Friedhof draußen, wo sein Freund Jürgen schon bewusstlos gelegen ist. Polizei und Rettung waren auch sofort da. Der Abtransport muss geschehen sein, während Martin herumirrte. Das heißt, es handelte sich sozusagen um eine frische Leiche. Somit komme ich zum wichtigen Punkt Nummer zwei: Hannes Langthaler.«

Korber schüttelte irritiert den Kopf. »Du sprichst in Rätseln, Leopold. Langthaler ist tot, und, wie du soeben behauptet hast, liegt er immer noch in seinem Grab!«

»Ja, aber er könnte trotzdem mit alldem zu tun haben. Zumindest ist das eine sehr interessante Theorie, und wir haben so gut wie keine andere Spur. Das heißt, ich brauche deine Hilfe.«

»Ich hab's kommen sehen«, versuchte Korber, sich mit seinem Schicksal anzufreunden. »Erklär mir bitte nur, wie du dir das jetzt schon wieder vorstellst.«

»Ganz einfach: Es wäre wichtig, mehr über das Leben und Wirken dieses Hannes Langthaler in Erfahrung zu bringen. Es muss bei euch in der Schule noch Lehrer geben, die ihn gekannt und mit ihm zusammen unterrichtet haben. Die wissen sicher was über ihn zu erzählen. Hör dich ein wenig um, vielleicht bringt uns das auf eine wichtige Spur!«

Korber winkte ab: »Das sind doch lauter Hirngespinste. Lass erst einmal die Polizei herausfinden, was da wirklich an dem Überfall auf Jürgen dran ist. Schließlich ist das ihre Aufgabe. Das mit dem Mord finde ich schon ein bisschen weit hergeholt.«

»Wenn ich warten muss, bis dein Freund Bollek auf etwas draufkommt, kann ich mir gleich die Kugel geben. Und mein Oberinspektor Juricek wird auf seine alten Tage auch immer nachlässiger. Außerdem ist er, glaube ich, nach wie vor nicht gut auf mich zu sprechen. Nein, wenn wir etwas weiterbringen wollen, müssen wir uns schon selbst um die Sache kümmern. Also, was ist? Beschaffst du mir ein paar Informationen über Langthaler oder nicht?«

»Ich werde sehen, was sich machen lässt«, gab Korber schließlich zähneknirschend nach.

6

Liebliche Blume,
Bist du so früh schon
Wieder gekommen?
Sei mir gegrüßet,
Primula veris!

(Aus: Lenau, Primula veris)

Er war dabei, fortzugehen. Wie immer achtete er peinlich darauf, dass seine Kleidung korrekt saß: Sakko, Mascherl, Hemdkragen. Er war ja früh genug dran, sodass er sich nicht sonderlich beeilen musste. Schließlich nahm er seinen Mantel vom Haken und griff nach dem Schirm. Es hatte nämlich stark zu regnen begonnen.

Er öffnete die Tür und stutzte. Da lag ein Brief auf seiner Fußmatte. Marke klebte keine drauf, und es gab auch keinen Poststempel. Jemand musste ihn selbst hergebracht haben. Warum hatte dieser Jemand aber nicht angeläutet und versucht, ihn persönlich bei ihm abzugeben? Er war ja die ganze Zeit über zu Hause gewesen.

Er bückte sich und nahm den Brief in die Hand. Auf dem Kuvert stand sein Name, sonst nichts. Merkwürdig. Er drehte sich um und ging noch einmal zurück in seine Wohnung. Er wollte den Inhalt des Briefs wissen.

Auf seinem Sessel im Wohnzimmer verstand er bald,

worum es ging. Das Gedächtnis war eine mitleidige Funktion des menschlichen Körpers, denn es konnte unangenehme Dinge in eine finstere Kammer sperren, wo sie liegen blieben, bis man gar nicht mehr wusste, dass es sie gab. Man vergaß auf wundersame Weise, was einem sonst das Herz zermartert hätte. Doch irgendwann tauchte etwas auf wie dieser Brief, das die Tür zu der Kammer öffnete. Im Kopf entstanden wieder dieselben Bilder, alles nahm eine frische und unmittelbare Gestalt an und rüttelte an den Grundfesten des Daseins. Dann war es aus mit der trügerischen Ruhe, die man in sich aufgebaut hatte. Dann hatte man plötzlich keine Gegenwart und keine Zukunft mehr, sondern nur die Vergangenheit.

Er fühlte sich mit einem Mal unsagbar alt. Nichts schien wichtig außer seinen rückwärtsgewendeten Gedanken. Die Erinnerung verstellte seinen Blick auf das Jetzt. Er wollte gar nicht mehr aus dem Haus gehen. Er wollte nur sitzen bleiben und seine Situation überdenken.

Es wurde ihm bewusst, dass nichts mehr so war wie noch vor ein paar Minuten. Von nun an drohte Gefahr. Vor allem der letzte Satz des Briefes jagte ihm unaussprechliche Angst ein:

»Und alle Not endet langsam!«

*

In einem bequemen Fauteuil so sitzend, dass der Schwerpunkt seines Körpers weit nach vorn verlagert war, in der einen Hand ein Glas mit kühlem Bier, in der anderen die Fernbedienung, vor ihm der in gleichmäßiger Berieselung auf ihn einwirkende Fernseher – das war Leopolds häusliche Denkerpose, die er auch an diesem Nachmittag einnahm. Er liebte es, träge auf den Bildschirm zu starren, ohne genau zu verfolgen, worum es eigentlich ging, und dabei seinen Gedanken nachzuhängen. Ohne die bewegten Bilder vor seinen Augen machte es nur den halben Spaß. Er erinnerte sich daran, dass man es vor noch gar nicht so langer Zeit für unmöglich gehalten hatte, dass ein Kind neben einem aufgedrehten Radio- oder Fernsehgerät lernen konnte. Lächerlich! Sosehr er sich gern zu den konservativen Menschen zählte, sosehr war Leopold, was die Auswirkungen monotoner Klänge und Bilder auf die Leistungsfähigkeit des menschlichen Gehirns anlangte, durchaus einer positiven, modernen Auffassung. Darum konnte er auch im Kaffeehaus so gut denken: weil es dort nicht laut, aber nie ganz ruhig war. Eine gleichmäßige Geräuschkulisse regte ihn an. Stille hingegen inspirierte ihn nicht, sondern lähmte ihn.

So fixierten Leopolds Augen den flachen Bildschirm vor ihm, während seine Gedanken um die merkwürdigen Ereignisse beim Jedleseer Friedhof kreisten. Das Komische war, dass es sich eigentlich noch um keinen richtigen Fall handelte. Ein 14jähriger Bursche war niedergeschlagen worden. Gut! Dafür konnte es eine Menge Gründe geben. Wie es aussah, würde er die Sache jedoch ohne dramatische Folgen überstehen, und wenn sich nicht bald eine sichere Spur ergab, die zum Täter führte, würde wohl Gras über die Sache wachsen. Dann gab es da noch die teils zusammenhanglosen Aussagen seines Mitschülers Martin über seine unheimlichen Erlebnisse auf dem Friedhof und einen nach Verwesung riechenden Anzug aus einer Mülltonne. Konnte ihn jemand einer Leiche vom Körper gerissen und danach weggeworfen haben? Möglich, aber welchen Sinn ergab das Ganze? Schließlich die zwei wichtigsten Fragen: Hingen diese Ereignisse miteinander zusammen? Und war auf dem Friedhof wirklich jemand umgebracht worden? Dafür fehlte freilich das wichtigste Beweisstück: eine Leiche.

Leopold kratzte sich am Kopf. Er musste zunächst einmal mit Enrico reden. Gut möglich, dass er in diese seltsame Sache verwickelt war.

Das Telefon läutete. Leopold stutzte. Wer wollte ihn um diese Zeit zu Hause anrufen? Vielleicht hatte Thomas Korber schon Neuigkeiten für ihn, aber das erschien ihm eher unwahrscheinlich. Missmutig wand er sich aus seinem Fauteuil und hob ab.

»Leopold? Gut, dass ich dich erreiche. Hier spricht Waldi Waldbauer aus dem Café Heller.«

Das konnte nichts Gutes bedeuten. »Was gibt's?«, fragte Leopold irritiert. Er fürchtete in solchen Situationen immer, sofort und ohne Vorwarnung zum Dienst abkommandiert zu werden, weil sein Kollege sich elend fühlte oder sonst etwas Unvorhergesehenes geschehen war.

»Du musst sofort kommen«, forderte Waldbauer ihn kryptisch auf.

»Waldi, es geht nicht! Ich stecke gerade in einer wichtigen Angelegenheit«, suchte Leopold nach einer Ausrede. »Es ist leider unmöglich. Du weißt, dass uns in den nächsten Tagen aufgrund der künstlerischen Neupositionierung des Kaffeehauses alles abverlangt werden wird. Deshalb ist mein privater Zeitplan derzeit auf die Minute abgestimmt. Bitte versteh das!«

»Ich wollte dich zuerst eh nicht anrufen«, entschuldigte Waldbauer sich. »Ich glaube halt, es ist wichtig. Da sitzt eine Dame, die ganz versessen darauf ist, dich zu sehen. Sie sagt, du hast es ihr versprochen.«

»Welche Dame?«

»Nach dem Namen habe ich jetzt gar nicht gefragt. Aber sie lässt dir ausrichten, sie kennt dich aus der U-Bahn. Du warst so etwas wie ihr Lebensretter.«

Nach einem kurzen Augenblick der Ahnungslosigkeit dämmerte es Leopold. »Heißt die Dame etwa Erika? Erika Haller?«, wollte er wissen.

»Ich hab dir schon gesagt, das weiß ich nicht«, wiederholte Waldbauer. »Ich muss jetzt weiterarbeiten. Soll ich sie dir ans Telefon holen?«

»Nein, nicht notwendig. Ich komme! Sag ihr, in 20 Minuten bin ich da!« Leopold drehte den Fernseher ab, trank hastig sein Bier aus, schlüpfte in Schuhe und Jacke und eilte aus seiner Wohnung. Erika Haller wartete auf ihn. Das hätte Waldi ihm ja gleich sagen können!

*

Er erkannte sie sofort wieder. Da saß sie mit ihren brünetten, leicht gewellten, nicht ganz schulterlangen Haaren, den neugierig glitzernden Augen und den dünnen, unauffällig geschminkten Lippen, die sich zu einem breiten Lächeln verzogen, als sie ihn hereinkommen sah und ihm zuwinkte. Im Auto hatte er lang überlegt, wie er das Gespräch mit ihr eröffnen sollte. »Ist das aber eine freudige Überraschung«, brachte er schließlich verlegen heraus. »Nett, dass Sie wirklich einmal hergekommen sind, um mich zu besuchen!«

»Ja, das wollte ich auf alle Fälle tun. Aber Sie hätten mich beinahe im Stich gelassen. Ich hatte gehofft, dass Sie es sein würden, der mich begrüßt und mir charmant einen Platz zuweist. Und dann waren Sie nicht da!« Erika Haller machte eine kurze tadelnde Bewegung mit dem Zeigefinger ihrer rechten Hand.

»Na ja, ich hab halt nicht immer Dienst«, entschuldigte Leopold sich. Seine Stimme klang immer noch ein wenig belegt. »Jeder von uns hat sein Radl, der Herr Waldbauer und ich. Einer ist immer am Vormittag und über Mittag da, der andere am Nachmittag und am Abend. Wie es genau funktioniert, ist eine eigene Wissenschaft, weil wir uns auch manchmal selbst ausmachen, wer wann seinen Dienst versieht. Jetzt ist eben grad der Waldi dran. Aber ich bin förmlich hergeflogen, als er mich von Ihrem Besuch verständigt hat. Hoffentlich haben Sie noch ein bisschen Zeit.«

Sie schien nicht in Eile zu sein. »Ja, natürlich«, versicherte sie ihm. »Ich werde noch einen Kaffee trinken. Und Sie?«

»Eine Melange für die Dame. Und ein Bier für den hochgeschätzten Herrn Kollegen?«, erkundigte sich der schnurstracks herbeigeeilte Waldbauer verschmitzt.

»Nein, ein Mineralwasser«, korrigierte ihn Leopold, dem es sichtlich peinlich war, in Gegenwart seiner neuen Bekanntschaft gleich auf Alkohol angesprochen zu werden. »Um diese Tageszeit trinke ich immer Mineralwasser, das musst du doch wissen, Waldi!«

»Wie der Herr wünschen.« Waldbauer drehte wieder ab, und Leopold konnte sich nun ganz seiner Unterredung mit Erika Haller widmen.

»Ich hätte gern gesehen, wie Sie hier Ihrer Tätigkeit nachgehen, Herr … Leopold?«, forschte sie vorsichtig nach seinem Namen.

»Sagen Sie einfach Leopold, so nennen mich alle, die mich kennen.«

»Also gut! Ich hätte Ihnen gern ein wenig bei der Arbeit zugeschaut, Leopold. Wie Sie mit den Leuten umgehen, ihre Wünsche erfüllen und so weiter. Ein Oberkellner ist ja der absolute Herr und Meister in seinem Kaffeehaus.«

»Da übertreiben Sie aber ein bisschen, Frau Haller!«

»Sie müssen auch Erika zu mir sagen, sonst ist es unfair.«

»Ein Oberkellner ist keineswegs der unumschränkte Herrscher, für den ihn viele halten. Er muss nur schauen, dass die Dinge ihre Ordnung haben. Das ist überhaupt nicht spektakulär. Außerdem, wenn ich jetzt arbeiten täte, könnten wir uns kaum so gemütlich unterhalten … Erika.« So sehr Leopold es gewohnt war, beim Vornamen angesprochen zu werden, so schwer tat er sich nun, dasselbe zu tun. Überhaupt wurde er dieser Frau gegenüber seine Hemmungen einfach nicht los. Bei jedem seiner kleinen Verhöre fühlte er sich wohler als jetzt.

»Trotzdem: Irgendwann möchte ich Sie in Ihrem Dienst erleben«, beharrte Erika Haller.

»Am Freitag, zu Allerseelen, haben wir hier ein schönes Konzert«, schlug Leopold vor. »Da können Sie mich ein wenig beobachten und sich gleichzeitig Lieder rund um den Tod anhören, wie es zu diesem Tag passt. Ein schönes Platzerl würde ich Ihnen auch frei halten.«

Erika stieg sofort darauf ein. »Ich habe schon das Plakat draußen gesehen. Natürlich komme ich da! Das wird sicher ein netter Abend«, versicherte sie.

Ohne es zugeben zu wollen, fühlte Leopold sich nun einigermaßen erleichtert. Gleichzeitig schien ihm, als würde er von mehreren Seiten beobachtet. Frau Heller war neugierig aus ihrer kleinen Küche gekommen und warf immer wieder lächelnd Blicke in seine Richtung. Und Waldi Waldbauer schien vor allem daran interessiert, mit welchem Engagement er sich dem vor ihm hinperlenden Mineralwasser widmete. Alles deutete darauf hin, dass dieser Damenbesuch bereits überall mit einigem Interesse registriert worden war. Leopold nippte kurz lustlos an seinem Glas und wechselte dann das Thema. »Wie geht es denn Ihrer lieben Frau Mutter?«, fragte er.

Erika lachte laut auf. »Woher wissen Sie denn …? Ach, Sie haben mich in der U-Bahn belauscht, stimmt's? Natürlich, da habe ich gerade mit ihr telefoniert.«

»Es war nicht zu überhören. Ich habe es einfach aufgeschnappt. Sie sind mir ja gegenübergesessen«, erläuterte Leopold.

»Ich telefoniere leider zu viel«, gab Erika zu. »Am meisten mit meiner Mutter. Sie sollte in ihrem Alter bereits ein bisschen mehr auf den Arzt hören, gesünder essen und sich ein wenig bewegen. Leider tut sie von all dem überhaupt nichts und wundert sich, wenn sie Beschwerden hat. Ständig versuche ich, sie dazu zu bewegen, ihre Lebensweise etwas zu ändern, aber wie Sie sich denken können, stoße ich dabei auf taube Ohren.«

»Vielleicht sollte ich auch mehr Bewegung machen«, überlegte Leopold. »Ich denke mir halt immer, dass ich als Oberkellner pro Tag ohnedies unzählige Kilometer laufe, ohne es zu merken.«

Erika Haller schien jetzt hinter ihm an der Theke, die er von seiner Position aus nicht einsehen konnte, etwas bemerkt zu haben. »Ihr Kollege hat, glaube ich, ein kleines Problem«, machte sie Leopold aufmerksam. »Zwei Leute fragen ihn etwas, und ich bilde mir ein, Ihr Name ist dabei gefallen.«

»Ach so? Na, Sie hören auch nicht schlecht.« Leopold drehte sich um und bemerkte Waldi Waldbauer im intensiven Gespräch mit Horst Renner und einer Dame, die um einiges älter war als er. Ihr graues Haar war hinten zu einem Schweif zusammengebunden, und sie wirkte außerordentlich unruhig und nervös. Schon streifte ihn Waldis Hilfe suchender und gar nicht mehr spitzbübisch auf sein Mineralwasser konzentrierter Blick. »Leopold, komm bitte einen Augenblick her und hilf mir«, bat er. »Es geht um einen Stefan Renner, und ich kenn mich überhaupt nicht aus!«

»Ich glaube, ich muss meinem Kollegen da ein wenig zur Hand gehen«, entschuldigte sich Leopold bei Erika

Haller. »Sie sind mir doch nicht böse, wenn ich unsere Plauderei kurz unterbreche?«

»Aber nein«, beruhigte Erika ihn augenzwinkernd. »Ich habe ja schließlich noch meinen Kaffee.«

»Entschuldige, Leopold, aber es ist wichtig. Das ist meine Mutter, Brigitte Renner. Es geht darum, ob mein Bruder Stefan gestern Abend oder heute hier war«, erklärte Horst Renner.

»Davon weiß ich nichts«, bedauerte Leopold. »Ist es wichtig?«

»Gestern Nachmittag war die Beerdigung meines Bruders Hannes Langthaler. Danach sind wir im Gasthaus Bernegger beim Leichenschmaus gesessen. Mein Sohn Stefan ist von dort einige Zeit vor uns weggegangen, und seither ist er verschwunden. Handy abgedreht, kein Lebenszeichen, gar nichts«, ergänzte Brigitte Renner.

»Mir hat er gesagt, er gehe nur kurz zum Automaten Zigaretten holen und werde dann noch ein, zwei Stück an der frischen Luft rauchen. Er ist aber nicht wieder zurückgekommen. Na, diese Ausrede kennt man ja von Menschen, die sich plötzlich in Luft auflösen«, führte Horst Renner weiter aus.

»War jemand bei ihm?«, wollte Leopold wissen. Sofort klang seine Stimme wieder fest und sicher, ganz anders als bei seinen Versuchen, mit Erika Haller Konversation zu betreiben.

»Nein«, antwortete Horst Renner. »Ich persönlich befürchte, dass es wieder einmal etwas zwischen ihm und seiner Frau Ulrike gegeben hat. Die beiden lassen sich ja demnächst scheiden. Oft genügt ein falsches Wort, und der Teufel ist los. So etwas Ähnliches muss sich auch diesmal abgespielt haben. Ich bin zwar etwas weiter weggesessen und habe nicht alles mitbekommen, was die beiden miteinander geredet haben, aber das kann durchaus der Auslöser gewesen sein.«

»Weil sie immer streiten müssen«, haderte Brigitte Renner. »Immer und immer wieder streiten.«

Horst Renner zuckte mit den Achseln. »Wenn du mich fragst, musste es so kommen, Mutter. Dumm ist nur, dass es Ulrike einen Dreck interessiert, wo Stefan jetzt ist. Damit bleibt alles an uns hängen.«

»Sie können ihn ja als vermisst melden«, schlug Leopold vor.

Horst Renner wehrte sofort ab: »Das kommt überhaupt nicht infrage! Ich mache mich doch nicht lächerlich! Bei Stefan weiß man nie. Plötzlich taucht er wieder auf, als ob nichts gewesen wäre. Das könnt ihr alles von ihm haben. Vielleicht hat er nur einen starken Abgang gesucht und macht sich ein paar schöne Tage mit einer neuen Flamme. Seine Praxis hat er jedenfalls diese Woche geschlossen, aber das war wohl in erster Linie wegen des Begräbnisses und des Feiertags.«

»Er war nicht mehr zu Hause und hat nichts mitgenommen«, gab Brigitte Renner zu bedenken. »Und das Auto hat er auch stehen lassen.«

»Wenn schon! So ein paar Hemden und eine Zahnbürste sind leicht zu organisieren«, ließ sich Horst Renner nicht beirren. »Und chauffiert hat ihn vielleicht die Freundin. Natürlich gibt es auch andere Möglichkeiten. Darum frage ich einmal in den Lokalen nach, die er öfters frequentiert. Etwas Besseres ist mir noch nicht eingefallen.«

»Wann sind denn die restlichen Trauergäste aus dem Bernegger hinaus?«, wollte Leopold wissen.

»Der allgemeine Aufbruch hat ungefähr 20 Minuten später begonnen«, gab Brigitte Auskunft. »Wir hatten alle gegessen, und die Stimmung war gedrückt. Keiner wollte mehr etwas trinken.«

»Zu meinem Glück. Die Rechnung fiel human aus«, freute Horst Renner sich im Nachhinein. »Ich musste ja alles bezahlen, da ich die Billardpartie gegen Stefan verloren hatte.«

Leopold überlegte. Das Gasthaus Bernegger war nicht allzu weit vom Friedhof entfernt, zu Fuß vielleicht zehn Minuten. Hatte Stefan Renner, aus welchem Grund auch immer, seine Schritte noch einmal dorthin gelenkt? Möglich war es. Ebenso möglich schien es, dass ihm jemand aus der Trauergesellschaft dorthin gefolgt war. Freilich blieben das alles sehr vage Vermutungen. Einer plötzlichen Eingebung folgend, fragte Leopold: »Ich möchte niemandem zu nahe treten oder seine Gefühle verletzen, aber könnte das Verschwinden Stefan Renners nicht in einem Zusammenhang mit der Beerdigung seines Onkels Hannes Langthaler stehen?«

Horst Renner ging sofort in Abwehrhaltung. »Das halte ich für sehr weit hergeholt«, betonte er.

»Aber es ist das, was ich mir schon die ganze Zeit über denke«, war Brigitte Renner hingegen Feuer und Flamme. »Sie haben das völlig richtig erkannt, Herr Oberkellner.«

»Leopold, bitte! So nennt mich jeder hier. Sehen Sie! Deshalb wäre es von Vorteil, wenn Sie mir mehr über das Verhältnis von Herrn Langthaler zu seinem Neffen Stefan erzählen würden.«

Horst Renner blieb ablehnend. »Leopold, ich weiß, dass du ein neugieriges Kerlchen bist«, mahnte er. »Ich muss dich jedoch unter allen Umständen bitten, dich nicht in unsere Familienangelegenheiten einzumischen.«

Leopold entschuldigte sich, ohne sich erweichen zu lassen: »Verzeihung, aber ich war der Meinung, dass Sie Ihren Bruder finden wollen. Natürlich kann er von selbst wieder auftauchen. Und wenn nicht? Die Polizei möchten Sie jedenfalls nicht einschalten. Alle Gasthäuser abzuklappern, die er gern frequentiert hat, wird andererseits nicht reichen. Wir müssen uns schon ein bisschen mehr überlegen. Und Heimlichkeiten helfen da, mit Verlaub, überhaupt nichts.«

»Sie haben ja so recht«, schluchzte Brigitte Renner. Zwei Tränen kullerten ihr dabei über die Wangen. »Horst, vielleicht kann der liebe Herr Oberkellner uns helfen, meinen Stefan wiederzufinden.«

»Und wie soll das Ganze funktionieren? Indem wir hier unsere gesamte Familiengeschichte ausplaudern? Vielleicht noch vor versammeltem Kaffeehauspublikum?«, wendete Horst Renner nervös ein.

»Ich hätte einen Vorschlag«, meinte Leopold. »Sie müssen sicher noch einmal in die Wohnung Ihres verstorbenen Bruders. Wenn ich Sie dort besuchen und mich kurz ein wenig umschauen dürfte … Vielleicht finden wir etwas, das uns weiterhilft. Damit wäre doch allen gedient, oder?«

»Das halte ich für eine ausgezeichnete Idee«, stimmte Brigitte Renner sofort zu. »Ich habe schon gehört, dass Sie in solchen Dingen recht geschickt sind.«

Horst Renner zuckte mit den Achseln. »Na gut, wenn du das unbedingt möchtest, mische ich mich nicht länger ein«, gab er sich geschlagen. »Ich glaube zwar nicht, dass es vernünftig ist, aber bitte. Des Menschen Wille ist sein Himmelreich!«

»Auf jeden Fall machen wir es«, beschloss Brigitte. »Haben Sie morgen Zeit?«

»Ja, morgen Vormittag geht es«, nickte Leopold bereitwillig.

»Fein! Es ist ein Haus in der Donaustraße in Stockerau.« Sie steckte ihm ein Kärtchen zu. Dann gingen sie und ihr Sohn Horst wieder ihrer Wege.

Auch jemand anders schickte sich an, das Heller zu verlassen, nämlich Erika Haller. Sofort eilte Leopold zu ihr. Er wollte etwas sagen, aber sie schnitt ihm das Wort ab. »Sie brauchen sich nicht zu entschuldigen«, beruhigte sie ihn. »Offenbar war es etwas Wichtiges. Allerdings habe ich noch einige Dinge zu erledigen. Ihr Mineralwasser habe ich bezahlt, als kleine Revanche für Ihre Hilfe. Dann bis zum Konzert am Freitag. Ich freue mich schon!«

Leopold stand entgeistert und verdattert da. So unbeholfen hatte er wohl noch niemandem beim zur Tür Hinausgehen zugesehen. »Brauchst ned traurig sein«, raunte Waldi ihm zu. »Erstens kannst jetzt ein Bier trinken, und zweitens hat sie etwas da gelassen für dich.« Er hielt ihm genießerisch eine Visitenkarte mit Erika Hallers Anschrift, Telefonnummer und Internetadresse hin. Darunter war ein kleines Herz in Rot gemalt, neben dem stand: »Bis bald, lieber Herr Leopold!«

*

Enrico Bertoni war ein leidenschaftlicher Schachspieler. Leidenschaftlich hieß, dass er sich abends gern bei einer Partie Schach von seiner Arbeit am Friedhof entspannte, dass ihm dabei aber das Resultat weniger wichtig war als die Aussicht auf eine feurige Partie. Bei ihm mussten auf dem Brett die Funken fliegen, Attacken geritten und Breschen in die gegnerische Verteidigung geschlagen werden. War am Ende der König matt und tot, dann brauste der Jubel des Siegers über das Schlachtfeld, und der Verlierer war ein kleines Häufchen Elend.

Zu einem solchen eher emotionalen als geistigen Erlebnis gehörte für Enrico auch, dass jeder Zug mit einem Kommentar versehen, der Gegner lautstark mit »Avanti, collega« aufgemuntert oder mit »Na, problema?« verunsichert wurde. Das entsprach natürlich nicht den Gepflogenheiten im Café Heller, wo unter den dort beheimateten Spielern das Gebot der absoluten Ruhe herrschte. Unter Umständen war eine kurze Analyse nach Ende einer Partie erlaubt, das war aber auch schon das Höchste der Gefühle.

Leopold hatte Enrico mehrmals auf sein Fehlverhalten hingewiesen, doch Enricos Temperament hatte letztendlich immer die Oberhand behalten. Mit der Zeit fanden sich kaum mehr Gegner, die mit ihm die Klinge kreuzen wollten. Schließlich trat er den freiwilligen Rückzug an. Er suchte sich ein Lokal, in dem er Schach nach seinen Vorstellungen spielen durfte, und fand im Jedleseer Stadl ein neues Domizil. Dort ging es in allem ein wenig urtümlich zu, ganz nach seinem Geschmack.

Leopold sah seine Vermutung bestätigt, als er noch am selben Abend im Stadl vorbeischaute. Enrico saß, in eine Schachpartie vertieft, an einem der einfachen Wirtshaustische. Neben sich hatte er eine Flasche Rotwein stehen, aus der er sich und seinem Gegner in kurzen Abständen nachschenkte. Von der heiligen Ruhe eines Kaffeehauses war an diesem Ort nichts zu spüren. Die beiden Schachspieler hatten sich unmittelbar neben der Schank niedergelassen, wo lautstark diskutiert wurde. Auch überall sonst in diesem Lokal ging es äußerst lebhaft zu. Enrico war in seinem Element. Hier konnte er reden, soviel er wollte, und alles, was er sagte, durch ausladende Gesten unterstreichen. Es fiel überhaupt nicht auf. Sein Gegenspieler sagte zwar kaum etwas und saß nur mit verschränkten Armen da, sprach allerdings kräftig dem Wein zu und ließ sich durch nichts aus der Ruhe bringen.

»Du bist bald tot«, vermeldete Enrico, während er mit seinen Bauern nach vorn preschte. »Und wenn du tot bist, wirst du weinen. Gleich kommen grande lacrime, große Tränen, in deine Augen.«

Ohne mit der Wimper zu zucken, rückte sein Partner mit seinem Turm zwei Felder nach links. Damit bedrohte er nicht nur Enricos Bauern, sondern schickte sich an, diese Linie endgültig für sich zu erobern. »Trink nicht so viel, Enrico«, bemerkte er trocken. »Sonst bist du gleich matt. Du machst schon wieder Fehler. Wenn ich hinter deine Bauern komme, ist es aus mit dir.«

»Va bene, va bene, gut, gut! Große Sprüche, bla, bla. Aber es wird dir nix nützen! Jetzt komme ich, collega!« Gerade als er einen weiteren Bauern in die Schlacht schickte, erspähte Enrico aus seinem rechten Augenwinkel die Gestalt Leopolds, der sich inzwischen seitlich hinter ihn gestellt hatte. »Bist ja ganz schön in Form«, hörte er ihn sagen. »Und goschert wie eh und je!«

»Ja Poldi, dass du hierher kommst, ist ja eine schöne Überraschung. Aber wahrscheinlich schlecht für mich«, konstatierte Enrico. »Ich verliere immer, wenn ich dich sehe.«

Poldi! Das tat weh! Leopold kratzte sich mit seinem rechten Zeigefinger am Ohr. Er hatte verdrängt, dass es Enrico immer schon gefallen hatte, seinen Namen zu verunstalten. »Dir fehlt halt noch immer ein wenig das Solide. Da hat sich nichts verändert«, merkte er an. Mittlerweile war es Enricos Gegenüber tatsächlich gelungen, mit einem geschickten Manöver die Bauernphalanx zu durchbrechen.

Enrico schien das nun kaum mehr zu kümmern. »Komm Poldi, trink, sei mein Gast«, lud er Leopold mit einer großen Geste ein. »Di vino rosso, eine Erfrischung für Gaumen und Gehirn. Schade nur, dass du mir immer Pech bringst.« In die eine Hand nahm er die beinahe leere Flasche, mit der anderen bestellte er eine neue.

Leopold kostete den billigen Wein, der so gar nicht nach Sizilien und Italien schmeckte. »Ich kann auch nichts dafür, wenn du nicht aufpasst«, meinte er dann. »Schau einmal genau hin!«

Tatsächlich war Enricos Lage innerhalb weniger Augenblicke beinahe aussichtslos geworden. Seine Bauernkette war zerrissen, er hatte einen Springer opfern müssen, und die gegnerischen Türme hatten freie Bahn. »Aus, Schluss, finito«, verkündete er lautstark. »Es ist zu Ende! Meine Gegner hat ausgenützt, dass ich mich einen winzigen Augenblick nicht konzentriert habe. Ich bin geschlagen! Aber es ist gut so! Ich kann keine Tränen sehen.«

Sein Gegenüber lachte jetzt aus vollem Hals, kratzte sich kurz an seinem Schnurrbart und räumte die Schachfiguren ein. »Solltest weniger trinken, dann spielst du besser«, riet er Enrico.

»Madonna mia, weniger trinken! Eine Pflanze muss man gießen, damit sie wächst und blüht! Was willst du? Ich bin trocken von der Arbeit.« Enrico schüttelte nur gedankenverloren den Kopf und kippte den restlichen Inhalt seines Glases hinunter. Nach einer kurzen Weile merkte er, dass sein Spielpartner gegangen war. Er blickte zu Leopold auf. »Und du, Poldi? Du bist sicher nicht gekommen, um mir beim Schachspielen zuzuschauen. Komm, setz dich zu mir«, bat er ihn.

Leopold nahm neben ihm Platz. »Du hast recht, dein Schachspiel kenne ich zur Genüge«, bestätigte er. »Da hat sich nicht viel geändert. Aber ich muss dich etwas fragen. Gestern haben sie auf dem Jedleseer Friedhof ein paar in die Grube hinuntergelassen. Da warst du doch dabei, oder?«

»Si«, antwortete Enrico. »Ich habe ihnen gegeben die ewige Ruhe.«

»Wie lang warst du dort?«

»Bis zu Dunkelheit. Ich habe noch alles fertig gemacht. Warum?«

»Weil es so um zehn Uhr abends dort ziemlich zugegangen sein muss. Neben dem Zaun auf der Wiese ist ein Schwerverletzter gelegen. Hast du irgendetwas bemerkt?«

Enrico zögerte. »Nein, da war ich schon lang weg. Zu Hause. In camera.«

»Hast du das der Polizei auch erzählt?«, kam es auf einmal messerscharf von Leopold.

»Polizei?«, markierte Enrico den Unwissenden.

»Komm, Enrico! Ich wette, dass dich Inspektor Bollek heute Nachmittag angerufen hat. Und sicher sollst du demnächst auf dem Kommissariat eine Aussage in der Sache machen.«

»Ja, eine Herr hat angerufen, stimmt«, entsann sich Enrico, als ob es lang, lang her wäre. »Es war wegen diese. Aber was sollte ich ihm sagen? Ich war nicht mehr da, basta!«

»Der Freund des Verletzten gibt an, zur selben Zeit auf dem Friedhof beinahe in ein offenes Grab gefallen zu sein.«

»Und? Was kümmert mich das? Was hatte er überhaupt auf dem Friedhof verloren in der Nacht? Ich habe meine Arbeit in Ordnung gemacht. Das Grab ist zu. Warum fragst du?«

»Bei den beiden handelt es sich um Schüler meines Freundes Thomas Korber, also habe ich ein gewisses Nahverhältnis zu ihnen. Zweitens ist an der Geschichte etwas faul, das spüre ich. Drittens kenne ich dich, Enrico. Du steckst da irgendwie mit drin.«

»Poldi, komm, lass uns nicht so viel reden, lass uns trinken«, versuchte Enrico abzulenken. »Es ist anstrengend mit dir, zu so später Stunde. Ich schenke dir noch ein bisschen ein von dem köstlichen Wein.«

Enrico trieb sich offenbar zu viel in billigen Gasthäusern herum. Diesen Wein köstlich zu nennen, war wirklich eine Verhöhnung des guten Geschmacks. Aber Leopold machte brav ein paar Schlucke. Schließlich wollte er etwas in Erfahrung bringen. »Ich möchte eine Antwort, Enrico«, bohrte er. »Warst du gestern gegen 22.00 Uhr noch auf dem Friedhof?«

»No! Veramente no! Basta! Kapitel abgeschlossen!" Enrico wurde nervös und laut.

»Ich sehe, dass du flunkerst.«

»Und ich sehe, dass es bloß eine von deinen Fantasien ist. Niemand kann das beweisen. Auch die Polizei nicht. Wenn du nur gekommen bist, um mich zu ärgern, war das keine gute Idee.«

»Enrico, in einer Mülltonne, nicht weit von dem bewussten Grab entfernt, haben wir einen nach Verwesung riechenden Anzug in einem Plastiksack gefunden. Der ist sicher nicht von irgendwoher gekommen. Die Leiche, die der eine Bursche in dem offenen Grab gesehen hat, war angeblich halb nackt. Also, wenn du mich fragst, passt das alles sehr gut zusammen. Da hat sich jemand an dem Grab zu schaffen gemacht, und nichts war in Ordnung!«

Ein leichter Schatten zeigte sich auf Enricos vom Alkohol gezeichneten Gesicht. »Eine Anzug in eine Mülltonne?«, entfuhr es ihm. »Er hat diese Anzug weggeworfen? So ein Idiot!«

»Wer hat welchen Anzug weggeworfen?«, hakte Leopold ein.

Wie bei der Schachpartie zuvor war Enrico im entscheidenden Moment unaufmerksam geworden. Ebenso wie dort fügte er sich aber ohne langes Zögern in seine Niederlage. »Poldi, ich bin eine unglückliche Mann, un huomo sfortunato. Ich hätte mich nie einlassen sollen mit diese dumme Mensch«, gab er zu. »Ich will Ruhe, ich will Frieden. Ich will, dass alle in ihrem Grab glücklich sind bis zu ihrer Auferstehung. Und was will er? Er erzählt mir von seine Onkel und dass er den Anzug braucht, und dass es wichtig ist für ihn.«

»Langsam, langsam! Wer ist gekommen? Wie war das genau?«

»Ach, eine dumme Mann, eine Neffe. Schon vor ein paar Tagen. Ob ich ihm nicht helfen und nach dem Begräbnis den Anzug von seine Onkel aus dem Sarg schaffen könnte. Er wollte mir Geld geben. Aber ich konnte nicht, verstehst du? Ich kann nicht mit eine Toten eine Striptease machen.« Enrico trank und klopfte sich dabei auf die Brust. »Ich habe eine Ehre. Ich mache so etwas nicht.«

»Komm, Enrico, lass die Säuseleien. Wie viel hat er dir gegeben?«

84

»Nur ein bisschen«, winkte Enrico ab. »Ein ganz kleines bisschen, nicht der Rede wert. Gut, habe ich gedacht, soll er selbst diese Schandtat begehen, wenn er unbedingt will. Der Sarg war schon vorbereitet. Ich habe noch einmal auf ihn eingeredet und ihn bei der heiligen Ruhe dieses Friedhofes gebeten, dass er ablassen soll. Umsonst! Er hat es getan. Er hat es sogar auf eine besonders abscheuliche Art getan.«

»Was war genau los?«, drängte Leopold.

»Normalerweise er kommt zurück und sagt: erledigt. Jedoch er kommt nicht und kommt nicht. Ich weiß nicht, ist er noch da? Ich mache mir Sorgen. Ich sehe nichts, kein Licht, nicht einmal von die Taschenlampe. Deshalb gehe ich zu dem Grab, und schon bemerke ich die Schweinerei. Oh Schande, oh große Schande! Der Leichnam ist verbogen, Arme und Beine hängen aus dem Sarg. Von diese Neffe keine Spur. Was bleibt mir also anderes übrig, als die Sache in Ordnung zu bringen und das Grab zuzuschaufeln? Dieser verfluchte Halunke! Er hat nur Spaß gemacht mit mir! Er wirft die Anzug einfach weg in einem Sack, den ich ihm für Transport gegeben habe. Incredibile!«

»Du hast ihn nicht mehr gesehen?«

»No! Nein! Niente! Bei meiner Seele! Er war wie vom Erdboden verschluckt«, beteuerte Enrico verzweifelt. Dabei stützte er mit der einen Hand seinen mittlerweile schwer gewordenen Kopf ab, mit der anderen führte er immer wieder sein Glas zum Mund oder fuhr sich kurz durchs Haar. Er sah bereits ziemlich ramponiert aus. »Ich weiß nicht, wie und wohin sich diese Unhold aus dem Staub gemacht hat. Du wirst mich doch nicht verraten, Poldi? Komm, lass dir noch etwas von diesem edlen Tropfen munden. Bitte erzähl nichts weiter! Es könnte mich meinen Job kosten. Du weißt doch, wie sehr ich am Friedhof und an meinen Toten hänge.«

Leopold ließ noch einmal mit einiger Überwindung ein paar Tropfen des zweitklassigen Rotweins seine Kehle hinunterrinnen. Das Zeug schmeckte ihm überhaupt nicht. »Kommt ganz darauf an, wie sich die Dinge weiter entwickeln«, meinte er dann kryptisch. »Wenn der Schüler meines Freundes nur von einem Unbekannten niedergeschlagen worden ist, dem sein Gesicht nicht gefallen hat, können wir vielleicht einiges vertuschen. Wenn aber mehr dahintersteckt, muss die ganze Wahrheit heraus. Ich an deiner Stelle würde gleich alles beichten. Erstens kannst du sowieso nichts für dich behalten, und zweitens wirkt das immer noch am besten. So schnell wirst du deinen Job schon nicht los!«

»Diese verdammte Kerl mit seinem Anzug«, wurde Enrico noch einmal wütend. »Wenn der mir noch einmal über den Weg läuft, kann er was erleben!«

»Das ist ja das Dumme«, stellte Leopold nachdenklich fest. »Ich bin mir nicht sicher, ob er noch jemals irgendjemandem über den Weg laufen wird.«

7

Hast du schon je dich ganz allein gefunden,
Lieblos und ohne Gott auf einer Heide,
Die Wunden schnöden Missgeschicks verbunden
Mit stolzer Stille, zornig dumpfem Leide?«

(Aus Lenau: Einsamkeit)

Stockerau ist eine für österreichische Verhältnisse ganz
ordentliche Kleinstadt mit etwa 15.000 Einwohnern, die
größte im Weinviertel. Es liegt ungefähr 25 Kilometer
nordwestlich von Wien. Es erstreckt sich entlang der,
seitdem eine Autobahn parallel zur Donau vorbeiführt,
nicht mehr so stark befahrenen Bundesstraße B3 und
wirkt wie ein großes, seinen Rahmen ein wenig spren-
gendes Straßendorf. Der barocke Kirchturm schaut weit
ins Land hinein und ist mit 88 Metern der höchste Nie-
derösterreichs. Die gedenk- und erinnerungswürdigen
historischen Ereignisse halten sich in Grenzen. Im Jahr
1012 wurde hier ein irischer Mönch namens Koloman
an einem Holunderstrauch erhängt. Der Strauch trieb
immer neue Blüten an den wundersamsten Stellen, und
der Märtyrer wurde zum Heiligen ernannt. Im Jahr 1991
schließlich besiegte die zweitklassige Mannschaft des SV
Stockerau den hohen Favoriten Rapid Wien im End-
spiel des österreichischen Fußballcups und durfte danach

im Europacup der Pokalsieger gegen die Tottenham Hot-
spurs spielen. Damit sind die Glanzlichter der Stockerauer Stadtchronik auch schon aufgezählt.

Kein Wunder also, dass der kurze Aufenthalt des Bie-
dermeierpoeten Nikolaus Niembsch, Edler von Strehlenau, später kurz Nikolaus Lenau, in den Herzen der
Stockerauer unvergessen geblieben ist. Egal, wo sich der
reisefreudige Lyriker sonst niederließ, in Wien, Press-
burg, Heidelberg, Stuttgart oder Baltimore, Stockerau
ernannte sich zur Lenaustadt mit Lenautheater, Lenau-
stuben, der internationalen Lenau-Gesellschaft und dem
internationalen Lenau-Archiv. In den Auwäldern südlich
von Stockerau hin zur Donau sollen ja die ›Schilflieder‹
entstanden sein, Lenaus erster wichtiger Gedichtzyklus.

Auch Hannes Langthaler hatte hier gelebt und war
hier gestorben. Auf dem Weg zu seinem Haus fuhr Leopold bei der Abfahrt ›Stockerau Mitte‹ von der Autobahn herunter und unter der Eisenbahn durch. Schon
bald befand er sich in der Donaustraße. Jetzt sah er auch
Brigitte Renner in der Tür stehen. Sie winkte ihn zu sich.
Sie sah noch unruhiger und nervöser als am Vortag aus.

»Ich habe schlechte Nachrichten für Sie«, rief sie ihm
gleich entgegen. »In das Haus ist eingebrochen worden.
Im Wohnzimmer und im Schlafzimmer von Hannes sieht
es chaotisch aus. Seine Schreibsachen und Papiere sind
über den ganzen Boden verstreut. Das Ganze ist mir ein
Rätsel. Ich fürchte, ich muss die Polizei verständigen.«

»Das hat Zeit«, versuchte Leopold sofort, sie zu brem-
sen. »Lassen Sie mich einmal kurz alles anschauen.«

»Soll ich den Einbruch nicht zuerst melden?«

»Warten Sie bitte noch ein bisschen. Ich bin extra aus Wien hierher gefahren, um Ihnen zu helfen, etwas über Ihren verschwundenen Sohn herauszufinden. Oder ist er schon wieder aufgetaucht?«

»Nein!« Brigitte Renner schüttelte verzweifelt den Kopf. Sie sah so aus, als müsse sie gleich weinen.

»So eine polizeiliche Untersuchung kann sich hinziehen, so viel Zeit habe ich nicht«, erklärte Leopold entschieden. »Ich möchte nur schnell einen Blick auf alles werfen, dann können Sie Ihrer Pflicht schon nachkommen. Es ist doch seltsam, dass hier eingebrochen worden ist. Wahrscheinlich hängt es mit dem Verschwinden Ihres Sohnes zusammen. Wie ist der Täter denn hereingekommen? Hier durch die Vordertür?«

»Durch den Garten hinten. Ich zeige es Ihnen. Ich habe nur Angst, dass wir Spuren verwischen.«

»Wir müssen vorsichtig sein.« Leopold kramte in seiner Jackentasche herum. »Gott sei Dank habe ich immer Einweghandschuhe für so einen Zweck dabei. Hier, nehmen Sie auch welche.« Wortlos drückte er ihr die Handschuhe in die Hand und ging dann ins Haus hinein. »So warten Sie doch! Es sieht ziemlich schlimm aus«, rief Brigitte Renner ihm nach.

Leopold kümmerte das allerdings nur wenig. Jetzt, wo die Sache interessant wurde, hatte er nicht vor, sich durch eine übervorsichtige Schwester und Mutter bei seiner Recherche behindern zu lassen. Schnell gelangte er durch den kleinen Vorraum ins Wohnzimmer. Tatsächlich lagen hier Ordner, Mappen, Plastikhüllen und Hunderte loser Papierblätter auf dem ganzen Boden verstreut. Sämtliche

Schreibtischladen und Türen eines Wandverbaus standen offen. Aus einem Regal waren unsanft Bücher geworfen worden, die meisten davon waren auf einer Couch gelandet. Hier hatte wirklich jemand sehr intensiv unter den zahllosen Schriftstücken nach etwas gesucht. Ob er es auch gefunden hatte?

Hinten führte eine Tür in einen kleinen Garten hinaus. Deren Schloss stellte wohl für niemanden ein ernsthaftes Hindernis dar, der die Absicht hatte, in das Haus einzudringen, das sah Leopold auf den ersten Blick. »Oben im Schlafzimmer war der Einbrecher auch, aber dort ist es nicht ganz so arg«, hörte er Brigitte Renner hinter sich.

»Fehlt Geld?«, wollte Leopold wissen.

»Nein«, kam die erwartete Antwort. »Er hatte ja gar keins zu Hause. Und die Sparbücher liegen vorläufig bei mir, bis die Erbschaft geregelt ist.«

»Wer bekommt was?«

»Die Ersparnisse werden zwischen Horst und Stefan aufgeteilt, das Haus geht an mich. Ich werde es wohl verkaufen, obwohl viele schöne Erinnerungen damit verbunden sind. Ich bin ja hier aufgewachsen«, erläuterte Brigitte Renner mit weinerlicher Stimme.

»Wonach könnte jemand sonst gesucht haben? Was ist so wertvoll, dass er es unbedingt haben musste?«, fragte Leopold weiter.

»Wie soll ich denn das wissen? Ich habe meinem Bruder geholfen, sein Haus so schlecht und recht in Schuss zu halten, bin zweimal die Woche extra aus Wien heraus aufräumen gekommen und habe ihm Essen gebracht,

90

aber um seinen Papierkram habe ich mich nicht gekümmert.«

»Stammt das alles noch aus seiner Tätigkeit als Lehrer?«

»Ich denke schon! Er hat alles aufgehoben, hat sich von nichts trennen können. Ja, und Gedichte hat er natürlich auch geschrieben. Viele Gedichte. Schade, dass sie nie veröffentlicht wurden, manche waren wirklich gut.«

»Welche Gedichte?«

»Ach, Gedichte eben. Gedanken über Gott und die Welt. Er hatte ja ein großes Vorbild, unseren Nikolaus Lenau. An den hat er sich ein bisserl angelehnt. Er war auch genauso schwermütig. Im Alter war er viel allein, das hat man gemerkt. Er ist richtiggehend vereinsamt.«

Leopold horchte auf. »Vereinsamt, sagen Sie? Hatte er eigentlich Frau und Kinder?«

Brigitte seufzte. »Ja, er war verheiratet. Das Glück hielt allerdings nicht lang an. Dann ist sein Sohn gestorben, und das hat die Ehe noch mehr belastet. Aber Scheidung war für ihn kein Thema. Er ist mit seiner Frau zusammengeblieben, bis auch sie gestorben ist. Von da an ging es bergab mit ihm, seelisch und gesundheitlich.«

»Hatte er in letzter Zeit eigentlich noch Kontakt zu irgendwelchen Menschen?«

»Ich war zweimal die Woche da, aber das wissen Sie schon. Horst und Stefan sind hin und wieder auf einen Anstandsbesuch vorbeigekommen. Dann gab es ein paar alte Freunde aus seinen Tagen als Gymnasiallehrer. Die haben ihn, glaube ich, noch ab und zu aufgesucht. Ich

weiß es nicht so genau. Gesehen habe ich jedenfalls nie
jemanden.«

Leopold ließ sich absichtlich ein bisschen Zeit, dann
fragte er: »Was war mit den Lenaubrüdern?«

»Welchen Lenaubrüdern?«

»Das sollten Sie aber wissen, Frau Brigitte! Einen
schönen Kranz haben sie auf seinem Grab hinterlegt!«

»Ach, die meinen Sie!« Brigitte Renner machte eine
wegwerfende Handbewegung. »Ja, die waren so etwas
wie Kameraden für ihn, zumindest früher. Es handelt
sich um so etwas wie einen Absolventenverein von Stockerauern, die ins Floridsdorfer Gymnasium gegangen
sind. Nur setzen sie sich außerdem noch intensiv mit
Lenau und seinem Werk auseinander. Es gibt gemeinsame Gedenktage, Ausflüge zu seinen Wirkungsstät-
ten, Wanderungen durch die Au. Hannes hat diese Ver-
einigung ins Leben gerufen, soviel ich weiß. Aber ob er
noch in Verbindung mit ihnen war, kann ich Ihnen nicht
sagen. Glauben Sie wirklich, dass das alles mit Stefans
Verschwinden zu tun hat?«

»Ja, sicher«, war Leopold überzeugt. »Das ist doch
kein Zufall, dass Ihr Sohn nach dem Begräbnis verschwunden und gleichzeitig hier eingebrochen worden
ist. Alles hängt irgendwie zusammen. Ich weiß nur noch
nicht, wie.«

»Wer tut bloß so etwas?«, fragte Brigitte Renner verzweifelt. Sie schien den Einbruch sehr, sehr persönlich
zu nehmen.

»Da gibt es wahrscheinlich viele Menschen, die einen
Grund dafür hatten«, überlegte Leopold. »Es kommt

ganz darauf an, was hier gesucht worden ist. So komisch es klingt, aber sogar Stefan selbst könnte es gewesen sein.«

»Ich verbiete Ihnen, solche Mutmaßungen über meinen Sohn aufzustellen«, platzte es jetzt aus Brigitte heraus. Die Anspannungen der letzten Tage waren ihr deutlich anzumerken.

»Schon gut, schon gut«, versuchte Leopold, sie zu beruhigen. »Ich wollte nur darauf hinweisen, dass wir wirklich noch viel zu wenig über alles wissen.« Plötzlich hatte er eine Idee und wunderte sich, dass er nicht schon längst daran gedacht hatte. »Wissen Sie, was ich brauche, Frau Renner? Eine Liste all derjenigen, die vorgestern auf der Beerdigung waren«, bat er sie.

Sie wurde aber zunehmend aggressiver und schien keine große Lust auf eine Zusammenarbeit zu haben. »Das ist vollkommen unmöglich«, japste sie. »Zuerst das Begräbnis. Dann ist plötzlich mein Sohn futsch. Dann wird hier eingebrochen. Das alles geht über meine Kraft. Ich kann Ihnen nicht helfen! Ich kann nicht mehr! Verstehen Sie denn nicht? Ich kann einfach nicht mehr!«

Leopold ließ sich von ihrem nervösen Anfall nicht beeindrucken. »Es muss nicht sofort sein, aber die Liste ist wichtig«, schärfte er ihr ein. »Und je früher, desto besser natürlich. Horst soll Ihnen dabei helfen. Überlegen Sie, an wen Sie aller die Parten verschickt haben. Wir müssen einfach mehr über den Bekanntenkreis Ihres Bruders wissen.«

»Horst ist doch auch schon total fertig«, stöhnte Brigitte. »Nehmen solche Sachen denn nie ein Ende?«

»Ich kann Ihnen jedenfalls nur helfen, wenn Sie mich unterstützen«, mahnte Leopold. »Also bitte eine Liste mit den Namen, so schwer Ihnen das auch im Augenblick fallen mag. Sonst kommen wir in dem Fall nicht weiter.«

Er ging kurz nach oben ins Schlafzimmer. Dort bot sich ihm beinahe dasselbe Bild wie im Wohnzimmer dar, aber, wie Brigitte Renner schon bemerkt hatte, wirkte alles überschaubarer, wahrscheinlich, weil es hier weniger zu durchforsten gegeben hatte. Auch hier befand sich ein Schreibtisch, diesmal beim Fenster. Auf ihm stand ein Computer. Einen Augenblick lang überlegte Leopold, ihn einzuschalten, verwarf diesen Gedanken jedoch sofort wieder. Ohne fremde Hilfe würde er als hoffnungsloser Dilettant hier ohnehin nichts finden, schon gar nicht, wenn er nicht einmal wusste, wonach er suchte. Er musste es also bleiben lassen und hoffen, dass auch Hannes Langthaler mit dem Gerät nicht allzu viel Wichtiges angestellt hatte.

Unten ließ er seinen Blick noch einmal über die Haufen und Häufchen, Ordner, Hefte und einzelnen Blätter, die überall herumlagen, schweifen. Was war nun tatsächlich das Objekt der Begierde gewesen? Die verschiedensten Gedanken und Möglichkeiten gingen Leopold durch den Kopf. Langthaler war Lehrer gewesen, hatte viele Lenaubrüder wohl selbst unterrichtet. War das ein Anhaltspunkt? Gab es Aufzeichnungen, die einem von ihnen auch jetzt noch schaden konnten? Existierte sonst ein Geheimnis, das er irgendwo niedergeschrieben hatte, etwa in einem Tagebuch? Und wie, zum Teufel noch einmal, hing das alles mit Stefan Renner und seinem Verschwinden zusammen?

Du musst geduldig sein, sagte Leopold insgeheim zu sich. Es hatte keinen Sinn, hier herumzuwühlen und planlos zu suchen zu beginnen. Dazu hatte er nicht die Zeit. Außerdem ging er davon aus, dass der Einbrecher gefunden hatte, was er wollte. Trotzdem glitten seine Finger unwillkürlich über das viele Papier auf dem alten, abgetretenen Teppich. Gleich vor ihm lag ein liebevoll eingebundenes Heft. Leopold kniete sich kurz nieder, nahm es in die Hand und schlug es auf. Eine Reihe von Gedichten war mit zittriger Schrift da niedergeschrieben. Leopold nahm an, dass sie von Langthaler stammten und vor noch nicht allzu langer Zeit hier eingetragen worden waren. Neugierig begann er auf der ersten Seite zu lesen:

›In der Au

Ein trüber Tag, ein nasser
zieht heute durch die Au.
Der Wind peitscht auf das Wasser,
der Himmel ist so grau.

Er spiegelt meine Seele.
Noch schwärzer glänzt der Teich,
wie eine dunkle Höhle
in einem finstren Reich.

Und wieder dröhnt die Frage:
Wann endet alle Not?

Am letzten meiner Tage
wohl mit dem eignen Tod.‹

Er blätterte weiter und überflog auch einige andere Gedichte, bevor er das Heft zuklappte. In beinahe jedem ging es um Schmerz, Vergänglichkeit und Tod. Nein, zu den glücklichen Menschen hatte Langthaler wohl in seinem letzten Lebensabschnitt nicht gezählt. »Ich möchte das da mitnehmen«, teilte er Brigitte Renner mit.

»Warum?«, wollte sie wissen.

»Weil es schöne Gedichte sind«, erklärte Leopold. »Sie haben recht, Ihr Bruder hatte wirklich ein Talent dafür. Ich würde sie mir gern einmal in Ruhe durchlesen. Den Einbrecher haben sie offenbar nicht interessiert, und die Polizei hat sicher mit den anderen Sachen genug zu tun.«

Brigitte Renner stand immer noch mit schmerzlich verzogenem Gesicht da und wusste nicht, was sie tun sollte. Leopold steckte das Heft ein. Sie ließ ihn gewähren. Anscheinend hatte sie nichts dagegen. »Ich möchte, dass wir jetzt endlich die Polizei holen«, sagte sie nur. »Ich möchte das alles hinter mir haben.«

Leopold machte einen letzten Rundblick durchs Wohnzimmer. Die ganze Zeit über war ihm etwas seltsam vorgekommen, er hatte nur nicht ausmachen können, was. Jetzt wusste er es. Weder hier noch oben im Schlafzimmer hatte er auch nur ein Foto gesehen. Auch unter den Papierhaufen auf dem Boden war nichts dergleichen gewesen. Normalerweise hing oder stand so etwas immer in Wohnungen herum: ein Bild mit den Menschen, die einem am nächsten standen. Hier war das nicht der Fall.

Dabei waren Hannes Langthaler Frau und Kind weggestorben, und wenn man seine Gedichte ansah, war ihm ihr Tod sehr nahegegangen. Hatte er diese Schicksalsschläge verdrängt, oder war es nur ein Männerhaushalt gewesen, in dem auf Sentimentalitäten kein Wert gelegt wurde? Leopold würde versuchen, es herauszubekommen, aber nicht jetzt. Er beschloss, Brigitte Renner ein wenig Zeit zu geben, sich von den Ereignissen zu erholen. »Nun?«, drängte sie inzwischen weiter. »Wir können zu Fuß hingehen. Es ist nicht weit.«

»Ein Anruf tut's auch«, versicherte Leopold ihr. »Aber wenn Sie vielleicht so freundlich wären, damit noch einen Augenblick zu warten, bis ich weg bin. Es muss ja niemand wissen, dass ich da war. Mit der Stockerauer Polizei kenne ich mich leider nicht gut aus, das soll auch so bleiben.«

»Sie wollen mir also nicht helfen?«

»Doch, aber das schaffen Sie auch allein. Außerdem muss ich ins Gschäft, die warten dort nicht gern auf mich«, entschuldigte er sich. »Dafür kümmere ich mich um Ihren Sohn Stefan! Versprochen! Vergessen Sie bitte die Liste nicht!«

Leopold verabschiedete sich, stieg in sein Auto, fuhr wieder auf die A22, die Donauufer-Autobahn, auf und ließ die Lenaustadt Stockerau rasch hinter sich. Er rekapitulierte: In diesem Fall gab es bis jetzt einen auf natürliche Weise Verstorbenen, einen Schwerverletzten, einen Verschwundenen und einen Einbruch, bloß immer noch keinen nachweisbaren Mord. Es war zum Verrücktwerden!

*

Leopold war froh, aus der kühlen und unpersönlichen Atmosphäre des Langthalerschen Hauses kurz nach Mittag wieder ins Kaffeehaus zu kommen. Da lagen keine Papiere am Boden herum, sondern die Zeitungen steckten schön ordentlich in ihren Haltern. Da herrschte keine Unordnung, sondern alle Dinge waren an ihrem Platz, sodass man sich jederzeit zurechtfinden konnte. Und da war man nicht allein mit einer Frau mit strapaziertem Nervenkostüm, sondern in netter Gesellschaft.

»Vorsicht, dicke Luft«, war allerdings das Erste, was er von Waldi Waldbauer hörte, als er das Heller betrat. Dann hörte er noch etwas: etwas Lautes, Schrilles. Etwas, das so klang, als sei ein Singvogel in stimmliche Schwierigkeiten geraten und versuche deshalb, alles um sich herum mit besonders lautem Gezwitscher zu übertönen. Gleichzeitig hämmerte jemand in die Tasten des auf dem neuen Podium stehenden Klaviers.

»Das ist Klothilde Gattermann«, raunte Waldbauer Leopold zu.

»Nein, so was! Das war jetzt schwer zu erraten. Was macht die denn heute schon hier? Es genügt doch, wenn sie am Freitag kommt«, erkundigte Leopold sich. Seine schlimmsten Befürchtungen für das Konzert schienen sich jetzt schon zu bewahrheiten.

»Das ist ein sogenannter Soundcheck«, erklärte Frau Heller, irritiert über so viel Unverständnis. »Frau Gattermann muss doch prüfen, mit welchen akustischen Nuancen sie unser Publikum erobern wird.«

»Wir sind übrigens bis auf den letzten Platz ausgebucht«, vermeldete eine männliche Stimme. Herr Wondratschek saß wieder am Cheftisch bei einem Glas Wein, nur verspeiste er diesmal kein Hühnerschnitzel, sondern gefüllte Paprika. Seinen rechten Mundwinkel zierte ein paradeisroter Fleck.

»Es wird ein Fest, Leopold. Jetzt muss nur noch der Service stimmen. Ich bitte Sie, die Anweisungen meiner Tochter Doris genau zu befolgen.« Frau Heller rieb sich die Hände. Die Vorfreude stand ihr ins Gesicht geschrieben.

»Um den Service mache ich mir keine Sorgen. Aber die Dame sollte halt so singen, dass wir beim Servieren nicht zu sehr von den Leuten behindert werden, die nach den ersten Takten gleich wieder davonlaufen«, gab Leopold beleidigt zurück. In ihrem Kulturwahn behandelte seine Chefin ihn jetzt gar schon wie einen Anfänger. Gott sei Dank war er mit Doris Heller sehr gut eingespielt und hatte in dieser Hinsicht nichts zu befürchten.

Frau Heller setzte gerade zu einer saftigen Replik an, als Klothilde Gattermann ihren stimmlichen Kraftakt mit einem Mal unterbrach und nach vorn eilte. Das hellblond gefärbte Haar umwehte ihre Schultern, und der knallrot gefärbte Mund, der aus ihrem Gesicht, in dem bereits mehrere Verbesserungen durchgeführt worden waren, hervorstach, bebte. »Es geht nicht«, donnerte sie. »Ich gebe mein Bestes, aber es geht einfach nicht! Die Akustik ist unterm Hund.«

»Was wollen Sie, meine Liebe?«, war Wondratschek sofort zur Stelle. »Es klingt doch, wenn ich mir jetzt schon die Bemerkung erlauben darf, hinreißend.«

»Hinreißend? Dass ich nicht lache«, erregte die Gattermann sich. Ihr Ellenbogen suchte einen Halt und fand ihn an der Theke. »In diesem engen Raum schlägt sich jeder Ton an irgendeiner Wand. Ich habe schon immer gesagt, die hohe Sangeskunst gehört in den Konzertsaal und nicht ins Kaffeehaus.«

Frau Heller schwieg. Es war das Beste, was sie in dieser Situation tun konnte. Die Gattermann fuhr sich mit beiden Händen durchs Haar und zündete sich dann eine Zigarette an. »Erstens bin ich der Meinung, dass das Kaffeehaus gerade für gesangliche Einzelinterpretationen die geeignete Bühne darstellt, zweitens haben Sie ja gewusst, dass es hier keinen Konzertsaal gibt«, entgegnete Wondratschek. »Auch ein Ausbau ist leider nicht möglich. Uns sind natürliche Grenzen gesetzt. Hier links ist eine Straße und da vorn auch.« Er deutete kurz mit seiner Hand nach draußen.

Klothildes Ingrimm war ihr ins Gesicht geschrieben. Ihre Augen hatten sich zu schmalen Schlitzen zusammengezogen. Nun kam auch ein kleines Männchen mit Halbglatze, Hornbrille und breiten Hosenträgern über dem weißen Hemd von hinten nach vorn marschiert. Das war offensichtlich der Pianist. Er schien an dem Gespräch an der Theke jedoch kein Interesse zu haben. Zügig bewegte er sich auf die Eingangstür zu und brummte dabei in kurzen Abständen einige Satzfetzen in sein Handy: »Nein, heute nicht … Ja, Probe … Morgen? Mal sehen … Ja, ist es denn so wichtig? … Ja … Verstehe …« Dann war er plötzlich draußen. Ein noch nervöserer Telefonierer als Erika Haller, dachte Leopold.

Da musste er ja froh sein, dass er in der U-Bahn nicht neben dem Typen gesessen war.

Klothilde Gattermann zog unterdessen an ihrem Glimmstängel. »Es ist diese Enge, die mich bedrückt«, klagte sie. »Es ist, als wollten mich die Wände erschlagen. Ich brauche das Große, die Weite, die Welt!«

»Vergessen Sie nicht, dass Sie in dieser Enge aufgewachsen sind«, mahnte Wondratschek.

Damit hatte er ihr offensichtlich das Stichwort gegeben. »Ich bin hier aufgewachsen, stimmt«, ging sie sofort zum Angriff über. »Deshalb halte ich es auch für überhaupt nicht angebracht, dass ich hier, in meinem Heimatbezirk, bloß im Vorprogramm auftreten soll. Das hat man mir nicht mitgeteilt, als ich für das Konzert zugesagt habe.«

»Diese Einteilung hat keine persönlichen Gründe, sondern ist rein aus konzertdramaturgischen Erwägungen erfolgt. Es ist besser so, glauben Sie mir«, versetzte Wondratschek.

»Was sollte daran denn gut sein?«

»Ganz einfach: Bei Ihnen werden unsere Zuschauer noch mit Andacht lauschen und sich in die höchsten Höhen der Sangeskunst entführen lassen«, erklärte Wondratschek. »Beim Ensemble ›Goldener Wienerschmerz‹ könnten die Leute dann aber versucht sein, mitzusingen, es geht, wie es so schön heißt, unter Umständen die Post ab. Und wenn das Publikum einmal in einer so ausgelassenen Stimmung ist …«

»Habe ich richtig gehört? Die Leute singen mit? Bei einem Konzert? Noch dazu zu Allerseelen?«, empörte sich Klothilde. »Das ist ja unfassbar! Sind wir denn schon ganz in die tiefsten Niederungen der primitiven Populärmusik herabgestiegen? Gibt es denn gar keine Ehrfurcht vor künstlerischen Höchstleistungen mehr?«

»Wir haben uns halt gedacht, es sollte für jeden etwas dabei sein«, traute sich Frau Heller jetzt auch einmal etwas zu sagen.

»Und das aus gutem Grund«, fuhr Wondratschek fort. »Denn wer sich eher der leichten Muse wegen einfindet, kommt so auch in den Genuss Ihrer exquisiten musikalischen Darbietung, und umgekehrt ist es genauso. Solche Programmgestaltungen können Ihnen doch nicht fremd sein, meine Liebe!«

»Sie sind mir jedenfalls zutiefst unsympathisch. Mein Gott, warum musste ich ausgerechnet hier geboren werden, wo künstlerische Verdienste nicht ausreichend geschätzt werden? Überall ist mein Name mit zahlreichen Würdigungen verbunden, nur in diesem Bezirk ist mir die Anerkennung stets versagt geblieben«, haderte Klothilde mit ihrem Schicksal. Sie dämpfte ihre Zigarette aus und tupfte mit einem Taschentuch den Ansatz einer Träne ab, die sich in ihrem rechten Augenwinkel gebildet hatte. »Entweder ich bin die Hauptattraktion des Abends, oder Sie können die Sache vergessen«, forderte sie dann plötzlich entschieden. »Für eine Vorgruppe, oder wie immer Sie das nennen mögen, bin ich mir zu schade.«

»Aber meine Gnädigste, wie stellen Sie sich das vor?«, war Wondratschek ganz aus dem Häuschen. »Das Konzert ist bereits übermorgen, alle Vorkehrungen und Vorbereitungen sind getroffen.«

»Das ist mir im Augenblick ziemlich egal«, beharrte sie.

Herr Wondratschek schaute zu Frau Heller. Frau Heller schaute zu Herrn Wondratschek. Beide schienen über die weitere Vorgangsweise mehr als unschlüssig zu sein. Klothilde Gattermann wischte mit dem Taschentuch über ihr Gesicht.

Mitten in dieser heiklen Situation tauchte der Pianist wieder auf: »Nächste Woche? Vielleicht ... Ich muss das noch überprüfen, aber grundsätzlich ... Was meinen Sie? ... Natürlich ... Alles klar ... Also dann ...«, quasselte er unentwegt in sein Handy. Dann war es plötzlich aus, er steckte sein Handy ein und fragte seelenruhig in Richtung Frau Gattermann: »Geht es jetzt weiter mit unserer Probe?«

»Wer weiß, ob es überhaupt weitergeht, Herr Eichinger«, stöhnte sie. »Man hat uns zum Vorprogramm degradiert, und das lasse ich mir nicht gefallen.«

»Das müssen wir uns auch nicht gefallen lassen«, goss Eichinger nochmals Öl ins Feuer.

»So seien Sie doch vernünftig! Ich werde jetzt nicht noch einmal mit der Gruppe ›Goldener Wienerschmerz‹ zu verhandeln beginnen«, blieb Wondratschek hart.

»Also, was diese Band betrifft: Das konnte ich in weiser Voraussicht nebst ein paar anderen Dingen soeben telefonisch erledigen. Als ich die Ankündigung gesehen habe, dachte ich mir schon, dass es Ihnen so nicht recht sein wird, gnädige Frau«, berichtete Eichinger gelassen. »Ich habe gerade mit dem Chef der Gruppe gesprochen, der Vickerl ist ein alter Freund von mir. Es macht ihnen gar nichts aus, wenn sie vor uns drankommen. Sie spielen morgen auch, und da kann es spät werden. Eigentlich sind sie froh, wenn am Freitag hier früher für sie Schluss ist. Sie werden sich außerdem auf ihr besinnliches Repertoire konzentrieren, damit es schön ruhig bleibt. Na, was sagen Sie?«

»Ich bin begeistert, Herr Eichinger! Darf ich Ihnen einen Kuss geben?« Einen Augenblick schien es, als wolle Klothilde Gattermann ihren Pianisten verschlingen, dann drückte sie ihm doch nur einen herzhaften Schmatz auf die Wange.

»Da möchte ich auch etwas dazu sagen«, meldete sich noch einmal Frau Heller zu Wort. »So einfach ist die Sache wiederum nicht. Die Plakate hängen schon seit drei Wochen, die Leute haben ihre Karten nicht zuletzt aufgrund des Programmablaufes gekauft …«

»Wenn es die Künstler nun so miteinander vereinbart haben, sollten wir uns nicht mehr einmischen«, unterbrach Wondratschek. »Es ist unter den gegebenen Umständen das Beste, was wir tun können, glauben Sie mir.«

»Kommen Sie, Herr Eichinger, es ist noch viel zu tun«, trieb Klothilde ihren Pianisten mittlerweile an. »Wir müssen trachten, dass es für die Zuhörer trotz der ungünstigen Verhältnisse ein unvergessliches Erlebnis wird.« Und schon bald hörte man Klothilde Gattermanns durch die Jahre schon ein wenig mitgenommene Stimme wieder, wie sie sich trotz allen Ecken, Wänden und sonstigen Hindernissen unerschütterlich zwischen den Billardtischen bis zur Theke durcharbeitete.

»Ausnahmsweise beneide ich dich dieses Mal nicht«, gestand Waldi Waldbauer seinem Kollegen ein. »Du wirst zwar am Freitag einiges an Schmattes machen, aber dafür diese Frau und ihr Timbre einen ganzen Abend lang ertragen müssen. Da sind mir unsere Tarockierer morgen schon lieber.«

»Ich glaub auch nicht grad, dass es ein großes Vergnügen wird«, gab Leopold zähneknirschend zu. »Noch dazu, wo sie erst nach der Pause drankommt. Ich hab nur eine Hoffnung!«

»Ach so, deine nette, kleine ... Bekanntschaft, wenn ich mich richtig ausdrücke? Die kommt doch, oder?«

»Ja, aber das meine ich nicht«, sinnierte Leopold. »Ich meine, dass an diesem Abend eine unerhörte Spannung in der Luft hängen wird. Dafür wird die Gattermann schon sorgen. Dazu die vielen Leute, der Tod in den Liedern allgegenwärtig, da genügt ein Tropfen, um das Fass zum Überlaufen zu bringen. Leicht möglich, dass sich was tut, dass was passiert ...«

»Geh, Leopold, du denkst doch nicht schon wieder an einen Mord?«

»Ich kann nichts dafür, aber ich denke ständig daran. Diesmal hab ich sogar eine starke Ahnung. Und die hat mich noch selten betrogen!«

*

Es war wieder Ruhe eingekehrt. Klothilde Gattermanns musikalischer Parforceritt war fürs Erste vorüber. Nun herrschte die gewohnte klangliche Untermalung des

Kaffeehausbetriebes: das Rascheln beim Umblättern der Zeitungen, ein Räuspern hie und da, das regelmäßige Klacken der Billardkugeln und das Schlürfen aus den Kaffeetassen.

Thomas Korber war zu seinem gewohnten Mittagskaffee nach dem Unterricht erschienen und plauderte mit Leopold, sofern der nicht gerade mit einem oder zwei Tabletts durchs Lokal kurvte, um die Gäste zu bedienen. »Weißt du, was uns alle so fertig macht? Was die meisten Beziehungen auseinandergehen lässt? Es ist der Alltag, der ständig gleiche Trott«, stellte Korber fest. »Wahrscheinlich würde ich unsere ständige Nähe sonst nicht zeitweise als unangenehm empfinden. Deshalb haben Geli und ich beschlossen, in den Weihnachtsferien fortzufahren, einmal richtig auszuspannen, Urlaub zu machen. Du wirst sehen, das ist genau das Richtige für uns beide. Und wenn es gut geht, können wir uns überlegen, ob wir zusammenziehen wollen oder nicht.«

»Und wenn es nicht gut geht?«, stichelte Leopold.

»Daran will ich jetzt gar nicht denken. Jedenfalls hätte es sicher einen Einfluss darauf, wie wir unsere Beziehung in Zukunft gestalten. Aber es wird schon klappen. Ich hoffe es zumindest«, grübelte Korber, während er an seinem diesmal besonders heißen und starken Kaffee nippte.

Leopold hielt von Urlaubsreisen zur Festigung einer Beziehung nicht viel. Zum einen erschien ihm gerade der Alltag wichtig, jenes Gleichförmige und Vorhersehbare, das dem Leben seinen eigentlichen Sinn verlieh, und, was ihn betraf, höchstens durch einen kleinen Mord hie und da unterbrochen werden durfte. Zum anderen erinnerte er sich nur zu gut an ein Urlaubserlebnis der unangenehmen Art. Er war mit einem guten Freund – eben jenem Ober aus dem Café Bräunerhof, den er unlängst besucht hatte – vor vielen Jahren ein paar Tage nach Italien ans Meer gefahren. Dieser Ober mit Namen Johann war, wie sich rasch herausstellte, ein ziemlicher Frauenheld gewesen. Nicht das Meer und der Strand hatten ihn angezogen, sondern die Frauen und Amore. »Leopold, ich bräuchte unser Zimmer ausnahmsweise für mich allein – nur für eine Stunde, maximal zwei«, hatte er Leopold dann angefleht, sobald er wieder eine Eroberung gemacht hatte. »Da hast du ein bisschen Geld. Geh in die Bar und unterhalt dich gut.«

Abgesehen davon, dass sich solche Abmachungen im Hotel schnell herumgesprochen hatten, und er in der Bar dann belächelt worden war wie ein Ehemann, den die Frau gerade vor die Tür gesetzt hat, hatte es ihm auch keinen Spaß gemacht, jeden Abend geduldig warten zu müssen, bis sein Freund sein Stelldichein beendet hatte. Heute konnte er darüber lachen – und bei seinem Besuch vor wenigen Tagen hatte er gemeinsam mit Johann darüber gelacht – aber das änderte nichts an seiner Meinung, dass ein gemeinsamer Urlaub Leute, die einander dabei näher kennenlernen wollten, eher auseinander brachte als zusammenführte.

»Hoffnung ist eine Möglichkeit, aber als Prinzip allein zu schwach«, teilte er seinem Freund augenzwinkernd mit.

Korber fuhr unbeirrt fort: »Wir werden in eine Therme fahren, das ist, wenn man alle Möglichkeiten in Betracht zieht, sicher das Beste. Ein bisschen Wellness, dazu ein gutes Essen und eine romantische Winterlandschaft –, was gibt es Schöneres, um zwei Herzen fester aneinander zu kitten?«

»Du wirst sicherlich auch bei den gut eingehüllten Damen die schönen Formen erkennen und kleine Annäherungsversuche machen, fürchte ich«, ließ Leopold nicht locker. »Das wird Geli nicht gefallen. Und du weißt ja, dass, wenn gestritten wird, immer die Frau den Mann aus dem Zimmer hinauswirft. Dann stehst du in deiner romantischen Winterlandschaft und frierst dir den Hintern ab oder du endest in einem Wirtshaus oder einer Bar und besäufst dich. Da bröckelt der Kitt schnell ab, glaube mir!«

»Leopold, deine Schwarzseherei ist wirklich unerträglich. Offenbar hast du keine Ahnung, was zwischen Mann und Frau so abläuft, weil deine diesbezüglichen Erfahrungen nicht auf dem aktuellsten Stand sind«, kritisierte Korber. »Das ist der Nachteil des gestandenen Junggesellen: Er kann nur auf die Theorie zurückgreifen, nicht auf die Praxis. Und wo liest man denn schon etwas wirklich Verlässliches über die Beziehungen zwischen den Geschlechtern?«

»In der Verbrechensstatistik«, kam die grimmige Antwort. »Dort kannst du alles nachschauen, vor allem, welche Gewalttaten schon aus Eifersucht oder enttäuschter Liebe begangen worden sind. Kurz und gut, überleg dir das mit dem gemeinsamen Urlaub lieber noch einmal. Aber apropos Verbrechen: Bei der Geschichte am Friedhof gibt es ein paar interessante neue Entwicklungen.«

Leopold berichtete Korber nun ausführlich über die Ereignisse, seit sie sich am Vortag getrennt hatten. Korber trank in der Zwischenzeit seinen nicht mehr ganz so heißen Kaffee mit Genuss aus. »Jürgen geht es schon bedeutend besser«, vermeldete er dann. »Er erholt sich rasch. Kommt vielleicht noch vor dem Wochenende nach Hause. Aber erinnern kann er sich nach wie vor an nichts. Und Patrick hat zwar den Streich zugegeben, war jedoch angeblich auch eine Zeit lang im Friedhof und wollte Martin schrecken. Als er zurückkam, hat er den niedergeschlagenen Jürgen gesehen und wie Martin die Panik gekriegt. Ja, Patrick ist eben nur ein Maulheld, da steckt nicht viel dahinter.«

»Hast du etwas über Langthaler in Erfahrung gebracht?«

»Du hast Glück! Ich habe am Mittwoch immer gemeinsam mit einem verdienten älteren Kollegen Supplierbereitschaft, der Langthaler noch gut von früher kennt, Herrn Professor Peter Köck. Wir mussten beide nicht einspringen, und so hat er mir einiges über ihn erzählt.«

Leopold hielt es vor Neugier nicht mehr aus: »Ja was denn? So lass dir doch nicht alles aus der Nase ziehen!«

»Langthaler unterrichtete Deutsch und Geschichte. Er muss ein strenger, aber gerechter Lehrer gewesen sein. In den letzten Jahren seiner Tätigkeit hat allerdings seine Gereiztheit zugenommen. Er wurde den Schülern gegenüber unbeherrschter, und es ist zu einigen Beschwerden gekommen.«

»Was meinst du mit unbeherrscht? Hat er …?« Leopold deutete eine Ohrfeige an.

»Nein, hingehaut hat er angeblich nie«, stellte Korber sofort klar. »Aber zu den Schülern, die er nicht wollte, ist er in seinen Aussagen sehr persönlich geworden, hat manche richtiggehend schikaniert.«

Leopold fragte sich, ob es die beiden Todesfälle gewesen waren, die den Lehrer so aus der Bahn geworfen hatten. Er dachte auch an das eine Gedicht, das er in seinem Haus gelesen hatte. »Hast du etwas über seine Familie erfahren?«, wollte er wissen. »Ich meine …«

»Du meinst, über den Tod seines Sohnes und seiner Frau? Natürlich«, zeigte Korber sich informiert. »Sein Sohn Lothar ist in der Donau ertrunken.«

»In der Stockerauer Au?«

»Ja! Er war damals erst 17 oder 18 Jahre alt. Er ist irgendwie zu weit hinausgeschwommen, in eine schlechte Strömung geraten und untergegangen. Das Wasser soll auch ziemlich kalt gewesen sein. Jedenfalls ist er ertrunken.«

»Und die Frau?«

»Krebs! Etwa 15 Jahre nach dem Tod des Sohnes. Mehr weiß ich nicht. Halt, doch: Sie soll nicht die Treueste gewesen sein. Vor allem, als ihr Mann immer schwermütiger wurde, hat sie sich offenbar anderweitig vergnügt.«

»Schön! Oder auch nicht so schön, wie man's nimmt.« Leopold kratzte sich am Kopf. Ein Gast rief ihn wegen einer Bestellung zu sich. Als er seinen Auftrag erledigt hatte, stellte er sich vor Korber auf, stemmte beide Hände in die Hüften und sagte nur: »Und?«

Korber schien nicht gleich zu verstehen. Dann dämmerte es ihm: »Ach ja, die Lenaubrüder. Mein Kollege Peter Köck – der dir übrigens gern helfen wird, wenn du eine Frage hast – hat mir ein paar Namen von ehemaligen Schülern auf einen Zettel geschrieben. Die sind alle bei dem Verein. Zwei ehemalige Lehrer sind auch noch dabei, mit Langthaler zusammen quasi Geburtshelfer der ersten Stunde. Steht alles da drauf.« Damit überreichte er Leopold ein kleines, sorgfältig zusammengefaltetes Stück Papier.

»Falk und Kasparek kenne ich, die waren einmal Stammgäste bei uns«, erinnerte Leopold sich. »Die anderen sind mir kein Begriff. Wir kennen überhaupt noch zu wenige Leute in diesem Fall, Thomas. Brigitte Renner hat zum Beispiel einen Mann, von dem ich nichts weiß, Stefan eine mir genauso unbekannte Frau namens Ulrike, und von Horst Renners Familienverhältnissen habe ich keine blasse Ahnung.«

»Du steigerst dich schon wieder hinein, aber wenn du mich fragst, ist das überhaupt kein Fall«, bemerkte Korber gleichgültig. »Jürgen ist bald wieder auf dem Damm, und sonst ist doch nicht viel passiert, oder?«

»Falsch, lieber Freund«, verbesserte Leopold ihn. »Du vergisst, dass jemand verschwunden ist. Du machst dir kein Kopfzerbrechen darüber, dass heute in Langthalers Haus eingebrochen worden ist. Auch wenn Bollek wahrscheinlich nicht viele Anstalten macht, die Sache aufzuklären, und Juricek unter Umständen noch gar nichts von ihr weiß, müssen wir sie ernst nehmen.«

»Wenn du meinst!«

»Jawohl, ich meine. Da ist etwas faul, das hat mir schon mein Gespräch mit Enrico bestätigt. Jemand macht sich doch nicht die Mühe, einen Anzug aus einem Grab zu holen und besticht einen Totengräber, nur um das Ding dann gleich wegzuwerfen. Und dieser Horst benimmt sich auch sehr verdächtig. Er tut so, als wisse er nicht, dass sein Bruder noch einmal auf dem Friedhof war, dabei könnte ich wetten, dass er informiert war. Außerdem schien er gar nicht einverstanden damit, dass ich seiner Mutter helfen wollte.«

»Trotzdem: Dir fehlt etwas Wichtiges«, überlegte Korber.

»Ich weiß. Mir fehlt ein Überblick über die Personen, die in die Angelegenheit verwickelt sind«, resümierte Leopold. »Ich habe zwar jetzt ein paar Namen mehr, aber das ist noch nicht viel.«

»Das meine ich nicht. Dir fehlt einfach eine Leiche, drehe und wende es, wie du willst.«

»Die wird schon noch auftauchen, da mache ich mir überhaupt keine Sorgen«, wies Leopold seinen Freund sofort in die Schranken. »Doch ich kann nicht so lang warten. Ich muss mir überlegen, wie ich möglichst schnell an die wichtigsten Personen herankomme. Und du wirst mir dabei helfen.«

»Kommt überhaupt nicht infrage«, lehnte Korber nach einer Schrecksekunde ab.

»Es ist diesmal nichts Großartiges, wirklich. Nur ein kleiner Freundschaftsdienst. Hast du morgen Vormittag Zeit? Wir müssen noch einmal auf den Friedhof!«

»Was, schon wieder? Da waren wir doch gerade erst«, protestierte Korber.

»Morgen ist Allerheiligen, Thomas«, klärte Leopold ihn auf. »Da will es der Brauch, dass man das Grab von lieben Verstorbenen besucht, vor allem, wenn diese erst seit kurzer Zeit unter der Erde liegen. Ich bin überzeugt, dass wir auf einige von Langthalers und Stefans Verwandte treffen werden, und wenn wir Glück haben, kommt jemand von den Lenaubrüdern auch vorbei.«

»Und wie willst du mit denen ins Gespräch kommen?«

»Bei den Verwandten ist das einfach. Ich habe ja schließlich versprochen, Nachforschungen über das Verschwinden Stefans anzustellen.«

»Und bei den Lenaubrüdern?«

Leopold lächelte verschmitzt. »Da brauche ich dich«, stellte er klipp und klar fest, und ehe Korber noch irgendein Wort des Widerstandes herausbrachte, fuhr er fort: »Du bist Deutschlehrer, Thomas. Da wäre es doch nichts Ungewöhnliches, wenn du an einer Biografie über Lenau arbeiten würdest. Es wäre ideal, wenn wir dich so vorstellen könnten. Das würde das Interesse dieser Leute sofort wecken, und es ergäben sich ungeahnte Möglichkeiten der Kontaktaufnahme ...«

»Nichts Großartiges, ja, ja«, schnitt ihm Korber das Wort ab. »Kennen wir! Ich soll wieder einmal den Dummen für dich spielen, damit du deinen Geltungsdrang ausleben kannst. Aber nein, ohne mich! Ich muss mich jetzt mehr um Geli kümmern.«

»Dazu ist bei eurem Weihnachtsurlaub auch noch Zeit! Außerdem hatte ich in letzter Zeit den Eindruck, dass dir bei eurer trauten Zweisamkeit das Dach auf den Kopf fällt. Also komm, gib dir einen Ruck! Was hat deine Geli denn überhaupt für morgen vor?«

Korber dachte nach, und je mehr er nachdachte, desto unangenehmer wurde ihm die Geschichte: »Sie besucht mit ihren Eltern das Familiengrab am Stammersdorfer Friedhof«, antwortete er kleinlaut.

»Na also«, zeigte sich Leopold zufrieden. »Das ist doch ganz die moderne Beziehung, wie du sie dir vorstellst. Jeder hat seinen persönlichen Freiraum für eigene Aktivitäten. Sie geht mit ihren Eltern auf den Friedhof in Stammersdorf, du mit mir auf den in Jedlesee. Nachher könnt ihr ja wieder turteln. Aber zuerst möchte ich doch einmal sehen, was sich bei Langthalers Grab so alles tut!«

8

Nun feiern sie der Toten Angedenken;
Die Sonn im Westen wandelt ihre Neige,
Die Gräber noch bestrahlend, und sie senken
Viel Tränen drauf und grüne Tannenzweige.

(Aus: Lenau, Der Indianerzug)

Sobald es November ist, werden die Tage wirklich kürzer. Sie beginnen spät und enden unbarmherzig am frühen Nachmittag. Eine unerforschliche Trübe bemächtigt sich der Landschaft und der menschlichen Seele. Die Konturen verschwimmen in der nebligen Feuchte der Luft, und nur viel zu selten kommt die Sonne hervor und taucht wieder alles in ein klareres Licht. Der Tagesbeginn ist still, kein Vöglein zwitschert. Ihn fürchten die Menschen, mit denen es zu Ende geht: Sie hauchen im spätherbstlichen Morgengrauen ihr Leben öfter aus als sonst im Jahr.

Es hat also seinen guten Grund, dass gerade zu Anfang November der toten Seelen feierlich gedacht wird. Zu keiner anderen Zeit lässt sich der Bezug zur Vergänglichkeit alles Irdischen so leicht herstellen. Während überall auf den Friedhöfen bunte Blumen, Kränze und Grablichter ihre unwirkliche Schönheit zur Schau stellen, fallen rundum die welken Blätter, vertrocknen und bleiben als mahnendes Exempel der Sterblichkeit an den Schuh-

sohlen der Besucher haften. Vom Boden kriecht kalte
Feuchtigkeit in die Körper und krallt sich fest. Der Tod
lässt seine Nähe spüren, wo immer er kann. Packt euch
warm ein und passt auf euch auf, damit ihr nicht nächstes Jahr selbst in der Grube liegt, scheint er zu sagen.
Und die meisten der ein wenig unbeholfen und hilflos
wirkenden Menschen, die ihre verstorbenen Angehörigen oder Freunde am Allerheiligentag besuchen, befolgen diesen Rat und hüllen sich in ihre warmen Jacken,
Pullover und Mäntel.

Es sind immer die Alten und nicht die Jungen, die
sich um die Grabpflege bemühen, dachte Leopold, als
er mit Thomas Korber auf dem Jedleseer Friedhof ein-
traf. Wahrscheinlich sind sie mit ihren Gedanken schon
beim eigenen Begräbnis und machen sich ein wenig mit
der Umgebung vertraut, folgerte er. Er genoss die eigen-
artige Stimmung, während Korber nach wie vor an der
Sinnhaftigkeit ihrer Unternehmung zweifelte. »Kannst
du mir sagen, warum du glaubst, gerade jetzt auf die Personen zu treffen, die du suchst?«, fragte er. »Sie könnten genauso gut am Nachmittag kommen. Dann bin ich
umsonst so früh aufgestanden.«

»Ausgeschlossen«, beruhigte Leopold ihn. »Erstens ist
es ein frisch Verstorbener, da trifft man sich vormittags
am Grab und geht nachher vielleicht gemeinsam etwas
essen. Zweitens sind die Nachmittage kurz, und es wird
noch kühler als jetzt. Drittens will man die Sache möglichst rasch hinter sich bringen. Und viertens ist jetzt
gerade die Messe in der Lorettokirche aus, die man als
trauernder Hinterbliebener vielleicht besucht hat.«

»Na schön, hoffentlich irrst du dich nicht.« Korber
rieb sich seine Hände. Es war ein kalter Tag, an dem es
beständig leicht nieselte, einer von jenen, an denen er
beim Aufstehen noch einmal lang nachgedacht hatte, ob
er seine Wohnung auch wirklich verlassen sollte.

»Ich irre mich selten«, hob Leopold nur lakonisch hervor. »Außerdem sieht man schon zum Grab hin, und es
stehen Leute dort. Brigitte Renner ist da, das daneben
könnte ihr Mann sein, und Horst sehe ich auch. Komm!«
Wie immer, wenn er hoffte, in einer Angelegenheit wei-
terzukommen, beschleunigte Leopold seinen Schritt.
Korber folgte ihm mit gemischten Gefühlen.

»Mich friert«, hörten sie Brigitte Renner sagen. »So
richtig ungemütlich ist es heute.«

»Pah, ungemütlich. Ein Sauwetter ist das«, schimpfte
der Mann neben ihr und musterte dabei mit seinen hinter kleinen, runden Brillengläsern versteckten Augen kritisch den Himmel. Seine Unzufriedenheit äußerte sich
vor allem dadurch, dass er immer wieder die Spitze seines Schnurrbartes zwischen Zunge und Oberlippe nahm
und nervös bearbeitete.

»Ach, da kommt ja der Ober vom Kaffeehaus«,
erkannte Brigitte jetzt Leopold. »Das ist mein Mann
Philipp. Was machen Sie denn heute hier?«

»Oh, nichts Besonderes«, antwortete Leopold ausweichend. »Ich wollte nur fragen, ob Sie schon etwas
von Ihrem Sohn gehört haben. Ich soll Ihnen ja helfen,
ihn zu finden. Schön langsam mache ich mir Sorgen.«

»Du kannst dir in Zukunft ersparen, uns nachzulau-
fen«, schnauzte ihn Horst Renner an. »Ich habe dich vor-

gestern nur gefragt, ob Stefan nach dem Begräbnis bei euch im Kaffeehaus war. Und wenn dich meine Mutter gebeten hat, ihr zu helfen, so hat sie nicht gemeint, dass du dich wie eine Klette an uns heften sollst. Also spar dir deine Sorgen und überlass die Sache uns.«

»Das ist überhaupt alles lächerlich«, echauffierte sich Philipp Renner. »Stefan ist weg, na und? Er wird wiederkommen, davon bin ich überzeugt. Es wird schon einen Grund dafür geben, dass er so plötzlich verschwunden ist.«

»Und was ist mit seiner Praxis?«, fragte Brigitte skeptisch.

»Diese Woche ist sie ohnedies geschlossen«, erklärte Philipp. »Und wenn er nächste Woche noch nicht da ist, werde ich ihn eben vorübergehend vertreten. Ich kann mich noch daran erinnern, wie er als Student plötzlich auf und davon war, obwohl er in dieser Zeit wichtige Prüfungen hatte. Niemand wusste damals, wo er sich aufhielt, es gab kein Lebenszeichen, so wie jetzt. Plötzlich war er wieder da, als ob nichts gewesen wäre. Er war mit Freunden, die wir nicht kannten, nach Frankreich gereist, an die Côte d'Azur. Es sei eine einzigartige Gelegenheit gewesen, behauptete er. Im Sommer, in den Ferien, sei dort alles schrecklich überlaufen. Die Prüfungen waren ihm vollkommen egal gewesen, er machte sie dann später nach. Er ist eben unberechenbar, man mag dazu stehen, wie man will.«

»Unsere Mutter regt das natürlich alles sehr auf, kein Wunder«, fügte Horst hinzu. »Aber du siehst, wir müssen nicht gleich allzu schwarz sehen und können hoffen, dass sich das Rätsel bald auflöst.«

»Und Stefans Frau – Ulrike heißt sie, glaube ich – regt das wohl alles so sehr auf, dass sie gar nicht gekommen ist?«, erkundigte Leopold sich.

Philipp Renner lachte plötzlich laut auf. Es klang verächtlich und herabwürdigend. »Diese Dame ist wohl die Letzte, die sich über Stefans Schicksal Gedanken macht«, betonte er. »Der wäre es wahrscheinlich am liebsten, er käme überhaupt nicht wieder.«

»Die beiden stehen miteinander zurzeit auf Kriegsfuß«, erinnerte Horst. »Deshalb kam es ja zu dem Streit im Gasthaus Bernegger, auf den hinauf Stefan das Lokal verließ und nie wieder gesehen wurde.«

»Also das ist jetzt, mit Verlaub, falsch«, stellte Leopold fest. Er hatte nur auf einen günstigen Augenblick gewartet, um die Katze vor der versammelten Familie aus dem Sack zu lassen. »Er wurde durchaus noch gesehen. Wissen Sie, wo er danach war? Hier, auf dem Friedhof! Es besteht die Gefahr, dass Ihr Herr Onkel bis auf Weiteres leicht unterkühlt in seinem Sarg liegt. Einerseits ist seine Körpertemperatur in den letzten Tagen auf ganz natürliche Weise heruntergegangen, andererseits ist er im Moment ziemlich nackt. Stefan hat ihm nach dem Begräbnis seinen Anzug geklaut.«

»Das ist eine ungeheuerliche Behauptung«, polterte Philipp Renner.

»Auf diese Beleidigung hin verschwindest du, aber rasch!«, fuhr Horst Leopold an.

»Ich denke gar nicht daran«, entgegnete der gelassen. »Seltsamerweise ist der Anzug in einer Mülltonne gelandet. Dort hat ihn ein Polizeiinspektor gefunden und in

Gewahrsam genommen. Wenn Sie Zeit haben, würde ich Sie bitten, morgen auf dem Kommissariat vorbeizuschauen und den Anzug zu identifizieren.«

Brigitte Renner war käsebleich geworden. »Aber wieso? Es ist doch ... Ich verstehe nicht ...«, stammelte sie.

»Worum geht es dir?«, kam es von Horst Renner in irritiertem Ton. »Möchtest du etwa meine Mutter an den Rand eines Nervenzusammenbruchs bringen?«

»Ich verbitte mir jede weitere Einmischung in unsere Familienangelegenheiten«, ordnete sein Vater an.

»Wie Sie wollen«, ließ sich Leopold weiterhin nicht aus der Ruhe bringen. »Aber Sie werden damit nicht verhindern, dass sich die Polizei schön langsam für diese Aktion und damit auch für Stefans Verschwinden zu interessieren beginnt. Da bleiben viele Fragen offen: Was könnte Stefan mit dem Anzug gewollt haben? Warum hat er ihn weggeworfen? Und ist es wirklich so, dass Sie, Herr Horst, gar nichts von seinem Vorhaben wussten?«

Man sah Horst Renner an, dass nicht viel fehlte, damit er die Kontrolle über sich verlor. Sein Vater hingegen hatte die Beherrschung wiedererlangt. »Ich weiß nicht, woher Sie all diese Informationen über meinen Sohn Stefan haben«, konstatierte er in zurückhaltendem, aber äußerst feindseligem Ton. »Ich merke jedoch, dass Sie das, was Sie zu wissen glauben, ausschließlich zu Angriffen gegen meine Familie verwenden. Was auch immer Sie weiter vorhaben: Wir brauchen uns das nicht bieten zu lassen. Wir gehen nämlich jetzt. Komm, Brigitte!«

Er kehrte Leopold und Korber grußlos den Rücken zu und hatte es so eilig, zusammen mit seinem Sohn Horst wieder auf den Hauptweg zu gelangen, dass Brigitte Renner zunächst zurückblieb. Sie drehte sich noch einmal kurz zu Leopold um. »Sind die Namen der Teilnehmer am Begräbnis meines Bruders immer noch wichtig für Sie?«, wollte sie wissen.

»Auf jeden Fall«, antwortete Leopold.

»Ich werde sehen, was sich machen lässt«, versprach sie mit schwacher Stimme. »Ich möchte nämlich unbedingt wissen, was wirklich mit Stefan geschehen ist.«

*

Die Familie Renner stieß auf dem Hauptweg beinahe mit drei Männern zusammen, die, beladen mit reichlich Blumenschmuck, offenbar auch den Weg zu Langthalers Grab suchten. Einer von ihnen lüftete dabei kurz seinen Hut, der wie der eines Jägers aussah, zum Gruß. Man kannte sich also. Anschließend stapften die Männer auf Leopold und Korber zu. Noch einmal wurde der Hut gelüftet. »Guten Tag«, grüßte ein stattlicher, gute 1,80m großer Herr um die 70, mit Vollbart und noch erstaunlich vielen dunklen Haaren auf dem Kopf. »Sie hatten eine Auseinandersetzung? Man hat den alten Renner bis zu uns schreien gehört.«

»Kleine Meinungsverschiedenheiten«, berichtigte Leopold.

»Es ist schade, wenn es an einem Tag, der zur Besinnlichkeit gedacht ist, bei einem Grab so laut wird«, erklärte

121

der Mann. »Andererseits sind die Renners keine angenehmen Zeitgenossen. Nie gewesen, nicht wahr, Jakob?«

Damit redete er seinen Nachbarn an. Es war der Mann mit dem Jägerhut, von ähnlicher Statur wie er, aber mit bedeutend weniger Haaren. Er schien im gleichen Alter zu sein. »Das kann man wohl sagen, Manfred«, bestätigte er kurz und bündig.

»Gestatten, Manfred Jarosch mein Name, das hier ist Jakob Baumgartner, und dieser Herr heißt Anton Benedek«, stellte der Mann mit dem Vollbart sich und seine Kollegen vor. »Ich kann mich nicht erinnern, Sie beide auf dem Begräbnis gesehen zu haben. Welche Beziehung haben Sie denn zu unserem lieben Toten?«

»Mein Name ist Leopold, ich bin der Oberkellner vom Café Heller«, gab Leopold bereitwillig Auskunft. »Ich kenne nur Horst und Stefan Renner, die sind öfter einmal bei uns zu Gast. Mein Freund, Professor Thomas Korber, ist allerdings Lehrer am Floridsdorfer Gymnasium, wo Herr Langthaler unterrichtet hat. Er war am Tag des Begräbnisses leider verhindert, darum haben wir heute auf einen Sprung vorbeigeschaut.«

Jarosch musterte Leopold und Korber mit unverhohlener Neugier, während seine Begleiter die Blumen am Grab verteilten. »Mein Kollege Baumgartner und ich waren auch am Floridsdorfer Gymnasium tätig«, sagte er ein wenig misstrauisch. »An diesen Herrn können wir uns aber nicht erinnern. Er ist ja auch noch sehr jung.«

»Professor Korber fühlt halt eine gewisse Verbundenheit mit seinen Vorgängern«, erklärte Leopold.

»Ach so, natürlich!«, pflichtete Jarosch ihm bei. »Für

uns war Hannes allerdings ein wirklicher Kamerad, nicht nur durch den Beruf, auch ideell. Wir kommen alle aus Stockerau und fühlen uns dem großen Dichter Nikolaus Lenau verpflichtet. Vielleicht haben Sie schon etwas von den Lenaubrüdern gehört?«

»Sicher«, antwortete Leopold. »Frau Brigitte Renner hat mir ein bisschen was darüber erzählt. Darum werden Sie mir sicher eine kleine Auskunft geben können. Hannes Langthalers Sohn ist tödlich verunglückt, wie ich erfahren habe. Er liegt gar nicht hier, in diesem Grab?«

»Nein«, schaltete sich jetzt Jakob Baumgartner ein. »Lothar ist in Stockerau beerdigt, wie seine Mutter. Hannes wollte dort nicht begraben sein, er hat es nach dem Tod seiner Frau ausdrücklich verfügt. Er hatte Angst, dass ihn sonst das Unglück bis in sein nächstes Leben verfolgen würde.«

»Er war in dieser Hinsicht sehr sensibel«, fügte Jarosch hinzu.

»Das Schicksal hat ihn auch wahrhaftig schwer gezeichnet«, merkte Baumgartner an. Er schaute auf seine Uhr. »Wir haben nicht auf Lothar vergessen. Wir schauen selbstverständlich noch bei seinem Grab auf dem Stockerauer Friedhof vorbei«, verkündete er dann.

»Obwohl er ja, wenn man es genau nimmt, kein Lenaubruder ist«, erinnerte Jarosch.

»Wieso denn nicht? War er zu jung?«, wollte Leopold wissen.

»Das war nicht das eigentliche Problem. Aber er besuchte das Gymnasium in Stockerau und nicht das in Floridsdorf«, erläuterte Jarosch. »Die Lenaubrüder haben sich aus Absolventen des Floridsdorfer Gymnasiums entwickelt, die aus Stockerau kommen. Auf diese Tradition haben wir stets genau geachtet.«

»Lothar konnte eigentlich nichts dafür«, fügte Baumgartner hinzu. »Er durfte das Gymnasium in Floridsdorf nicht besuchen, weil sein Vater dort unterrichtete. Hannes war selbst dagegen. Stefan und Horst Renner waren nur seine Neffen, da ging es nicht so streng zu.«

»Wir halten ihn trotzdem in Ehren, schon weil er Hannes' Sohn ist und auf so tragische Weise ums Leben kam«, sagte Jarosch. Dann stellten sich alle drei ehrfürchtig zu einer Gedenkminute auf.

»Entschuldigung, aber das ist für mich ein bisschen kompliziert«, ließ Leopold nicht locker, als sie sich anschließend anschickten, zu gehen. »Um Lenaubruder zu sein, musste man also in Stockerau leben, in Floridsdorf ins Gymnasium gehen und sich mit dem Dichter Nikolaus Lenau befassen. Ist das richtig?«

»Natürlich«, krächzte Anton Benedek ungeduldig im Hintergrund. Er schien zwar nicht sehr beredt, aber deutlich jünger als seine Kameraden zu sein. Er hatte gewelltes, braunes Haar und war mit einem abgetragenen grauen Anzug bekleidet. Seine Lippen öffneten sich beim Sprechen nur unmerklich.

»Dann müssen Sie ja alle sehr gute Kenner des Dichters sein«, stellte Leopold fest.

»Natürlich«, krächzte Benedek nochmals mit beinahe geschlossenem Mund.

»Wir sind alle quasi mit Lenau aufgewachsen«, ergriff jetzt wieder Jarosch das Wort. »Das hat uns immer ein

Gefühl der Zusammengehörigkeit gegeben. Bei jedem Spaziergang durch die Stockerauer Au erkennen wir das Großartige seines schöpferischen Geistes. Es ist schön zu wissen, dass er einmal bei uns gelebt hat. Dadurch sind wir alle nach wie vor eng mit ihm verbunden.«

Leopold rieb sich die Hände, und diesmal war es nicht wegen der Kälte. »Wunderbar«, strahlte er übers ganze Gesicht. »Einfach wunderbar, meine Herren. Mein Freund Thomas Korber ist gerade dabei, eine Biografie über Lenau zu schreiben. Da könnten Sie ihm doch ein paar Tipps und Hinweise geben.«

»Eine Lenau-Biografie? Interessant!« Manfred Jarosch verzog leicht seine Mundwinkel, seine Augen blitzten misstrauisch. »Leider hat man sich ja in den letzten Jahren in dieser Hinsicht so gut wie gar nicht mit unserem Dichter befasst, es gibt kaum brauchbares Material. Sie machen sich an dieses Wagnis heran?«

»Sozusagen«, stammelte Korber, der auf seinen Einsatz nicht vorbereitet gewesen war.

»Wie legen Sie es denn an?«

»Wie bitte?«

»Welche Schwerpunkte aus Lenaus Leben werden Sie denn besonders beleuchten? Und werden Sie eher einen repräsentativen Gesamtüberblick über sein Werk geben oder sich kritisch mit einzelnen Dichtungen auseinandersetzen?«

Korber wirkte immer noch angeschlagen. Er rang nach Worten. »Nun, ich denke, dass seine Jugend und der Aufenthalt in Stockerau ein sehr bedeutender Ausgangspunkt für sein Werk waren«, kam es langsam aus ihm hervor. »Aber natürlich ist die Zeit seiner Reife von zumindest ebensolcher Wichtigkeit.«

»Sie vertreten also eher einen konservativen Standpunkt?« Jaroschs Blick ließ ihn nicht los, musterte ihn eindringlich. »Sind Sie auch der Meinung, dass Lenaus Zusammenkünfte mit dem schwäbischen Dichterkreis für ihn prägender waren als alles, was er davor erlebte?«

Korber schluckte. Die Intensität von Jaroschs Bemerkungen und Fragen machte ihm deutlich zu schaffen. Wie konnte er sich bloß aus diesem Schlamassel herauslavieren? »In vielem muss ich noch genauer nachforschen«, gestand er mit entwaffnendem Lächeln. »Teile seines Faust hat er etwa in Württemberg geschrieben, Teile in Wien. Was dies allerdings nun wirklich heißt ...«

Es war ein Schuss ins Blaue, aber er saß. »Der Faust? So gefallen Sie mir, Professor«, rief er entzückt. Dann begann er zu deklamieren:

»›Wer ist es, der so spät hier ein sich findet,
da schon die Glocke zählte Mitternacht?
Der da so laut herein zur Türe lacht
Und mein zu spotten frech sich unterwindet?‹«

Korber nahm den ihm zugespielten Ball sofort auf:

»›Verzeiht, dass ich so spät mich eingedrungen.
Auch bin ich Arzt, des Kuren oft gelungen.
Es macht mir Spaß, des Nachts mit klugen Leuten
Das Menschenlos zu prüfen und zu deuten.‹

So antwortet Mephisto doch dem Faust bei seinem ersten Erscheinen?«

Korber profitierte hier davon, dass er tatsächlich zu Beginn seiner Dienstzeit einmal Teile von Lenaus Faustdichtung mit einer Klasse gelesen hatte. Es war der Grund für sein erstes pädagogisches Gespräch mit Direktor Marksteiner gewesen, da seine Schüler so gar nichts mit den Versen und dem Inhalt hatten anfangen können. »Vielleicht müssen wir nachdenken und prüfen, welche Lektüre in unsere neue Zeit passt«, hatte Marksteiner ihm damals ans Herz gelegt. In der Folge hatte er einige seiner Deutschstunden inspiziert. Dafür hatte Korber manche Stelle aus dem Buch im Gedächtnis behalten, was sich nun als großer Vorteil erwies.

Jarosch gefiel es. »Ich sehe schon, wir verstehen uns bestens«, lobte er Korber anerkennend. Sein Gesicht hellte sich dabei noch nicht vollständig auf, aber er wirkte zufriedener. »Wenn Sie wollen, können Sie uns einmal in unserem Vereinslokal besuchen«, schlug er vor. »Wir treffen uns jeden ersten Montag im Monat zu einer offiziellen Sitzung. Aber der Kern von uns kommt natürlich weit öfter zusammen. Und gern sind wir bereit, Ihnen bei der einen oder anderen Frage, Ihre Lenau-Biografie betreffend, zu helfen, wenn wir es können.«

»Unsere nächste Sitzung ist ohnedies nächsten Montag«, merkte Baumgartner an.

»Natürlich! Nächsten Montag«, krächzte Benedek.

»Dann darf ich Ihnen gleich die persönliche Einladung übergeben, am Montag bei uns vorbeizuschauen«, sagte Jarosch und drückte Korber eine Adresskarte in die Hand. »Wir würden uns sehr freuen.«

»Ich weiß bloß noch nicht, ob es sich ausgeht«, zögerte Korber.

»Das geht sich leicht aus«, stellte Leopold klar. »Ich sehe da überhaupt keine Schwierigkeiten. Es war doch schon lang dein Wunsch, dich mit richtigen Fachleuten über Lenau zu unterhalten. Das hier ist eine Gelegenheit, die so schnell nicht wiederkommt.«

»Zumindest einen Monat lang nicht mehr«, bestätigte Baumgartner mit todernstem Gesicht.

»Ich werde sehen, was sich machen lässt«, seufzte Korber.

»Ach was! Sie kommen am Montag! Natürlich«, krächzte Benedek.

»Es wäre uns, wie gesagt, eine große Freude«, wiederholte Jarosch. »Wir besprechen die Dinge, die Ihnen am Herzen liegen, Sie können mit unseren Mitgliedern unbeschwert plaudern und informieren uns gleichzeitig ein bisschen genauer über Ihre Biografie. Davon können beide Seiten nur profitieren. Ich bin natürlich schon gespannt, wie sich Ihre Theorien mit unseren Erkenntnissen vertragen.« Noch immer blitzten seine Augen argwöhnisch und sagten mehr aus als die anerkennenden Worte.

Unterdessen hatten sie den Blumenschmuck fertig auf dem Grab verteilt. Benedek machte Jarosch und Baumgartner unmissverständlich klar, dass er jetzt gehen wollte. Jarosch nickte kurz. »Ich bin wirklich sehr gespannt«, wiederholte er herausfordernd in Richtung

Korber. Dann stapften alle drei langsam und bedächtig von dannen. Baumgartner hob noch einmal kurz seinen Hut zum Abschied.

»Das hab ich jetzt davon«, beschwerte Korber sich bei Leopold.

»Du machst das schon«, beeilte der sich, ihn zu beruhigen. »Wir müssen da dranbleiben, da hilft nun einmal nichts. Merkst du nicht, dass die Sache immer seltsamer wird? Der alte Langthaler lässt sich in einem anderen Grab bestatten als sein Sohn und seine Frau! Und das ist sicher noch nicht die letzte Merkwürdigkeit in der Geschichte!«

Korber schien nicht sehr überzeugt zu sein. Beide machten einen letzten, ehrfürchtigen Blick auf Langthalers letzte Ruhestätte. Daraufhin entfernten sich auch sie.

9

Der Spielmann dem Jäger die Fiedel reicht,
Der Jäger die Fiedel gewaltig streicht.
Bald wogen und schwinden die scherzenden Töne
Wie selig hinsterbendes Lustgestöhne.

(Aus Lenau: Faust)

Man konnte Frau Heller die Spannung deutlich an ihrem Gesicht ablesen. Sie war so unruhig und nervös wie selten zuvor in ihrem Leben. Deshalb wurde auch der genaue Einsatzplan für den Liederabend eine Stunde vorher mit Leopold, Herrn Heller und Tochter Doris genau besprochen. Ein Klingelzeichen von der Theke sollte ankündigen, dass noch schnell eine letzte Runde Getränke vor Beginn der Veranstaltung bestellt werden konnte, ein weiteres einige Minuten später zeigte dann den unmittelbar bevorstehenden Beginn der Darbietung an. Außerdem wurde Leopold gebeten, dezent alle Sitzplatzreservierungen zu kontrollieren.

Die meisten Leute befanden sich ohnehin noch nicht auf ihren Plätzen, sondern stellten sich nach ihrem Eintreffen zunächst um die Theke herum, wo sie rauchen und sich ungezwungen unterhalten konnten. Innerhalb kürzester Zeit bildete sich hier eine beachtliche Traube von Menschen, die es immer schwerer machte, sich einen Weg in

130

den hinteren Teil des Cafés, wo das Konzert stattfand, zu bahnen. Die logische Folge war, dass die meisten Neuankömmlinge zunächst ebenfalls im Thekenbereich stehen blieben, und die Traube somit größer und größer wurde. Das sorgte natürlich für ein ungeahntes Durcheinander und trieb Frau Heller den Schweiß auf die Stirn. Aber niemand außer ihr schien es offenbar für ein Problem zu halten. Schließlich war der Liederabend in erster Linie ein Floridsdorfer gesellschaftliches Ereignis, wo die Wichtigkeit darin bestand, einander zu sehen und gesehen zu werden.

Während Frau Heller vorn lautstark versuchte, eine Art Rettungsgasse bilden zu lassen, die einen schnelleren Durchzug des Servierpersonals und der Leute, die nicht bloß herumstehen wollten, ermöglichen sollte, hatte Klothilde Gattermann im hinteren Bereich ein anderes Problem. Sie war in einen heftigen Disput mit den Mitgliedern der Gruppe ›Goldener Wienerschmerz‹ verwickelt, die gerade ihre Instrumente stimmten.

»Ich muss mich vor meinem Auftritt noch einsingen«, forderte sie.

»Von mir aus. Aber jetzt sind einmal wir dran, gell? Wir spielen ja auch als Erste«, kam es ihr nicht gerade freundlich vom Gitarristen entgegen. »Das heißt, singen können S' jederzeit, wenn Sie unser Geklimper nicht stört. Aber verjagen S' uns bloß die Zuhörer nicht.«

»Es ist ein Skandal! Überall, auf jeder Bühne, gibt es einen Raum, wo man sich stimmlich vorbereiten kann, nur in diesem Kaffeehaus nicht«, klagte Klothilde.

»Die eigene Stimme hat man doch im Griff. Nur die Instrumente machen manchmal, was sie wollen, wenn man sie nicht beizeiten ein wenig zurechtbiegt«, meinte der Gitarrist gleichgültig.

»Sie haben keine Ahnung«, fuhr ihn Klothilde an. »Die Stimme ist das feinste Instrument, das es gibt. Man muss sie täglich, ja beinahe stündlich in Form halten.«

»Wissen Sie was«, meldete sich jetzt der Chef der Band, Harmonika- und Geigenspieler Vickerl Katzian, zu Wort. »Ich sage Ihnen jetzt einmal, wie's meiner Stimme geht, nämlich ziemlich oasch. Wir haben gestern Abend auch gespielt, lang gespielt, und noch länger gesoffen. Vielleicht hören Sie's. Es ist so, wie wenn man in einen Blechhefen hineinbellt. Ich bin auch noch ein bisserl müde. Dafür hab ich schon ein ganzes Packerl Zigaretten geraucht. Und heute singe ich wieder, ohne besondere Vorbereitungen. Ich nehme mir nur ein kühles, blondes Bier für die Kehle. Das wirkt immer.« Er nahm seine Flasche, die er auf dem Podium stehen hatte, zur Hand und prostete Klothilde damit zu.

»Sie werden ja durch ein Mikrofon verstärkt. Außerdem ist es bei Ihrer Art von Musik ohnehin egal, wie Sie die Töne treffen. Wie ich gehört habe, handelt es sich um ganz triviale Schunkellieder. Ich hingegen singe unter anderem aus dem Zyklus ›Winterreise‹ von Franz Schubert«, ließ Klothilde nicht locker. »Ich werde nach vorn zu Frau Heller und Herrn Wondratschek gehen und mich bei ihnen beschweren. Die werden dann schon bestimmen, wer wann wo was darf. Herr Eichinger dürfte sich auch um die Theke herum aufhalten. Es ist schlichtweg ein Wahnsinn, was sich dieser Mensch herausnimmt. Er sollte doch bei mir sein und auf meine

Anordnungen warten. Stattdessen rennt er mir dauernd davon!«

»Der Arme! Wahrscheinlich ist er vor Ihnen geflüchtet«, schüttelte Katzian den Kopf.

»Oder er telefoniert, so wie immer«, lästerte der Gitarrist. »Da dürfen Sie ihn nicht dabei stören.«

Aber Klothilde Gattermann war bereits dabei, sich zielstrebig durch die Menge zu arbeiten. Leopold fiel ein Stein vom Herzen. Er war gerade dabei, sicherzustellen, dass mit den Sitzplatzreservierungen alles in Ordnung ging. Da konnte er eine hysterische Sopranistin nicht brauchen. Wenn sie ihren Auftritt hatte, musste er ihr Gekreische ohnehin im Zuge seiner Arbeit erdulden. Das war mehr, als man von ihm verlangen durfte.

Natürlich hatte er bei seiner Kontrolle in erster Linie dafür gesorgt, dass Erika Haller ein schönes Plätzchen bekam. Ganz heimlich hatte er ihr Kärtchen mit einem anderen getauscht, ohne dass es jemandem aufgefallen wäre. Ob sie wohl kommen würde? Sicher, sonst hätte sie es ja nicht versprochen …

Jetzt kam allerdings jemand anderes an den Billardtischen vorbei, sichtlich bemüht, das Getümmel am Eingang und bei der Theke rasch hinter sich zu lassen. Ein breitkrempiger Sombrero erhob sich über der Menge. Oberinspektor Richard Juricek war eingetroffen, seine Gemahlin an seiner Seite. »Ah, Servus, Leopold«, grüßte er jovial. »Darf ich dir meine Gattin Hannelore vorstellen? Wo dürfen wir uns denn hinsetzen?«

»Küss die Hand, gnä' Frau«, lächelte Leopold verlegen und deutete eine Verbeugung vor der kleinen, zarten

Frau an. »Ist vielleicht unter einem anderen Namen …? Ich meine, ich habe kein Kärtchen gefunden, wo du draufstehst, Richard.«

»Nein, es ist unter keinem anderen Namen etwas reserviert worden«, klärte Juricek ihn auf. »Ich wusste ja bis zuletzt nicht, ob ich Zeit habe oder dienstlich verhindert bin. Nun, ich habe Zeit, und du kennst ja meine Liebe zur Musik. Das Konzert ist zwar nicht ganz meine Richtung, dafür ist es die erste Veranstaltung in eurem lieben Kaffeehaus. Das kann ich mir doch nicht entgehen lassen. Also: Wo dürfen wir uns hinsetzen?«

»Wir sind ausreserviert, Richard«, gestand Leopold. »Bis auf den letzten Platz.«

»Jetzt hör einmal: Du wirst mich doch nicht hier hinauswerfen lassen, vielleicht gar die Polizei verständigen, wenn ich darauf bestehe, zu bleiben? Ich habe soeben eine großzügige Spende abgegeben, und du wirst jetzt alles so arrangieren, dass sich Hannelore und ich das Konzert in Ruhe anhören können. Die Leute müssen eben ein wenig zusammenrücken. Das wird doch nicht so schwer sein.« Plötzlich hatte er einen 10-Euro-Schein in der Hand. Der Gitarrist blickte kurz von seinem Instrument auf. Sofort schaute er schamhaft wieder weg, wie wenn er ein verliebtes Pärchen beim zärtlichen Liebesspiel erwischt hätte.

Ohne viel Federlesens steckte Leopold den Schein ein und gab Doris Heller Zeichen, dass noch zwei Sessel gebracht werden sollten. »Ich werde euch da neben Erika Haller setzen«, überlegte er. »Da habt ihr auch noch ein Eck von dem Tisch hier. Du weißt aber, dass das nicht ganz legal war, Richard?«

»Was legal ist und was nicht, lass mir als Polizist lieber meine Sorge sein«, belehrte Juricek ihn. »Außerdem würde ich an deiner Stelle das Wort ›legal‹ besser nicht in den Mund nehmen, wenn ich so an einige deiner Aktivitäten zurückdenke. Apropos: Du bist ja schon wieder hinter etwas her, stimmt's?«

»So kann man das nicht sagen, lieber Richard«, wehrte Leopold bescheiden ab. »Es gibt derzeit nichts, hinter dem ich her sein könnte. Ein Stammgast von uns ist abgängig, und seine Mutter macht sich Sorgen, das ist alles. Ich höre mich nur ein bisschen um und versuche, die alte Dame zu beruhigen.«

»Etwa jene Dame, die heute bei uns im Kommissariat angerufen und sich erkundigt hat, ob wir einen Anzug gefunden haben, der ihrem toten Bruder gehören könnte? Hat ziemlich wirr dahergeredet, aber ich wusste schon von Bollek Bescheid. Sie ist dann auch vorbeigekommen und hat bestätigt, dass es sich um den Anzug handelt, der ihrem Bruder, einem gewissen Hannes Langthaler, ins Grab mitgegeben wurde. Dann war sie ziemlich fertig. Aber Abgängigkeitsanzeige wollte sie keine machen.«

»Ich glaube, ihr Mann und ihr zweiter Sohn Horst setzen sie diesbezüglich unter Druck.«

»Und ich glaube, du hast deine Nase schon wieder sehr tief in dieser Angelegenheit drin stecken. Aber im Augenblick ist mir das sogar recht«, zeigte sich Juricek nicht unzufrieden. »Mir sind nämlich derzeit die Hände gebunden. Ich kann es mir nicht leisten, einer bloßen Vermutung wegen ermitteln zu lassen, schon gar nicht bei den Personalkürzungen der letzten Zeit. Deshalb würde ich dich bitten, deine Augen weiterhin offen zu halten.«

»Bitten?« Leopold konnte sein Glück gar nicht fassen.

»Ja, aber diskret, Leopold! Fall nicht gleich wieder überall mit der Tür ins Haus. Gib dich nirgendwo als Polizeibeamter aus. Berufe dich in keinem Fall auf mich! Und das Wichtigste: Wenn du etwas von Bedeutung in Erfahrung bringst, verständige mich bitte. Keine Geheimniskrämereien! Sonst machst du mich ernsthaft böse!«

»Richard, wann habe ich denn jemals …«

Juricek setzte zu einer Replik an, ließ es dann aber doch bleiben. »Schon gut, reden wir nicht mehr darüber. Ich bin ja schließlich wegen des Konzerts gekommen. Sag, heißt das Herumgekritzel auf dem Plakat, dass die Gattermann jetzt als Zweite singt?«

»Ja, leider! Sie hat's erzwungen«, teilte Leopold ihm mit. »Diese Frau hat eine furchtbare Art und eine noch furchtbarere Stimme. Wenn heute ein Mord geschieht, dann sicherlich an ihr.«

»Komm, verschrei's nicht«, bat Juricek ihn. »So furchtbar ist die Dame, glaube ich, gar nicht. Sie spürt nur, dass sie älter wird und nichts dagegen machen kann. Das lässt viele Künstlerinnen ihre Fassung verlieren. So, und jetzt bring uns bitte zwei schöne Schalen Melange mit Schlagobers und zwei Stück von eurem Zwetschkenkuchen.«

»Bitte sehr, bitte gleich!« Mit einer eleganten Kehrtwendung steuerte Leopold die Theke und den Eingangsbereich an, aus dem ihm bereits ein großer Schwung von Gästen entgegenkam, um sich auf ihre Sitzplätze zu begeben. Es wurde langsam ernst. Jetzt musste es hurtig gehen, damit jeder noch ein Getränk für den ersten Teil der Vorstellung vor sich stehen haben konnte. Leopold mochte es, wenn viel zu tun war und die Zeit im Nu verflog. Er schätzte es jedenfalls weit mehr, als sich nachher die musikalischen Darbietungen anhören zu müssen. Und zusammen mit Doris Heller, die ihn immer wieder durch ein Lächeln aufmunterte, ging ihm die Arbeit leicht von der Hand, so leicht, dass er beinahe Erika Haller übersah, als sie plötzlich vor ihm stand. »Hallo, Leopold. Bin ich zu spät?«, grüßte sie ihn.

»Nein, überhaupt nicht. Gerade richtig ... rechtzeitig, meine ich«, stammelte er. Schon wieder überfiel sein Sprachzentrum eine merkwürdige Lähmung.

Jetzt war auf einmal auch Frau Heller da und nahm ihm das Tablett ab. »So stehen Sie nicht tatenlos herum«, forderte sie ihn auf. »Helfen Sie der Dame aus dem Mantel und führen Sie sie zu ihrem Platz. Mein Gott, aus Ihnen wird wohl nie ein Kavalier.«

Leopold lief puterrot im Gesicht an. So ungeschickt hatte er noch nie eine Dame von ihrem Mantel befreit. Seine Hände waren dabei ganz feucht und klebrig. Aber Erika Haller schien es zu gefallen. »Dankeschön«, lächelte sie ihn an.

»Ich habe Sie zu meinem alten Schulfreund, Oberinspektor Juricek, gesetzt, Sie stehen heute Abend also quasi unter Polizeischutz«, informierte er sie.

»Sie tun ja so, als ob ein Mord geschehen könnte«, entgegnete Erika schelmisch.

»Man kann nie wissen«, äußerte Leopold kryptisch.

»Den Platz haben Sie jedenfalls wirklich gut ausgesucht. Ein bisserl eng, aber dafür sieht man ausgezeichnet. Ich danke Ihnen. Darf ich mich mit einem Getränk revanchieren?«

»Ich bitt' Sie, das habe ich doch gern gemacht. Wenn Sie allerdings nachher noch Zeit für ein kleines Plauscherl hätten …«

»Liebend gern! Aber paschen Sie mir ja nicht wieder ab wie beim letzten Mal!«

»Bestimmt nicht«, versprach Leopold, und in seinen Augen lag so etwas wie ein Ausdruck von Glückseligkeit.

»Und verdursten lassen wollen Sie die Dame jetzt auch?«, hörte er da wieder Frau Hellers gebieterische Stimme. »Seit wann muss man Ihnen denn alles sagen wie einem frisch g'fangten Piccolo?«

»Ich hätte gern einen Tee mit Zitrone«, half ihm Erika Haller aus der Patsche. Mein Gott, wie verwirrt er doch war und konnte sich gar nicht erklären warum.

Dann ging alles sehr schnell. Die Glocke läutete zum ersten Mal. Die letzten Bestellungen wurden aufgegeben. Die Gruppe ›Goldener Wienerschmerz‹ nahm auf der Bühne Aufstellung. Geli Bauer und Thomas Korber huschten gerade noch vor dem Beginn zur Tür herein. Dann ertönte das zweite Klingelzeichen.

Just in diesem Augenblick kam eine verzweifelte, völlig aufgelöste Klothilde Gattermann händeringend nach hinten gelaufen. »Mein Pianist ist verschwunden«, zeterte sie. »Mein Klavierspieler ist weg. Was mache ich jetzt bloß? Was mache ich jetzt bloß?«

*

Frau Heller nahm Klothilde Gattermann zu sich hinter die Theke und versuchte, sie zu beruhigen. Wondratschek ahnte zwar, dass Komplikationen für den weiteren Verlauf des Abends nicht auszuschließen waren, ließ sich aber nichts anmerken und hielt eine kurze, feurige Eröffnungsrede, in der er auf die langjährige Verbindung zwischen Kultur und Kaffeehaus hinwies und betonte, dass über Floridsdorf in der nächsten Zeit eine wahre Flut an künstlerischen Darbietungen hereinbrechen werde, die natürlich allesamt im Café Heller stattfinden würden. Er wünschte allen Zuhörern noch einen vergnüglichen Abend und überließ die Bühne dann der Gruppe ›Goldener Wienerschmerz‹.

Die hatte ihr Publikum von Anfang an fest im Griff. Sie begann mit Klassikern wie dem ›Hobellied‹ aus Ferdinand Raimunds ›Verschwender‹ oder Gustav Picks ›Fiakerlied‹ und arbeitete sich schrittweise zum neuen Wiener Liedgut zum Thema Tod vor. Das sentimentale ›Heite drah i mi ham‹ von Wolfgang Ambros entzückte ebenso wie die makabre ›Anleitung zum Selbstmord‹ von Georg Danzer. Die Zuhörer gingen begeistert mit, während sich Klothilde Gattermann ob ihres abhandengekommenen Herrn Eichinger an der Theke mit einem Stamperl Marillenschnaps, dem das Ehepaar Heller eigens für diese Veranstaltung den schönen Namen ›Sargnagerl‹ verpasst hatte, tröstete. Als nach einer knappen Stunde ›Es lebe der Zentralfriedhof‹ von Wolfgang Ambros angestimmt wurde, konnte auch sie nicht verhindern, dass der gesamte Zuschauerraum mitsang. Sie wandte sich nur mit Verachtung ab und begrub ihr Gesicht in den Händen.

Dann die Draufgabe: Das alte Wienerlied ›Wenn i amal stirb‹ wurde langsam und tragend begonnen:

»Wann i amal stirb, stirb, stirb,
solln mi di Fiaker trag'n
und dabei Zither schlag'n.
Weil i des liab, liab, liab.
Spielt's an' Tanz laut und hell,
allweil fidel!«

Der eintönige Rhythmus setzte sich in den Ohren fest. Es schien jedem, als ginge er bei einem großen Leichenzug irgendwo hinterher, angesteckt von der Lähmung und Trauer, die sich von vorn, von den ersten Angehörigen weg, über den gesamten Kondukt ausbreitete. Durch die dumpfe Regelmäßigkeit des Taktes war die Zeit wie aufgehoben, und man fühlte sich der Ewigkeit um einen Schritt näher. Aber dann kam der Bruch: Die Geige startete ein irrwitziges Solo, ehe nach und nach die anderen Instrumente wieder einsetzten, erst leise, beinahe unhörbar, dann immer lauter, eindringlicher, angetrieben vom Schlagzeug. Die dritte Strophe wurde angestimmt:

»Madln von Wien, Wien, Wien,
werd'n in der Trauer gehen,
und um die Bahr' dasteh'n
Er ist dahin, -hin, -hin.
Der Geist war, meiner Seel',
allweil fidel!«

Plötzlich schwebte die Melodie im ¾-Takt dahin, es war ein richtiger Walzer geworden. Der imaginäre Trauerzug verwandelte sich in eine heitere Festgesellschaft. Die Band begann, mit großer Spielfreude zu improvisieren. Schneller und schneller wurde die Musik. Einige Paare suchten sich ein freies Platzerl und begannen bei den Billardtischen zu tanzen. Keine Gedanken wurden mehr an das Sterben verschwendet. Es war jetzt eine ausgelassene Feier, bei der jeder mitmachte, egal ob man sich im Kreis drehte, schunkelte, oder einfach nur im Takt klatschte.

Erst nach einer Weile kam der Schlussakkord, dann tosender Beifall. Kein Zweifel: Wieder einmal hatten die Wiener mit vereinten Kräften den Tod besiegt.

Nach dieser gewaltigen Anstrengung strömte die Menge erneut in Richtung Theke, um sich zu stärken. Klothilde Gattermann kämpfte dort gerade bei einem zweiten Sargnagerl gegen ihre Verzweiflung an. Noch immer gab es kein Lebenszeichen von Gottfried Eichinger. »Nicht einmal am Handy meldet er sich«, schluchzte sie ungeniert in ihr Glas hinein. »Hat sich denn alles gegen mich verschworen?«

Frau Heller hatte aufgrund des Ansturms keine Zeit, in diese Klagerufe einzustimmen, war aber zumindest ebenso verzweifelt. Wie sollte der Abend denn weitergehen? Was dachte sich dieser Eichinger eigentlich dabei? Sie hatte mit allerlei Schwierigkeiten gerechnet, doch nicht mit solchen. Wenn sie die Veranstaltung abbrechen musste – und es sah ganz danach aus – was sollte sie dann ihrem Publikum sagen?

»Also ich glaube nicht, dass wir uns großartige Sorgen machen müssen«, flüsterte Wondratschek ihr zu. »Wir haben keinen Eintritt verlangt, nur eine freie Spende. Niemand kann sich bei uns beschweren oder sein Geld zurückverlangen.«

»Aber eine schlechte Nachrede werden wir haben«, zischte Frau Heller. »Die Leute werden sich das merken und bei unseren nächsten Events ausbleiben.«

»Das muss nicht sein«, beschwichtigte Wondratschek sie nervös. »Das muss überhaupt nicht sein.«

»Ich will mich ja nicht einmischen«, merkte ein bereits recht gut gelaunter Gast an. »Aber man kriegt ja mit, was sich so hinter den Kulissen abspielt. Die alte Gattermann schafft's wohl nicht mehr auf die Bühne, was? Mich stört das überhaupt nicht und die meisten anderen von uns auch nicht. Wenn sie jetzt mit ihrem klassischen Singsang anfängt, schlafen wir sowieso alle ein. Das war ein tolles Konzert. Jetzt wollen wir noch ein bisschen plaudern und dabei etwas trinken.«

»Na sehen Sie«, hellte sich Wondratscheks Gesicht wieder auf.

»Mir persönlich ist es ja egal, ob es weitergeht oder nicht«, informierte Leopold seine Chefin. »Aber die Gäste fragen schon. Ich denke, man sollte ihnen sagen, ob noch etwas kommt.«

»Du musst jetzt eine Entscheidung treffen, Mama«, drängte Doris Heller.

Schweren Herzens fügte sich Frau Heller ins Unvermeidliche. Herr Wondratschek wurde von ihr um eine kurze Durchsage gebeten, die den Ausfall des zweiten

Konzertes ›aus nicht vorhersehbaren Umständen‹ ankündigte. Ein Gratisgetränk pro Gast sollte die Zuschauer über den entgangenen Kunstgenuss hinwegtrösten.

Leopold betrachtete diese Entwicklung hingegen mit Wohlwollen. Er war nun nicht gezwungen, Klothilde Gattermanns Stimme zu lauschen und durfte, wie es aussah, weiterhin fleißig Getränke ausschenken, was viel mehr nach seinem Geschmack war. Da spürte er plötzlich eine starke, ihm bekannte Hand auf seiner Schulter. Richard Juricek stand hinter ihm, den Sombrero bereits wieder auf seinem Kopf. »Ich bin sicher, dass hier jetzt noch einiges los ist. Leider kann ich nicht länger bleiben«, teilte er ihm mit. »Ich habe soeben einen Anruf erhalten. Ein Mann ist ermordet worden. Und weißt du wo? Vor dem Jedleseer Friedhof!«

10

Ohnmächtig ist und elend auch die Schar,
Wenn jeder einzle aller Weisheit bar.

(Aus: Lenau, Faust)

Das jähe Ende der Darbietungen störte eigentlich niemanden. Man packte die Gelegenheit beim Schopf, noch ein wenig zu verweilen und den Abend gemütlich gemeinsam ausklingen zu lassen. Klothilde Gattermann freilich beruhigte sich erst, als ihr Wondratschek einen Soloabend in der Adventzeit zusicherte. »Da können Sie sich auf Ihren Auftritt dann vorbereiten, solang Sie wollen«, versicherte er ihr. »Wir werden unsere Türen erst öffnen, wenn Sie bereit sind, Gnädigste.«

Thomas Korber und Geli Bauer machten einen unentschlossenen Eindruck. Es sah ganz so aus, als wüssten sie nicht, ob sie gehen oder bleiben sollten. Korber hätte gern noch ein Bier getrunken, aber Geli schien das nicht sonderlich zu gefallen. Sie hatte Angst, er könnte picken bleiben, er fürchtete wiederum, die traute Zweisamkeit könnte ihn persönlich zu sehr einschränken. »Setzen wir uns doch noch ein wenig zusammen«, bat sie da schließlich die hinzugekommene Hannelore Juricek. »Wir kriegen ja etwas gratis. Und so schnell gehe ich jetzt ohnehin nicht nach Hause in die leere Wohnung.«

Offensichtlich war das für alle die beste Lösung, und so nahm man an einem der Fenstertische Platz. Korber kam zu seinem Bier, Geli bestellte eine Melange und Frau Juricek ein Achtel Rotwein. »Wenn mein Mann zu einem Mordfall gerufen wird, kommt er meistens spät heim«, erklärte sie anschließend. »Ich schlafe schon, und er weckt mich auf. Dann erzählt er mir alles bis ins kleinste Detail, auch die grausigsten Einzelheiten. Ich kann später natürlich nicht mehr einschlafen, liege wach und sehe nur mehr Leichenteile vor mir.«

»Sie haben es sicher nicht leicht«, zeigte Geli Verständnis.

»Eigentlich bin ich an meiner Situation selber schuld«, gestand Hannelore Juricek ein. »Ich habe ja gewusst, dass er Polizist ist, als ich ihn geheiratet habe. Aber die unregelmäßige Dienstzeit und alles andere fallen einem eben erst auf, wenn man länger beisammen ist. Leider wird es mit der Zeit nicht besser, sondern schlechter. Immer auf Abruf, immer in Bereitschaft. Und er wird zu den unmöglichsten Zeiten geholt: beim Konzert, beim Wochenendeinkauf, wenn wir wieder einmal Verlangen nach einander haben ...«

Geli machte einen strengen Blick zu Thomas hinüber. »Du siehst, ohne vorher zusammenzuleben, kann man keine Entscheidungen über eine eventuelle Heirat treffen«, bemerkte sie. »Man weiß so gut wie nichts voneinander. Drum sollte man sich auch wirklich prüfen, ehe man sich ewig bindet. Sonst erlebt man hernach die größten Überraschungen.«

Korber wusste genau, worauf diese Predigt abzielte.

Geli war der gemeinsame Winterurlaub offenbar zu wenig. Sie wollte mehr, und es machte ihr Spaß, ihn vor anderen Personen darauf hinzuweisen. Das wiederum war überhaupt nicht nach seinem Geschmack. Er suchte nach einer Möglichkeit, vom Thema abzulenken. »Schaut einmal, wie planlos Leopold durch die Gegend irrt«, warf er ein. »Das ist doch nicht zu glauben. Er kann sich überhaupt nicht konzentrieren. Und alles nur, weil irgendwo in der Nähe eine Leiche liegt, und er sie sich nicht anschauen darf, weil er arbeiten muss. Das macht ihn vollkommen fertig.«

Nun war es Leopold sicher nicht gleichgültig, dass er im Augenblick, was den Mord betraf, zur Untätigkeit verdammt war. Auch hätte er gern gewusst, ob es Stefan Renners sterbliche Überreste waren, um die es sich handelte. Denn das würde ja doppeltes Pech für ihn bedeuten: Brigitte Renners Auftrag an ihn würde sich erübrigen, und Juriceks Bitte, sich ein wenig umzuhören, ebenfalls. Er würde dann wieder auf eigene Faust ermitteln und sich damit abfinden müssen, keinerlei Unterstützung zu haben.

Aber andererseits war er das schon gewohnt. Was ihm augenblicklich mehr Kopfzerbrechen bereitete und den wahren Grund seiner Fahrigkeit darstellte, war die Tatsache, dass er keine Ahnung hatte, was er mit Erika Haller anfangen sollte. Der Ausfall der zweiten Hälfte des Konzertes sowie das Offert eines Gratisgetränks hatten zu einem mehr als regen Geschäftsgang geführt, der es ihm zunächst unmöglich machte, sich um Erika zu kümmern. Dabei stand sie so lieb ein wenig abseits, trank einen weiteren Tee mit Zitrone und wartete geduldig auf ihn. Er musste sie irgendwo unterbringen, allerdings ohne auch nur den Schatten eines Verdachts aufkommen zu lassen, sie könne seinetwegen hergekommen sein.

Er winkte sie kurz zu sich, fragte: »Würden Sie noch ein wenig warten? Sie sehen ja, im Moment ist der Bär los!«

»Natürlich«, lächelte sie. »Wenn es Sie nicht stört, dass ich gerade mit meiner Mutter telefoniert habe?«

»Wie bitte? Aber nein«, versicherte er. »Kommen Sie, ich setze Sie jetzt einfach einmal zur Frau vom Oberinspektor, die kennen Sie ja mittlerweile. Die zwei anderen Herrschaften sind auch Bekannte von mir.«

»Der Oberinspektor musste weg, nicht?«

»Ja, ein Mord!« Leopolds Augen blitzten kurz auf. »Eine tragische Sache. Sie haben es beinahe verschrien. Aber kommen Sie nur!« Und schon rang er wieder um die richtigen Worte, stand ihm die Angst vor Entdeckung ins Gesicht geschrieben. »Habt ihr noch ein Platzerl frei für jemanden?«, druckste er umständlich herum. »Es ist eine Frau …«

»Natürlich ist es eine Frau, das sehen wir doch«, lachte Korber, dem das Bier schon ein wenig zu Kopf gestiegen war. Dafür fing er sich auch gleich wieder von Geli einen unsanften Rempler ein.

»… eine Frau Haller«, kam es wie ein Stoßseufzer von Leopold. »Sie ist sehr kulturinteressiert«, war alles, was ihm sonst noch einfiel.

»Nehmen Sie sich einen Sessel. Das geht sich wunderbar aus«, machte Hannelore Juricek eine einladende Geste.

Dann gab es den üblichen Small Talk, ein paar Bonmots machten die Runde, einige Worte wurden über das Konzert und dessen unerwarteten Abbruch verloren. Hannelore wartete noch mit ein paar grausigen Details aus den nächtlichen Berichten ihres Mannes auf. Allmählich verlief das Gespräch allerdings im Sande. Geli Bauer wartete nur mehr darauf, dass Korber mit seinem Bier fertig wurde, und Hannelore bekam plötzlich ebenfalls Sehnsucht nach zu Hause. Schließlich verabschiedete man sich voneinander. Im Nu saß Erika Haller wieder allein da. Die Frage schien nur, wann auch sie aufbrechen würde.

Doris Heller war die Erste, die die Situation erfasste. »Sie müssen sofort zu Ihrer neuen Bekanntschaft gehen, sonst geschieht ein Unglück«, raunte sie Leopold zu.

»Aber ich kann doch nicht einfach alles hinschmeißen und meinen Dienst beenden. Was würde denn Ihre Frau Mama dazu sagen?«

»Das ist im Augenblick wurscht, jetzt rede ich. Es gibt ohnehin kaum mehr Bestellungen, weil die Leute schön langsam gehen. Der große Andrang ist vorüber. Was noch anfällt, erledige ich mit Leichtigkeit. Also setzen Sie sich bitte zu der Dame, die wartet ja darauf. Das ist ein Befehl!«

»Jawohl, Frau Doris!«

Es war einer jener Momente, in denen Leopold erkannte, wie einfach das Leben doch sein konnte. Flugs war er drüben bei Erika Haller. »Schön, dass Sie gewartet haben«, bedankte er sich, während er, immer noch darauf bedacht, möglichst wenig Aufsehen zu erregen, ihr gegenüber Platz nahm.

»Sie hatten ja auch wirklich viel zu tun«, zwinkerte sie ihm zu und machte einen Schluck von dem Rotwein, den sie mittlerweile vor sich stehen hatte.

»Dadurch, dass das Konzert früher aus war, hat der gemütliche Teil danach halt länger gedauert. Wenn andererseits die Gattermann noch gesungen hätte, wären bestimmt alle gleich nach Hause geflüchtet«, erklärte er ihr.

Erika lachte glockenhell auf. »Sie scheinen sie nicht sonderlich zu mögen. Trotzdem wäre ich natürlich auf den Kontrast zum ersten Programmteil gespannt gewesen. Es hat mir aber auch so sehr gut gefallen. Ein bisschen melancholisch und ein bisschen verrückt. Eine gelungene Mischung.«

»Es freut mich, dass es nach Ihrem Geschmack war. Und für unser Geschäft war's letztendlich, trotz aller Unannehmlichkeiten, auch ganz gut.« Mein Gott, was für einen Blödsinn er schon wieder daherfaselte. Er konnte nicht normal reden, wenn er bei dieser Frau saß. Selbst die einfachsten Worte trauten sich nicht aus seinem Mund heraus. »Jetzt habe ich Sie noch gar nicht gefragt, was Sie eigentlich so beruflich machen«, kam ihm die rettende Idee zur Fortsetzung des Gesprächs.

Wieder musste sie lachen. »Haben Sie meine Visitenkarte gar nicht gelesen? Drauf steht es ja! Erika Haller, Schreib- und Papierwaren, Geschenkartikel. Ich habe eine kleine Papeterie im 9. Bezirk, in der Porzellangasse.«

»Eine Papeterie? Sehr interessant. Da muss ich Sie einmal besuchen kommen. Das sind ja nützliche Sachen, davon kann man allerlei gebrauchen«, meinte er anerkennend. Freilich konnte sich Leopold keinen rechten Begriff machen, was es da wirklich alles zu kaufen gab. Er wusste nur, dass die kleinen, hübschen Tragtaschen aus einem solchen Fachgeschäft stammten, in denen er und ein paar Stammgäste zu Weihnachten von der Familie Heller eine Flasche Wein als Geschenk überreicht bekamen.

»Kommen Sie nur«, ermutigte sie ihn. »Ich bin zwar nicht immer da, aber die meiste Zeit. Außerdem haben Sie meine Telefonnummer. Und wir führen nicht nur nützliche, sondern auch sehr schöne Artikel.«

Erneut wollte Leopold etwas sagen, und wieder versteckten sich alle schönen Worte und Phrasen, die er dazu so nötig brauchte, und wollten einfach nicht hervorkommen. Doris Heller schien seine Verzweiflung zu ahnen. Auf einmal stand sie mit einem Glas Rotwein vor ihm. »Das geht auf Kosten des Hauses, das haben Sie sich heute verdient, Leopold«, ließ sie ihn wissen. »Außerdem können Sie nicht so leer dasitzen, Sie haben ja gar nichts zum Anstoßen!«

Anstoßen, einander zuprosten. Natürlich! Als Ober wartete man immer darauf, dass es passierte, und von selbst wäre Leopold niemals darauf gekommen, es zu tun. »Also Prost, liebe Erika. Ich wünsche Ihnen alles Gute«, sagte er und hob sein Glas.

»Nein, nein, so geht das nicht«, wehrte Erika Haller ab. »Wir können uns nicht beim Vornamen nennen und die ganze Zeit über siezen. Hast du etwas dagegen, wenn wir du zueinander sagen, Leopold?«

Er hatte es kommen sehen, dennoch brachte ihn auch diese Situation in Verlegenheit. Als Oberkellner wurde Leopold von jedem, der ihn nur halbwegs kannte, geduzt: »Leopold, bring mir einen großen Braunen, aber rasch, bitte!« – »Hast du eine andere Billardkreide, Leopold? Die da schmiert nicht gut!« – »Was sagst du zu dem garstigen Wetter, Leopold? Das hat's früher nicht gegeben.« – »Leopold, kannst du mir auf die Schnelle mit 50 Euro aushelfen? Nächste Woche kriegst du sie wieder. Übernächste ganz bestimmt.« Es zählte zu den Selbstverständlichkeiten seines Berufes. Es war also nicht persönlich, sondern rein dienstlich. Zu allen Gästen, die ihn auf diese Art zu ihrem Verbündeten machten, bewahrte er den nötigen Abstand und blieb förmlich: »Haben Sie diese Zeitung schon gelesen, Herr Studienrat? Ist gerade frei geworden. Nur das Kreuzworträtsel hat schon einer gelöst.« – »Wie war der Urlaub, Herr Sandner? Was, der Kaffee war schlecht? Na, das kann Ihnen bei uns nicht passieren!« – »Zahlen gewünscht, Frau Professor? Bitte sehr, bitte gleich!«

Leopold hatte eigentlich zu kaum einem Menschen ein derart vertrauliches Verhältnis, dass er ihn selbst duzte – eigentlich nur zu Thomas Korber, Richard Juricek, seiner Tante Agnes Windbichler und einer Handvoll Freunde von früher, die er allerdings so gut wie nie zu Gesicht bekam. Einerseits suchte er eine nähere Beziehung zu Erika Haller, andererseits ging das so rasch, dass es ihm beinahe unwirklich vorkam.

»Nein, überhaupt nicht«, beeilte er sich dennoch zu sagen. »Es ist nur ein bisschen ungewohnt.«

»Dass du ein Gewohnheitsmensch bist, habe ich schon bemerkt«, stellte Erika fest. »Noch etwas fällt mir auf, wenn ich dir das sagen darf: Du verhältst dich mir gegenüber, glaube ich, ganz anders als zu den anderen. Du wirkst viel zurückhaltender, als du es tatsächlich bist. Hat das irgendeinen besonderen Grund? Hat es vielleicht etwas mit mir zu tun?«

»Gar nicht«, stieß Leopold hervor. »Mir fällt es bloß manchmal schwer, hier, wo ich im Dienst bin, quasi außerdienstlich zu sein.«

»Dann müssen wir uns irgendwo treffen, wo du nicht im Dienst bist«, schlug Erika vor. »Ich möchte nämlich dich kennenlernen und keine vollgebremste Version von dir. Und ich möchte auch, dass du dich ganz mir widmen kannst, wenn wir beisammen sind. Oder verlange ich da zu viel?«

Leopold hielt sich an seinem Glas fest und schüttelte entschieden den Kopf. »Ich hab halt nur am Sonntag so richtig frei«, schränkte er dann ein.

»Na wunderbar, ich habe am Sonntag auch frei«, brachte es Erika, die durch den Wein ein wenig aufgekratzt wirkte, auf den Punkt. »Also diesen Sonntag?«

»Das geht«, überlegte Leopold nach kurzem Zögern.

»So, jetzt musst du mir nur noch deine Telefonnummer geben.«

»Haben Sie … Entschuldigung, hast du nicht schon meine Nummer von hier, vom Kaffeehaus?«

»Bist du wirklich so schwer von Begriff?« Das erste Mal lag ein Hauch von Ungeduld in ihrer Stimme. »Erstens: Möchtest du, dass ich dich nur hier erreichen kann? Zweitens: Du arbeitest am Sonntag nicht, also ergibt es keinen Sinn. Ich brauche deine Handynummer.«

Leopold spürte, wie die Schutzhülle, die er jahrelang um sich herum aufgebaut hatte, Zentimeter um Zentimeter eingerissen wurde. Er nahm einen Zettel von dem Wirtshausblock, den er einstecken hatte, und schrieb seine Nummer auf. Dann ging seine Hand mit dem Stück Papier in Richtung ihrer Hand. Beide sahen sich jetzt tief in die Augen, und für ein paar Momente las jeder im Blick des anderen mehr, als alle Worte vorher hatten ausdrücken können. Erika umfasste Leopolds linke Hand und strich zärtlich darüber, ehe sie den Zettel an sich nahm. Es war die unschuldigste Berührung, die man sich vorstellen konnte.

Da öffnete sich die Tür, und Richard Juricek betrat das Kaffeehaus.

*

Juricek ging sofort zur Theke, die nun schon beinahe leer war, und bestellte einen großen Braunen. Er wirkte müde.

»Kommt er gerade von dem Mord?«, wollte Erika Haller wissen.

Leopold nickte.

»Und du möchtest jetzt wohl gern mit ihm darüber sprechen?«

Leopold nickte abermals.

»Dann werde ich euch nicht länger stören. Ich bin mir zwar sicher, dass ich dabei einen ganz anderen, viel lockereren Leopold erleben würde, aber erstens glaube ich, ihr wollt allein sein, und zweitens habe ich morgen

noch einen Arbeitstag. Da möchte ich halbwegs ausge-
schlafen sein.«

Leopold stand zugleich mit ihr auf, wollte etwas Ent-
schuldigendes sagen, kam jedoch nicht dazu. »Es war
ein schöner Abend«, versicherte sie ihm. »Ich hoffe, es
wird ein noch schönerer Sonntag. Gezahlt habe ich übrigens vorhin alles bei der netten Dame.« Sie zwinkerte
ihm noch einmal zu, dann war sie auch schon bei der
Tür draußen.

Ihr Gehen erzeugte in Leopold eine momentane Leere,
die wohl in erster Linie durch das Gefühl hervorgerufen
wurde, sehr nah an etwas dran gewesen und doch nicht
hingekommen zu sein. Juricek ließ ihm aber keine Zeit,
lang nachzudenken. Er hatte aus seinem Augenwinkel
heraus alles verfolgt und setzte sich, kaum dass Leopold
ohne Begleitung war, zu ihm. »Eine Freundin von dir?«,
fragte er neugierig.

»Ich habe die Dame erst vor Kurzem kennengelernt«,
antwortete Leopold ausweichend. »Ich habe ihr halt von
dem Konzert erzählt, und da wollte sie unbedingt her-
kommen und zuhören.«

»Eine sehr nette Frau. Sie könnte sich öfter hier blicken lassen. Lass doch deinen Charme ein bisschen spielen«, schmunzelte Juricek. »Sag, ist Hannelore noch lang
geblieben? Habt ihr euch ein wenig um sie gekümmert?«

»Sie ist noch mit Thomas und Geli zusammengesessen
und mit ihnen aufgebrochen«, gab Leopold Auskunft.
»Ich glaube, sie hat sich gut unterhalten.«

»Ich darf sie heute nicht aufwecken«, nahm Juricek
sich vor. »Sie wird sonst böse. Es ist schon komisch: Wir

reden normalerweise nicht viel miteinander, gerade einmal das Notwendigste. Aber nach einem Mord drängt es mich einfach, ihr alles zu erzählen, bis ins kleinste Detail. Ich sollte mich mehr im normalen Small Talk üben. Vielleicht kannst du mir dabei helfen, Leopold.«

»Ich weiß nicht, ob ich da der Richtige bin«, wehrte Leopold ab. Er musste wieder an seine missratenen Versuche denken, ein Gespräch mit Erika Haller anzuknüpfen.

»Schön! Dann kommen wir also zu dem Verbrechen, das heute Abend stattgefunden hat. Darauf wartest du sicher schon die ganze Zeit«, wechselte Juricek das Thema. »Ein Mann lag bei der Mauer nahe dem Eingang zum Jedleseer Friedhof – erwürgt. Passanten haben ihn entdeckt. Er war höchstens eine halbe Stunde tot. Seine Identität haben wir noch nicht feststellen können. Er war nur mit Hemd und Hose bekleidet und hatte nichts in seinen Taschen.«

Leopold war sofort bei der Sache. Solche Gespräche lagen ihm eben mehr als die Unterhaltung mit einer Frau, wo man nie so recht wusste, wie man es richtig anpacken sollte. »Du glaubst, es besteht ein Zusammenhang mit der anderen Geschichte beim Friedhof und dem Verschwinden von Stefan Renner?«, forschte er.

»Ich glaube einstweilen gar nichts«, betonte Juricek. Er griff in die Innentasche seines Mantels, den er ebensowenig wie seinen Sombrero abgelegt hatte. »Zuerst möchte ich einmal wissen, ob du den Mann kennst. Schau dir diese Bilder genau an.«

Er breitete ein paar Fotos vor Leopold aus. Dessen Gesicht nahm einen erstaunten Ausdruck an. Natürlich kannte er den Toten. Er hatte ihn ja noch vor ein paar Stunden recht lebendig gesehen: die Halbglatze, die Hornbrille, die Hosenträger. »Der Mann heißt Eichinger«, gab er Auskunft. »Gottfried Eichinger. Er ist der Pianist von Klothilde Gattermann, der plötzlich verschwunden ist. Er ist der Grund für den Ausfall ihres Konzerts.«

Juricek nickte. »Ich habe diese Möglichkeit bereits in Betracht gezogen«, ließ er Leopold wissen. »Wann etwa hat er das Kaffeehaus verlassen?«

»Das werden Frau Heller und ihre Tochter Doris besser wissen als ich. Ich war, wie du weißt, die meiste Zeit hinten und habe geschaut, dass die Leute ihre reservierten Plätze finden. Du hast ihn nicht mehr gesehen, als du gekommen bist?«

»Nein. Zumindest ist er mir nicht aufgefallen. Das kann aber auch damit zu tun haben, dass da gerade sehr viele Menschen im Eingangsbereich herumgestanden sind.«

»Es hat im Vorfeld eine Auseinandersetzung zwischen Klothilde Gattermann und den Akteuren vom ›Goldenen Wienerschmerz‹ gegeben, wer sich wann auf das Konzert einstimmen darf«, erinnerte Leopold sich. »Die Gattermann ist dann nach vor gelaufen, um Eichinger zu suchen. Ich weiß bloß nicht, ob sie ihn gefunden hat.«

Juricek winkte Doris Heller zu sich, um zu zahlen. Dabei legte er kurz den Sachverhalt vor ihr dar. Sie erschrak furchtbar, als sie die Neuigkeit vom Tod Eichingers hörte, konnte aber auch nicht sagen, wann er das Kaffeehaus verlassen hatte, da sie sehr viel zu tun gehabt und einfach nicht darauf geachtet hatte. Auch Frau Heller, die neugierig herbeigekommen war, konnte nicht weiterhelfen. »Über diesem Abend ist von Anfang an ein unheilvoller Stern gestanden«, erklärte sie nur knapp. »Es ist traurig, dass so etwas geschehen musste. Vermutlich wird es die kulturelle Entwicklung Floridsdorfs um Jahre zurückwerfen. Ich befinde mich immer noch in einem Schockzustand. So gern ich die Arbeit der Polizei unterstützen würde, so wenige Angaben kann ich zum plötzlichen Verschwinden von Herrn Eichinger machen. Ich weiß nur, dass Frau Gattermann ihn vor dem ersten Act wie wild zu suchen begonnen hat.«

»Wir werden uns auf jeden Fall erkundigen, ob jemand etwas bemerkt hat«, überlegte Doris Heller. Unterdessen wunderte Leopold sich, wie das Wort ›Act‹ in den Sprachschatz seiner Chefin gelangt war. Dann ließen die Damen die beiden Herren wieder allein.

Juricek rekapitulierte: »Hannelore und ich sind etwas nach 19.00 Uhr gekommen. Nehmen wir einmal an, dass Eichinger da schon weg war. Das Konzert hat um 19.30 Uhr begonnen und war gegen 20.45 Uhr aus. Die Leiche wurde kurz vorher gefunden. Die Todeszeit liegt folglich zwischen 20.00 und 20.30 Uhr. Das heißt, dass Eichinger bis zu seinem Tod mindestens eine Stunde unterwegs war. Die Frage ist, wie er zum Jedleseer Friedhof kam und was er dort wollte.«

»Er muss auf jeden Fall ein Auto benutzt haben, wenn er zu seinem Auftritt wieder zurück sein wollte.«

»Hatte er einen eigenen Wagen?«

Leopold zuckte mit den Schultern. »Ich weiß nicht.«

»Wir prüfen das nach und gucken uns die Autos an, die beim Friedhof abgestellt sind. Außerdem werden wir bei den Taxiunternehmen nachfragen, ob es in der fraglichen Zeit eine entsprechende Fuhre gegeben hat. Wenn das nichts bringt, halte ich an meiner ursprünglichen Theorie fest.«

»Dass ihn sein Mörder mit dem Auto mitgenommen hat?«, mutmaßte Leopold. Seine Gedanken kreisten bereits wie wild um Möglichkeiten und Eventualitäten.

»Genau«, bestätigte Juricek. »Ich gehe nicht unbedingt davon aus, dass er beim Friedhof umgebracht worden ist. Es gibt dort praktisch keine Spuren. So, wie der Leichnam dalag, kann er auch aus einem Auto gestoßen worden sein.«

»Weißt du was, Richard? Dieser Eichinger war ein pausenloser Handytelefonierer. Das ist mir schon bei einer Probe hier im Café aufgefallen. Vielleicht hat er den Täter angerufen und sich mit ihm verabredet, oder es war umgekehrt. Dann ist er mit dem Wagen abgeholt worden, was bei dem Wirbel niemandem aufgefallen ist. Möglich, dass er auch vor dem Kaffeehaus auf jemanden gewartet hat.«

»Oder dass er mit einem anderen Gast verschwunden ist, der ihn in weiterer Folge umgebracht hat. Wir werden sehen. Wichtig wäre, zu prüfen, ob auch alle beim ersten Konzert da waren, die dafür Plätze reserviert haben. Kläre das bitte noch einmal mit deiner Chefin ab.« Juricek begann, über seiner leeren Kaffeetasse zu sinnieren: »Derzeit wissen wir einfach noch zu wenig. Wir müssen die nahen Verwandten ausfindig machen und verständigen und mit den Befragungen beginnen. Wir müssen bei der Auswertung der Tatortspuren ins Detail gehen und schauen, ob wir etwas finden, das uns weiterbringt. Eines scheint mir bis jetzt aber keinesfalls erwiesen.« Er schaute Leopold, der neugierig an seinen Lippen hing, skeptisch an. »Ich sehe keinen logischen Zusammenhang zwischen den Ereignissen auf dem Jedleseer Friedhof vom Montagabend und dem Mord heute.«

»Warum nicht?«, protestierte Leopold entrüstet.

»Weil Eichinger dort vielleicht aus einer einzigen Überlegung heraus deponiert worden ist: dass es sich um eine ruhige Gegend handelt, wo im Herbst ab acht Uhr abends auf der Straße nicht mehr viel los ist. Man kann einen Toten hier relativ gefahrlos aus dem Auto werfen.«

»Das kann man in dieser Gegend fast überall, nicht nur vor dem Friedhof.«

»Trotzdem wäre es etwas weit hergeholt, nur mehr Kombinationen in dieser Richtung anzustellen.«

»Richard, du hast mir vorhin mitgeteilt, dass der Tote nur in Hemd und Hose dalag. Er hatte bei uns im Heller aber noch ein Sakko an und ein Mascherl um«, erläuterte Leopold. »Also hat man ihn zum Teil entkleidet. Aus dem Grab des toten Langthaler ist ein Anzug geraubt worden. Da liegt der Zusammenhang doch klar auf der Hand.«

Juricek lächelte. »Das kann Zufall sein. Es ist eine nette Überlegung, aber kein Beweis. Gibt es deiner Meinung nach noch etwas, das uns zu dem Schluss bringen könnte, dass das Verschwinden Stefan Renners, das Fleddern eines Anzuges, das Niederschlagen eines Halbwüchsigen und der Mord an Eichinger denselben Hintergrund haben?«

Jetzt lächelte auch Leopold spitzbübisch. »Natürlich«, antwortete er. »Eichinger war ein Lenaubruder.«

*

Natürlich war das mit Eichinger nur eine Vermutung Leopolds gewesen. Er hatte sie einfach einmal in den Raum gestellt. Es hatte gewirkt. Juricek zeigte sich interessiert und hörte Leopold geduldig zu, als er ihm auseinandersetzte, wer die Lenaubrüder waren und was er über sie wusste. Nur eines verschwieg Leopold dem Oberinspektor, nämlich dass Thomas Korber an der Sitzung dieser Brüder am kommenden Montag teilnehmen würde. Er hielt das für eine lässliche Sünde, und lässliche Sünden wurden einem im Allgemeinen ja verziehen.

Nachdem das Kaffeehaus zugesperrt hatte, fuhr Leopold gleich nach Hause und legte sich schlafen. Er war müde. Doch er konnte in dieser Nacht kaum ein Auge schließen.

Selbstverständlich beschäftigte ihn da einmal der Mord an Eichinger. Hing er wirklich mit dem Verschwinden Stefan Renners und den Lenaubrüdern zusammen? Was, wenn Juricek recht hatte und keine Verbindung irgendwelcher Art bestand: nicht zu Renner, nicht zu den Lenaubrüdern, nicht zu Langthaler und auch nicht zu Jürgen Schleier? Dann war das ein neuer Fall, ganz für sich allein. Juricek war es gewohnt, in mehreren Sachen gleichzeitig zu ermitteln. Leopold hingegen brauchte einen roten Faden, der sich durch die Dinge hindurchzog.

Diesen Faden suchte er nun, aber immer wieder kam ihm etwas dazwischen: das Gesicht und die Gestalt Erika Hallers, die sich vor sämtliche andere Gedanken und Bilder schoben. Sie ließen ihn einfach nicht los. Warum nur stellte er sich dieser Frau gegenüber so ungeschickt an? Hatte es mit den vielen Jahren zu tun, die seine letzte Beziehung mit einem weiblichen Wesen zurücklag? Wahrscheinlich. Er hatte damals das einzige ernst zu nehmende Verhältnis mit einer Frau leichtfertig beendet. Dann waren noch eine Reihe flüchtiger Amouren und kurzer sexueller Beziehungen gefolgt. Aber schließlich hatte er seine wahre Liebe entdeckt: seinen Beruf als Oberkellner in einem Wiener Kaffeehaus.

Das Café Heller war zu seiner Familie geworden. Er kannte jedes Kapitel seiner wechselhaften Geschichte, hatte mit Herrn und Frau Heller Freud und Leid geteilt, ihre Tochter Doris heranwachsen gesehen, hatte Generationen von Gymnasiasten betreut und zu jungen Stammgästen gemacht und miterlebt, wie die alten Stammgäste noch älter wurden und, was sich leider nicht verhindern ließ, mitunter das Zeitliche segneten. Da war in seinem Herzen kein Platz mehr für eine Frau gewesen.

Jetzt brachte er den Mund nicht auf, wenn er dieser Erika Haller gegenüber saß. Wo blieben die Anekdoten, mit denen er am Vormittag die Pensionistinnen unterhielt, wo die kleinen Anzüglichkeiten, die er sich nachmittags den Schülerinnen und Studentinnen gegenüber leistete, wo der gewohnte Charme, mit dem er bei so mancher Mittvierzigerin punktete, die abends auf ein Glas Wein hereinkam? Hatten die Gefühle ihn wirklich so gepackt, dass es ihm die Sprache verschlug? Anscheinend. Offenbar fürchtete er, etwas zu verlieren, das er noch gar nicht besaß.

Leopold schwitzte unter der warmen Bettdecke. In seinen kurzen Träumen befand er sich immer wieder in einer idyllischen Schäferlandschaft, und Erika Haller lockte ihn mit dem Zeigefinger zu sich. »Komm zu mir, Leopold«, rief sie. »Und sei endlich ganz natürlich, so wie du es immer bist. Es ist ja Sonntag, und du bist außer Dienst. Nichts kann uns stören. Gar nichts. So komm doch endlich her zu mir!« Jedes Mal schreckte er dann hoch und bemerkte, dass er noch fürchterlicher schwitzte.

Durfte es so weit kommen, dass ihn eine Frau verrückt machte? Er versuchte, sich die Folgen auszumalen: Er würde seine Lebensgewohnheiten ändern müssen. Das Café Heller würde nicht mehr die herausragende Rolle in seinem Dasein spielen. Und in Mordfällen zu ermitteln, würde bei den anstehenden partnerschaftlichen Pflichten vermutlich ein Ding der Unmöglichkeit werden. Zahlte sich so etwas aus?

Nein, er musste locker bleiben, durfte gar nicht daran denken, was weiter sein konnte. Im Grunde genommen war sein Interesse am weiblichen Geschlecht ohnehin versiegt. Er hatte es gar nicht nötig, sich etwas mit einer Frau anzufangen. Er war glücklich und zufrieden. Zumindest zufrieden war er auf jeden Fall. Also war es besser, sich nichts mit Erika Haller anzufangen, so viel stand für ihn fest.

Hoffentlich ist bald Sonntag, dachte er dann. Noch einmal ließ er Erikas Bild auf einer satten, grünen Wiese vor seinem inneren Auge erscheinen. Daraufhin schlief er endlich wirklich ein, ehe ihn der Wecker zwei Stunden später unbarmherzig aus dem Tiefschlaf aufschreckte.

11

Einst blühtest du im Jugendglanz,
Vom ganzen Dorf gepriesen.
Die schönste Maid am Erntetanz
Dort unten auf der Wiesen.

(Aus: Lenau, Begräbnis einer alten Bettlerin)

Am nächsten Morgen erwachte das Café Heller nur langsam aus seinem Schlummer und ließ sich von den turbulenten Ereignissen der vergangenen Nacht nichts anmerken. Alles stand so da, wie es immer dagestanden war. Die überzähligen Tische und Stühle waren wieder aus dem hinteren Bereich entfernt worden, und auf dem kleinen Podium, das als Bühne gedient hatte, verblieb nur mehr einsam jenes Klavier, auf dem am Vortag ohnehin keiner gespielt hatte.

Die Gäste ließen auf sich warten. Das mochte seinen Grund einerseits darin haben, dass dieser Samstag aufgrund der vorangegangenen schulfreien Feiertage ebenfalls schulfrei war, andererseits erholten sich wahrscheinlich viele Leute von diversen Veranstaltungen und Feiern des Allerseelenfreitags und blieben einfach länger im Bett liegen.

Zunächst setzte der pensionierte Studienrat Klampfer seinen Fuß in die Tür, kramte unschlüssig in den aufliegenden Zeitungen und bestellte eine Melange und ein

Butterkipferl. Dann kam lang nichts bzw. niemand, ehe die ebenfalls nicht mehr ganz taufrische Frau Kandera auf einen Tee mit Zitrone vorbeischaute.

Kaum ein Geschäft, sehr zum Missfallen Leopolds. Er hatte die größte Mühe, wach zu bleiben. Seine Haltung, wenn er, an der Theke lehnend, auf weitere Bestellungen wartete, war dementsprechend lasch, sein Interesse für den angebrochenen Vormittag kaum vorhanden. Frau Heller schien seine Indisposition zu bemerken, war aber viel zu sehr mit ihren eigenen Problemen beschäftigt, um sich dazu zu äußern. »Ich habe in dieser Nacht kein Auge zugetan«, jammerte sie. »Immer wieder hab ich an unser gestriges Konzert denken müssen, an die Zwischenfälle, die Nachricht vom Mord …«

»An den zweiten Act, der nicht zustande gekommen ist«, ergänzte Leopold wie ferngesteuert und gab dabei dem Wort ›Act‹ eine provokante Betonung.

»Genau! Ständig habe ich mich gefragt, ob ich mir so aufwendige Veranstaltungen wirklich auf Dauer antun soll. Derartige Pannen, gegen die ja offenbar kein Kraut gewachsen ist, könnten dem guten Ruf unseres Kaffeehauses dauerhaften Schaden zufügen.«

»Meinetwegen können Sie sofort wieder damit aufhören«, brummte Leopold.

»Schlagen Sie sich das aus dem Kopf, Leopold«, zerstörte Frau Heller sofort wieder alle seine Hoffnungen. »Natürlich machen wir weiter! Nur der Mutlose wirft gleich die Flinte ins Korn. Nebenbei bemerkt hat es den Leuten trotz der gekürzten Vorstellung gefallen, unser Umsatz war sensationell hoch, und die Spendierfreu-

165

digkeit des Publikums so groß, dass wir daraus einen Großteil der Gagen für die Künstler bestreiten konnten. Für das nächste Mal müssen wir eben noch besser gerüstet sein. Da verlässt mir keiner mehr so leicht vor seinem Auftritt das Lokal. Wahrscheinlich haben wir ja ein Adventkonzert mit der Gattermann. Mein Gott, da fällt mir ein, sie muss gestern in der Aufregung ihr kleines Handtascherl bei uns vergessen haben.«

»Handtascherl?« Leopold war sofort wieder munter.

Frau Heller sah ihm tadelnd in die Augen. »Ich errate Ihre Gedanken, Leopold, aber Sie werden jetzt nicht in dieser Tasche herumstierln, auf gar keinen Fall. Das gehört sich nicht. Außerdem habe ich es schon getan. Es ist ein reines Kosmetiktascherl. Es sind nur Sachen drin, mit denen sie sich für ihren Auftritt ein wenig schön machen wollte. Sie ist, wie ich mich erinnern kann, zu mir nach hinten gekommen, um sich zu schminken und noch kurz zu üben. Später war sie mit ihren Nerven völlig herunter, ich musste sie mit ein paar Stamperln ›Sargnagerln‹ wieder ein bisschen aufmuntern. Da hat sie eben das Tascherl vergessen.«

»Kein Wunder«, schüttelte Leopold den Kopf. In Gedanken war er dabei, aus seinen bisherigen Eindrücken ein vorläufiges Bild von Klothilde Gattermann zu entwerfen. Es konnte nicht schaden. Sie war zwar bei Eichingers Ermordung im Kaffeehaus gewesen und schied somit aus dem Kreis der unmittelbaren Mordverdächtigen aus, doch wer wusste schon, ob sie nicht doch ihre Finger im Spiel hatte:

Größe: ca. 168 cm

Alter: etwa 65 Jahre

Aussehen: mollig; wie jemand, der sich ein paar Kilo zu viel angegessen hat und seither ständig erfolglos versucht, sie wieder loszuwerden

Haarfarbe: unbekannt, weil weißblond gebleicht

Gesicht: offenbar von optimistischen Ärzten gestrafft und bearbeitet

Stimme: ein ständiges Ärgernis

Leidenschaften: sich schminken, Schnaps trinken, sich vordrängen, sich beschweren

Potenzial zur Mörderin: als Mittäterin vorstellbar

Wichtigste Frage: War die Hysterie bezüglich Eichingers plötzlicher Abwesenheit vor ihrem Auftritt echt oder nur gut gespielt?

Gerade als Leopold derart seine grauen Gehirnzellen wieder in Schwung brachte, betrat Klothilde Gattermann atemlos das Heller. »Wo ist es?«, japste sie. Leopold drehte sich nach seiner Chefin um, doch sie war nicht mehr da. Er beschloss, seine Chance zu nützen und fragte mit gespielter Unschuld: »Wo ist was, bitteschön?«

»Mein Schminktascherl, mein kleines Necessaire. Ich muss es gestern in der Aufregung hier vergessen haben. Ich benötige es dringend.«

Stimmt, dachte Leopold, als er prüfend in Frau Gattermanns zerfurchtes Gesicht blickte, das noch immer von einigen Sargnagerln und den Prüfungen des Schicksals der vergangenen Nacht gezeichnet war. »Ich werde

Frau Heller gleich danach fragen, sie muss jeden Augenblick kommen«, versuchte er, Zeit zu gewinnen. »Sie haben vermutlich schon vom traurigen Schicksal Ihres Pianisten gehört?«

»Ja, es ist furchtbar«, stöhnte sie.

»Sein Tod geht Ihnen also sehr zu Herzen?«

»Das auch! Aber was glauben Sie, was das für ein Aufwand wird, einen vertrauenswürdigen und verlässlichen Ersatz zu finden? Zuerst hat sich Herr Fekete krankheitsbedingt aus der Musikszene zurückgezogen, und jetzt das! Es geht wirklich an die Grenzen meiner Belastbarkeit!«

»Darf man fragen, wie Sie zu Herrn Eichinger gekommen sind?«, erkundigte Leopold sich vorsichtig.

»Ich hatte damals das Glück, zufällig einen Musikprofessor vom Floridsdorfer Gymnasium zu treffen«, erklärte die Gattermann. »Er hat mich an einen kulturinteressierten Verein verwiesen, dessen Ziel es ist, Absolventen des Gymnasiums zu fördern. Den habe ich kontaktiert, Herr Eichinger wurde mir dort wärmstens empfohlen, und er war dann auch eine tadellose Kraft.«

»Hieß der Verein vielleicht Lenaubrüder?«

»Ich denke, der Name ist gefallen. Ich habe damals jedenfalls mit einem Herrn Jarosch gesprochen. Ach, wo bleibt denn Frau Heller nur? Ich habe wichtige Termine und muss außerdem noch blöderweise eine Aussage auf dem Kommissariat machen.«

»Nur noch ein kleines Momenterl«, blieb Leopold bestrebt, sie hinzuhalten. »Können Sie sich vorstellen, wer das getan hat? Hatte Herr Eichinger Feinde?«

Sie schaute ihn verwundert an. »Ich habe keine Ahnung! Er war mein Pianist, sonst habe ich keinerlei Beziehung zu ihm unterhalten. Er war ein sehr umtriebiger Mensch, hat ständig mit jemandem telefoniert und sich Dinge ausgemacht, das ist das Einzige, was ich weiß. Auf jeden Fall kannte er viele Leute. Einer von denen hat ihn vermutlich umgebracht.«

Klothilde war über Eichingers plötzliches Verschwinden sichtlich bestürzter gewesen, als sie es jetzt über sein Hinscheiden war. »Haben Sie vielleicht bemerkt, wann er sich gestern aus dem Kaffeehaus entfernt hat?«, wollte Leopold wissen.

Wieder kam die Verwunderung, gepaart mit einer gehörigen Portion Misstrauen, in ihr Gesicht. »Was soll diese Fragerei? Ich habe mir so etwas von der Polizei erwartet, doch nicht von einem Oberkellner«, entgegnete sie mürrisch.

»Seien Sie froh, dass ich Ihnen Gelegenheit zum Üben gebe«, beharrte Leopold. »Sie werden schon sehen, da fühlen Sie sich auf dem Kommissariat gleich viel sicherer. Außerdem bin ich von Natur aus neugierig. Das gehört zu meinem Beruf. Also?«

»Ich habe nichts bemerkt«, ließ sich Klothilde zu einer Antwort herab. »Überhaupt nichts. Zuerst war ich hinten, das müssen Sie ja wissen. Als ich Eichinger gesucht habe, muss er schon weg gewesen sein. Ich habe ihn jedenfalls nicht mehr gesehen. Zunächst war es mir wichtig, mich einsingen und mental auf meinen Auftritt vorbereiten zu können. Frau Heller hat meine Erregung bemerkt und war so nett, mir kurzfristig ihre Wohnung als Probenraum zur Verfügung zu stellen. Als ich fertig und Herr Eichinger immer noch nicht da war, hat mich eine Panik ergriffen. Da habe ich erstmals geahnt, dass aus meinem Auftritt nichts wird.«

»Aus Ihrem Act!«

»Wie bitte?«

»Sagt man heute nicht so?«

»Ach was! Es wäre mir wirklich lieber, Sie würden mich jetzt in Ruhe lassen.« Nun erspähten Klothildes überall umherirrende Äuglein die Gestalt Frau Hellers, die sich wieder aus ihrer kleinen Küche näherte. Von da an schenkte sie Leopold überhaupt keine Beachtung mehr. Nach einigen Worten Small Talk nahm sie das heiß begehrte Schminktäschchen aus Frau Hellers Händen in Empfang. Doch das schien noch nicht alles gewesen zu sein. Sehnsüchtig wanderte ihr Blick über das Regal oberhalb der Theke.

Frau Heller begriff. »Ich gebe Ihnen noch eine kleine Stärkung mit für unterwegs«, lächelte sie. Und mit einem kräftigenden, wärmenden Sargnagerl im Magen konnte Klothilde Gattermann den Weg zum Kommissariat antreten.

*

Über zwei Dinge, Gottfried Eichinger betreffend, war sich Leopold nun ziemlich sicher:

Erstens: Klothilde Gattermann hatte Eichinger nicht mehr gesehen. Das hieß, dass er um 19.00 Uhr nicht mehr im Café Heller zugegen gewesen war. Ermordet wurde er zwischen 20.00 und 20.30 Uhr. Es gab also vor seinem Tod noch genügend Zeit, über die nichts bekannt war. Frage: Was hatte Eichinger zwischen 19.00 und 20.00 Uhr getan? Wie und warum hatte er das Kaffeehaus verlassen?

Zweitens: Eichinger war, wie Leopold bereits messerscharf geschlossen hatte, Mitglied bei den Lenaubrüdern gewesen. Er war Klothilde Gattermann über Manfred Jarosch vermittelt worden, somit war die Sache ziemlich eindeutig. Es bestand also ein Zusammenhang zwischen ihm, Hannes Langthaler und Stefan Renner. Frage: Welcher Art genau war dieser Zusammenhang? Was hatte dazu geführt, dass einem kleinen, unscheinbaren Pianisten plötzlich das Lebenslicht ausgeblasen wurde?

Die Haupterkenntnis bestand für Leopold darin, dass es von allergrößter Wichtigkeit war, die Angelegenheit weiterzuverfolgen. Vor allem gab es jetzt endlich etwas, das sich fassen ließ: eine Leiche! Da würden auch die anderen Dinge bald in einem klareren Licht erscheinen. Und wie um ihn in seiner neu aufkeimenden Hoffnung zu bestätigen, ging an diesem langweiligen Samstagvormittag noch einmal die Tür zum Heller auf. Herein trat Brigitte Renner, begleitet von einer Frau, die Leopold nicht kannte.

Leopold begrüßte die beiden Damen. »Ein schönes Platzerl am Fenster wäre noch frei«, schlug er vor.

»Es sind eine ganze Menge Plätze frei. Das Lokal ist ja beinahe leer«, stellte die Begleiterin ungerührt fest. Sie war sichtlich jünger als Brigitte Renner, dennoch wirkte sie weit bejahrter, als es ihrem tatsächlichen Alter entsprach. Ihr Gesicht sah verlebt aus und bot dem Betrachter überdies eine merkwürdige Mischung aus Härte, Gereiztheit und Wehmut. Irgendetwas in ihrem Leben war wohl kolossal schiefgelaufen. Sie nahm Brigitte Renner an der Hand und führte sie zu einem Tisch in der Mitte.

»Das ist Stefans Frau Ulrike«, machte Brigitte Leopold mit ihrer Schwiegertochter bekannt, sobald sie sich gesetzt hatten. »Bringen Sie uns bitte zwei große Braune.«

»Zu meinem Kaffee einen großen Weinbrand«, rief Ulrike Leopold hinterher. Dann zündete sie sich eine Zigarette an. Diese Frau hatte eine Oberfläche wie ein Reibeisen.

Als Leopold mit den Getränken kam, riskierte er trotzdem, sie noch einmal anzusprechen: »Gnädige Frau machen sich wohl Sorgen um ihren Mann?«, fragte er abwartend.

»Sorgen? Dass ich nicht lache«, schleuderte Ulrike ihm grob ins Gesicht. »Es ist bloß so, dass ich endlich einmal Bescheid wissen will: Kommt er wieder? Kommt er nicht? Muss ich mich darauf gefasst machen, ihn noch einmal zu sehen oder doch nicht? Steht mir eine Verhandlung ins Haus, oder bleibt sie mir erspart? Sie wissen vielleicht, dass ich mich von Stefan scheiden lassen möchte?«

Ja, das wusste Leopold mittlerweile. War das vielleicht der Grund für Stefans Verschwinden? Er wollte es nicht so recht glauben. »Hat Ihr Mann in diese Scheidung eingewilligt?«, wollte er wissen.

»Wo denken Sie hin? Soviel ich weiß, hat er sich einen Anwalt genommen. Wenigstens wird er anständig sein und mich nicht anrühren, sollte er jemals wieder zurückkommen. Haben Sie übrigens schon irgendwelche Resultate?«

»Wie soll ich denn?«, stellte Leopold die Gegenfrage. »Von der Familie bekomme ich ja überhaupt keine Unterstützung. Immer heißt es, ich solle mich nicht in private Angelegenheiten einmischen. Aber ein paar Informationen brauche ich schon. Bis jetzt weiß ich nicht einmal genau, was für ein Mensch Stefan war.«

Das wirkte. Zum Ersten waren heute weder Horst noch Philipp Renner anwesend, zum Zweiten steckte in Ulrikes rauer Schale immerhin ein gesprächiger Kern. Sie verzog ihre Lippen zu einem verkrampften Lächeln und begann: »Sie brauchen Auskünfte? Über Stefan? Nur zu gern. Er ist ein Machtmensch. Er akzeptiert nur Leute um sich, die am selben Strang mit ihm ziehen. Wer ihn enttäuscht, wer ihm nicht mehr passt, den lässt er fallen wie eine heiße Kartoffel. Weiters ist es eine Lieblingsbeschäftigung von ihm, anderen Schmerz zuzufügen – körperlich und seelisch.«

Sie machte eine kleine Pause, rauchte, trank, hustete. Dann schaute sie wieder zu Leopold auf und erzählte: »Er hat mich regelmäßig geschlagen, bevor wir Geschlechtsverkehr hatten, ins Gesicht, in den Bauch. Das war seine Art, sich in einen Erregungszustand zu versetzen. Meine kleinen Wehwehchen hat er schnell wieder hingekriegt, er ist ja Arzt. Mein Pech bestand darin, dass es mir am Anfang auch gefiel, aber bald schon nicht mehr. Heute bin ich froh, dass er schon seit geraumer Zeit nichts mehr von mir will. Außerdem muss er aufpassen, wegen der Scheidung und wegen seines Berufes.«

»Das tut mir leid«, rutschte es Leopold heraus.

»Es braucht Ihnen nicht leidzutun. Bringen Sie mir lieber noch einen Weinbrand, Herr Ober.« Ulrike knallte ihr Glas auf den Tisch.

Während Leopold nachschenkte, dachte er an die Billardpartien zwischen den Renner-Brüdern und dass es dabei am Schluss mitunter recht laut zuging. Lag in diesen Auseinandersetzungen nur gespielte Aggressivität, oder war auch Stefans Verhältnis zu Horst von Gewalt geprägt? »Wie verträgt er sich denn mit seinem Bruder?«, wollte er wissen, als er wieder zurück an den Tisch kam.

Brigitte Renner saß da, als wäre sie zur Salzsäule erstarrt. Wahrscheinlich wäre sie am liebsten in der Erde versunken. Ulrike hingegen redete ungeniert weiter: »Die Beziehung ist klarerweise nicht frei von Spannungen. Stefan versucht immer wieder, Horst zu irgendwelchen Freundschaftsdiensten zu überreden, aber Horst bietet ihm meist Paroli. Hin und wieder fliegen auch die Fetzen. Man kann jedoch sagen, dass Horst außer seinem Vater wahrscheinlich der einzige Mensch ist, vor dem Stefan Respekt hat.«

»Sie sagen, zwischen den Brüdern fliegen die Fetzen?«, erkundigte Leopold sich neugierig.

»Jetzt geht das mit den Familiengeschichten schon wieder an«, mischte sich Brigitte Renner ein. »Ich halte das einfach nicht mehr aus.«

»Lass ihn nur, Schwiegermama«, riss Ulrike das Wort gleich wieder an sich. »Der Herr soll sich nur ein richtiges Bild von deinem Sohn machen. Außerdem muss man

ihn darauf aufmerksam machen, wenn er auf dem Holzweg ist. Und er ist auf dem Holzweg, wenn er meint,
dass es nach dem Begräbnis von Onkel Hannes zu einem
Streit zwischen Horst und Stefan gekommen ist, in dessen Verlauf Horst seinen Bruder umgebracht hat. Das
denken Sie doch, oder?«

»Sie müssen schon genau hinhören, gnädige Frau.
Von Umbringen habe ich nichts gesagt. Hingegen halte
ich eine Auseinandersetzung zwischen den beiden Brüdern durchaus für möglich«, goss Leopold Öl ins Feuer.
»Nämlich wegen des Anzugs, den Sie, Frau Renner, als
denjenigen Ihres toten Bruders identifiziert haben. Stefan hat ihn aus dem Grab geholt, weil er sich einen maka-
bren Scherz erlauben wollte. Horst hat dabei nicht nur
nicht mitgemacht und Stefan dadurch vergrämt, sondern
er war durch und durch angewidert von dem Vorhaben,
wollte es vielleicht verhindern ...«

»Sie halten Horst ja doch für einen Mörder. Waren wir
da nicht schon einmal? Ich sage jedenfalls, es ist falsch«,
ließ sich Ulrike nicht beirren und steigerte ihre Lautstärke dabei um eine Spur.

Brigitte Renner wurde die Unterredung sichtlich zu
heiß. Sie hatte ein Stück Papier aus ihrer Handtasche
gefischt und wachelte damit in der Luft herum. »Alles
Larifari«, rief sie. »Hier habe ich die Liste der Begräbnisteilnehmer, soweit sie uns – das heißt Ulrike und mir – in
Erinnerung geblieben sind. Ich würde Sie bitten, zuerst
einmal auf ihr nach Hinweisen zu suchen, ehe Sie sich
in allzu weit hergeholten Vermutungen ergehen. Es war
nämlich ein ganz schönes Stück Arbeit.«

175

Leopold fuhr sich mit der Hand über die Stirn, bedankte sich, nahm die Liste und überflog sie kurz. Alle, die ihn interessierten, standen drauf: Manfred Jarosch, Jakob Baumgartner, Anton Benedek, die ehemaligen Kaffeehausgäste Herbert Falk und Ernst Kasparek, schließlich auch Gottfried Eichinger, wie er es erwartet hatte. »Sie haben alles sehr schön angeführt«, lobte er. »Natürlich interessiert mich da etwas brennend. Wie gut kennen Sie Herrn Eichinger?«

Brigitte Renner machte ein betretenes Gesicht. »Er ging zusammen mit Stefan in die Schule«, antwortete sie knapp.

»Und beide waren bei den Lenaubrüdern?«

Brigitte Renner nickte.

»Ich bitte Sie wiederum, mir genau zuzuhören. Ich habe ›waren‹ gesagt. Denn Herr Eichinger ist gestern unerwartet verstorben. Wissen Sie das schon? Dass er ermordet wurde?«

Brigitte machte ein noch betreteneres Gesicht. Ihr blieb jetzt offensichtlich die Luft weg. Ulrike Renner fasste sie an der Schulter. »Warum willst du es denn nicht sagen? Es ist ja kein Geheimnis«, redete sie ihr zu. »Natürlich haben wir es erfahren. Deswegen sind wir schließlich gekommen und haben die Liste vorbeigebracht. Wir haben uns gedacht, dass sie jetzt noch mehr von Bedeutung ist.«

Leopold ließ sich durch diesen Anflug von Sentimentalität nicht beirren. »Wie war das Verhältnis zwischen Stefan und Eichinger?«, forschte er weiter.

»Nicht gut«, erklärte Ulrike mit steinerner Miene. Es war jetzt unmöglich, irgendwelche Gefühle aus ihrem

Gesichtsausdruck abzulesen. »Eichinger war Künstler, ein Musiker. So einer war für Stefan gerade richtig. Ein feinfühliger Mensch, mit dem man tun konnte, was man wollte, der sich erst wehrte, wenn man ihn zur Weißglut gebracht hatte. Bei der Obduktion werden Sie vielleicht feststellen, dass Eichinger links oben eine Brücke trägt. Die hat Stefan ihm bezahlt. Er hat ihm auch den Zahn ausgeschlagen. Das war in seinen wilden Jugendjahren, jetzt kann er sich so etwas nicht mehr leisten. Seitdem sind sich die beiden aus dem Weg gegangen und haben sich nur mehr bei den Treffen im Verein gesehen – gezwungenermaßen.«

So war das also. Dieser Stefan Renner war ein ziemlicher Grobian, der dachte, er könne alles zu seinen Gunsten regeln: zuerst mit Gewalt, nachher mit Geld. Ein schlagfertiger Augenarzt. Einmal etwas Neues. »Ich kann schon wieder Ihre Gedanken lesen«, machte sie Leopold aufmerksam. »Jetzt denken Sie, Stefan hat Eichinger ermordet. Sie haben recht, es wäre ihm durchaus zuzutrauen. Aber erstens sind seine wilden Zeiten, wie gesagt, vorüber, und zweitens wurde Eichinger erdrosselt, nicht wahr? Das wäre nicht Stefans Handschrift. Er hätte ihn erschlagen.«

Ist es die Handschrift einer Frau?, fragte Leopold sich. Um jemanden etwa mit einer normalen Schnur zu erwürgen, war das Überraschungsmoment wichtig, sicher auch Technik und Entschlusskraft. Die Kräfte einer Frau würden, wenn alles andere zutraf, wohl ausreichen.

Brigitte Renner war jetzt auf dem Sprung zum Gehen. »Das Einzige, was ich mir wünsche, ist, dass die Sache halbwegs gut ausgeht«, formulierte sie kryptisch.

»Ich habe längst die Illusion verloren, dass etwas gut ausgehen kann, in dem seit jeher so wenig Gutes gewesen ist«, stellte Ulrike Renner illusionslos fest. »Worin soll das Gute denn bestehen? Dass Stefan wieder auftaucht? Dass er nicht mehr wieder kommt? Oder dass er gestorben ist? Ich möchte nur sobald wie möglich wissen, *wie* es ausgeht, damit ich mich danach richten kann. Außerdem möchte ich zahlen!«

»Eine Frage noch, wenn Sie erlauben.« Leopold wandte sich jetzt wieder an Brigitte Renner. »Weshalb hat sich Ihr Bruder hier in Wien begraben lassen?«

»Er hat den Friedhof in Stockerau, das Grab und alles rundherum nur mehr gehasst«, sagte sie, während sie sich von ihrem Platz erhob. »Er wollte lieber hier liegen, wo ich auch ab und zu hinkommen kann. Schließlich habe ich mich jahrelang um ihn gekümmert. Sonst noch etwas?«

»Ja! Hat er das Grab seiner Frau und seines Sohnes oft besucht?«

»Nie!«

»Dürfte ich Sie bitten, mir zu sagen, wo dieses Grab liegt?«

Darauf reagierte Brigitte Renner mit einiger Verwunderung. Dann schrieb sie Leopold aber doch alles auf einem Zettel auf. Inzwischen kam Thomas Korber mit einem »Grüß Gott allerseits« zur Türe herein, deutete dabei den beiden Damen gegenüber eine kurze Verbeugung an und stellte sich an seinen gewohnten Platz an der Theke.

*

Zwei waren gegangen, einer war gekommen. Der Samstagvormittag ließ sich für das Café Heller immer noch müde an. Dafür hatte Leopold jede Menge Zeit, sich mit seinem Freund Korber ein wenig zu unterhalten. »Na, Thomas, was machst du denn heute schon da?«, wollte er wissen. »Diesen Samstag ist ja aufgrund der Feiertage gar keine Schule.«

»Das stimmt allerdings«, grummelte Korber. »Aber der Schulbetrieb ist nicht unbedingt die Voraussetzung, wenn man ein Bier trinken will.«

Oh je, der Herr war schlecht aufgelegt. Er sah auch ein wenig übernächtig aus. Alkoholisiert erschien Korber Leopold nicht, aber gereizt, als habe er während der Nacht kaum ein Auge zugetan. Zeit zum Rasieren hatte er offenbar auch nicht gehabt. Kleine, aber auffällige Bartstoppeln sprossen munter auf seinem Kinn.

»Ein Bier, noch vor dem Mittagessen? Was wird denn deine Geli dazu sagen?«, wunderte Leopold sich.

»Gar nichts. Noch leben wir nicht zusammen.« Korber hob, um die Bedeutung dieser Tatsache zu unterstreichen, den Zeigefinger seiner rechten Hand.

»Jetzt geht also das wieder an«, schüttelte Leopold den Kopf. »Haben wir zum x-ten Mal Panik vor dem Verlust der großen Freiheit?«

»Ich habe überhaupt keine Panik«, kam die Antwort. »Mir geht nur in letzter Zeit alles furchtbar auf die Nerven.«

Leopold brachte eine Flasche Bier und ein schönes Glas dazu. Er wartete, bis sich Korber eingeschenkt und einen großen Schluck gemacht hatte. Wenn er in Erfahrung bringen wollte, was seinem Freund über die Leber gelaufen war, dann durfte er, ganz gegen seine Gewohnheit, jetzt nicht viel reden.

»Wir haben gestern Abend auf dem Nachhauseweg noch gestritten«, begann Korber tatsächlich ganz von selbst. »Hannelore hat Geli, ohne es zu wollen, einen ganz schönen Floh ins Ohr gesetzt. Sie hat einiges über die Ehe der Juriceks gehört, das ihr nicht gefallen hat. Unsereiner weiß, dass eine Beziehung so wird, wenn man länger verheiratet ist. Aber Geli wünscht sich natürlich die ideale Partnerschaft mit immerwährender Liebe und Zuneigung und so weiter. Und ob man reif dafür ist, merkt man ihrer Ansicht nach nur, indem man zusammenzieht und versucht, sich völlig aufeinander einzustimmen. Da wird man dann zu einer Einheit von Leib und Seele. Toll, nicht wahr?«

»Wahrscheinlich hat sie nur nicht gemocht, dass du noch ein Bier trinken wolltest«, warf Leopold ein.

»Natürlich war ihr das ein Dorn im Auge. Aber gerade das ist ja das Problem. Sie drängt jetzt mehr denn je, dass wir bald eine gemeinsame Wohnung haben. Und warum? Weil sie mir meine lieb gewonnenen Gewohnheiten Stück für Stück abzwacken will. Ich hoffe, ich habe da auch noch ein Wörtchen mitzureden. Sie setzt mich unter Druck, hat es immer eiliger. Es genügt ihr nicht mehr, dass wir nach Weihnachten gemeinsam auf Urlaub fahren.«

»Ich halte den Urlaub nach wie vor für keine übermäßig gute Idee«, gab Leopold zu bedenken.

»Bitte rede nicht über Dinge, von denen du keine

Ahnung hast«, fuhr Korber Leopold mit ungewohnter Schärfe an. »Da kann ich gleich zu einem Beichtvater in der Kirche gehen, der gibt mir dieselben Ratschläge, Keuschheit inbegriffen. Deine Ansichten, was Partnerschaft und Liebe angeht, sind leider aus der Mode und von jeder Praxis meilenweit entfernt.« Korber trank sein Bier in hastigen Schlucken. »Dabei hätte ich gute Lust, wieder einmal etwas mit dir zu unternehmen«, regte er dann, wieder friedlicher gestimmt, an. »Morgen wäre zum Beispiel ein guter Tag. Ich bin solo. Geli hat gemeint, eine kleine Auszeit am Wochenende täte uns beiden gut. Also bitte! Ein bisschen spazieren gehen, ein bisschen zum Heurigen – was hältst du davon?«

Wieder stieg vor Leopolds geistigem Auge das Bild der idyllischen Schäferlandschaft auf, wo Erika Haller anmutig auf einer Wiese hingegossen lag und ihn mit ihrem Zeigefinger zu sich lockte. »Ausgeschlossen«, antwortete er knapp.

»Warum nicht?« Korber konnte für diese Entscheidung kein Verständnis aufbringen. »Morgen ist Sonntag, da hast du frei. Anzufangen weißt du dir da sowieso nichts. Also gibt es keine Ausrede.« Dann schoss ihm aber doch eine Ahnung ein: »Ach so, beinahe hätte ich es vergessen. Du willst wegen des Mordes herumspionieren, stimmt's? Aber Sonntag ist auch der Tag des Herrn, da gehört sich so etwas nicht. Es genügt, wenn ich mich am Montagabend für dich aufopfere.«

»Ich sehe nicht ein, warum ich meinen freien Tag dafür aufwenden soll, mir deine fragwürdigen Ansichten zum Thema Partnerschaft anzuhören und dir zuzuschauen, wie du dich dabei volllaufen lässt«, erklärte Leopold geradeheraus. »Schau lieber, dass du deinen vermeintlichen Kummer nicht das ganze Wochenende über in Alkohol ersäufst. Bei den Lenaubrüdern musst du fit sein. Und ein bisschen vorbereiten solltest du dich auch.«

»Ich weiß, ich weiß, Lenaus Leben und Werk und so weiter. Sieht also ganz nach einem soliden Sonntag für mich aus«, befand Korber achselzuckend. »Schade, ich hätte gern einmal wieder mit dir gequatscht. Aber es ist mir egal. Am Montag ist Schule, dafür gibt es leider auch etwas zu tun. Man hat ja schließlich seinen Beruf.«

»Gut, dass du das anschneidest, Thomas. Diesbezüglich habe ich zwei Bitten an dich.«

»Die da wären?« Korber lehnte desinteressiert an der Theke und deutete mit seiner Haltung an, dass er jedes weitere Ersuchen Leopolds für eine Zumutung hielt.

Leopold ließ sich dadurch nicht beirren. »Erstens möchte ich einmal mit deinem älteren Kollegen reden, von dem du die Liste ehemaliger Stockerauer Schüler und einige brauchbare Hinweise erhalten hast«, ging er ins Detail.

»Du meinst Peter Köck?«

»Jawohl, genau den. Am besten wäre es, wenn er möglichst bald ins Kaffeehaus kommen würde.«

»Der wohnt außerhalb von Wien, in Korneuburg«, gab Korber zu bedenken.

»Du arrangierst das schon. Er braucht ja nur nach der Schule auf einen Sprung hereinschauen. Zweitens würde ich gern mit deinen Schülern Martin und Patrick über ihre Erlebnisse beim Jedleseer Friedhof reden. Vielleicht kannst du es so einrichten, dass Bollek dabei ist. Dann spuren die Knaben wenigstens richtig.«

»Soll ich etwas zu schreiben holen, damit ich mir alles merken kann?«, fragte Korber gereizt. »Und ist der Herr Sonderermittler mit seinen Wünschen bereits am Ende, oder kommt noch etwas?«

»Mach dich nicht lustig über mich«, entgegnete Leopold unwirsch. »Wir haben jetzt schließlich tatsächlich eine Leiche und jede Menge offene Fragen. Welche Rolle spielte Eichinger zum Beispiel bei den Lenaubrüdern? Gab es zwischen ihm und Stefan Renner in letzter Zeit auffällige Differenzen?«

»Keine Ahnung!«

»Dann notiere dir das meinetwegen auf einem Zettel, denn darüber solltest du übermorgen mehr herausfinden. Nächste Frage: Was gibt es noch Wissenswertes aus der Vergangenheit über Langthaler, seine Frau, seinen Sohn und die Renners? Sicher eine ganze Menge! Was hatte Eichinger mit jedem Einzelnen von ihnen zu tun? Darüber erhoffe ich mir Aufklärung von deinem Kollegen Köck.«

Korber ließ Leopolds Monolog über sich ergehen. Er hörte nur mehr mit halbem Ohr hin, als dieser enthusiastisch fortfuhr: »Was geschah am Montagabend wirklich auf dem Friedhof? Haben uns die Burschen alles erzählt, was sie wissen? Ich glaube nicht! Wir müssen sie noch einmal auf Herz und Nieren befragen.«

Korber legte das Geld für sein Bier abgezählt auf die Theke. »Ich glaube, ich gehe jetzt«, teilte er Leopold mit.

»Sei mir nicht böse, aber Geli hat dir gegenüber doch einen gewaltigen Vorteil: Ich verstehe das meiste von dem, was sie sagt. Und was sie mir zu tun anschafft, ist einfach: einkaufen, eine gewisse Ordnung in meine Dinge bringen, nicht zu viel trinken. Bei deinen Anordnungen und Schlussfolgerungen laufe ich ständig Gefahr, wie ein Idiot dazustehen, der überhaupt nichts mitbekommt. Ich weiß nur, dass ich wieder einmal etwas Gefährliches für dich erledigen soll – unbezahlt und ohne Versicherungsschutz, versteht sich. Da möchte ich, dass mir wenigstens am Wochenende nicht der Kopf brummt. Und eine gemütliche Sonntagspartie zum Heurigen ist unter diesen Umständen wohl erst wieder sinnvoll, wenn es keine Toten zu beklagen gibt.«

Leopold schien seinen Abschied gar nicht richtig zu registrieren, so sehr steigerte er sich in seine Überlegungen hinein. »Das alles führt uns zur wichtigsten Frage, die beantwortet werden muss«, verkündete er in die nunmehrige Leere vor sich. »Was ist mit Stefan Renner passiert? Ist er tatsächlich tot? So überzeugt wie noch vor ein paar Tagen bin ich nicht mehr. Aber wer kann mir da bloß weiterhelfen?«

*

Am frühen Nachmittag kam auch Richard Juricek noch einmal vorbei. Er schaute sich die Liste der Begräbnisteilnehmer mit großem Interesse an. »Frau Heller soll sie mir gleich ins Kommissariat faxen«, bat er. »Eine Kopie genügt mir einstweilen.«

»Ich habe Hannelore übrigens doch noch aufgeweckt«, erzählte er Leopold dann. »Und es war gut so. Sie hat zwar ganz schön gezetert, als ich ihr das Bild des Toten gezeigt habe, und ich glaube, sie ist mir jetzt noch deswegen böse, weil sie nachher nicht mehr einschlafen konnte, aber sie hat Eichinger wiedererkannt. Sie hat diesen Mann vor dem Kaffeehaus gesehen, ehe wir hineingegangen sind. Er ist dort etwas abseitsgestanden und hat telefoniert und geraucht. Mir ist er natürlich nicht aufgefallen. Typisch!«

»Das heißt, dass Eichinger gegen 19.00 Uhr noch da war.«

»Genau! Hannelore hat einen Blick für Personen. Sie irrt sich nie. Meine erste Vermutung ist nach wie vor, dass Eichinger irgendwann von einem Auto abgeholt wurde. Hör dich um, vielleicht ist jemandem etwas aufgefallen. Ich werde die Presse einschalten und um sachdienliche Hinweise bitten lassen.«

»Gibt es noch etwas?«

»Sei nicht so neugierig, du wirst schon noch alles erfahren – zumindest das, wovon ich möchte, dass du es erfährst. Also: Eichinger lebte allein in einer kleinen Wohnung im Karl-Seitz-Hof in Jedlesee, gar nicht weit weg vom Friedhof, wie du siehst. Eine Schwester von ihm wohnt in Stockerau, der haben wir auch die Todesnachricht überbracht. Es bestand allerdings nur ein sehr loser Kontakt zwischen den Geschwistern. Eine Mutter gibt es auch noch. Sie ist in einem Pflegeheim untergebracht und leidet an Demenz.«

»Weiter«, forderte Leopold. »Habt ihr euch die Wohnung angeschaut? Ist Eichinger eventuell dort ermordet worden?«

Juricek verneinte. »Einstweilen deutet nichts darauf hin. Die Unordnung, die wir vorgefunden haben, ist für einen Künstler und Junggesellen durchaus normal. Außerdem wäre es praktisch unmöglich gewesen, den Leichnam unbemerkt vom dritten Stock hinunter und dann noch über den Hof der Anlage auf die Straße zu transportieren. Nein, nein, da hätte der Mörder Eichinger schon oben liegen lassen. Wenn du mich fragst, ist die Tat in einem Auto geschehen – mit einer gewöhnlichen, etwas festeren Schnur.«

»Könnten es auch zwei Täter gewesen sein?«

»Durchaus. Einer allein schafft es jedoch ebenfalls mit Leichtigkeit, wenn er – oder sie – kaltblütig genug ist und das Opfer im richtigen Moment erwischt, etwa beim Aussteigen. In der Gegend um den Friedhof gibt es genügend Stellen, wo man das unbeobachtet tun kann.«

Leopold nickte. Er hatte das alles ja schon selbst überlegt. Dennoch blieben viele Fragen offen, etwa, welchen Grund Eichinger gehabt hatte, mit seinem späteren Mörder mitzufahren. »Gehst du von einem geplanten Mord aus?«, wollte er von Juricek wissen.

»Ja!« Einige Augenblicke schwieg Juricek, nur um Leopold ein bisschen zappeln zu lassen. Er hatte noch eine Trumpfkarte im Ärmel. Genüsslich legte er ein Stück Papier auf die Theke. »Lies das«, bat er ihn dann. »Wir haben es in Eichingers Wohnung gefunden. Es ist eine Art Drohbrief. Die ersten vier Zeilen stammen aus einem Gedicht von Nikolaus Lenau, ›In der Schenke‹.

Das habe ich gegoogelt. Aus dem Rest werde ich allerdings nicht schlau.«

Leopold vertiefte sich in das Schriftstück vor ihm, auf dem geschrieben stand:

›Aus den Gräbern wird empor
Himmelwärts die Schande rauchen,
Und dem schwarzen Rauch der Schmach
Sprüht der Rache Flamme nach.

Und alle Not endet langsam.‹

Im Gegensatz zu Juricek sagte ihm die letzte Zeile schon etwas. Er hatte bereits einmal einen ähnlichen Wortlaut vor sich gehabt, als er Langthalers Heft mit seinen Gedichten in der Hand gehalten und studiert hatte:

›Und wieder dröhnt die Frage:
Wann endet alle Not?
Am letzten meiner Tage
Wohl mit dem eignen Tod.‹

So hatte Langthaler in seinem Gedicht über die Au geschrieben. Wie aber waren die Worte zu verstehen in Zusammenhang mit Gräbern, Schande, Schmach und Rache? Leopold beschloss, darüber nachzudenken und das Heft noch einmal genau durchzulesen, Juricek einstweilen aber noch nichts darüber zu sagen. Schließlich hatte auch er nur das erfahren, wovon Juricek wollte, dass er es erfuhr!

»Es scheint jedenfalls, dass du mit deinen Lenaubrüdern recht gehabt hast«, gestand Juricek in der Zwischenzeit ein.

»Sag ich doch die ganze Zeit«, stellte Leopold dazu mit diebischer Freude fest.

12

O wag es nicht, mit mir zu scherzen,
Zum Scherze schloss ich keinen Bund;
O spiele nicht mit meinem Herzen,
Weißt du noch nicht, wie sehr es wund?

(Aus: Lenau, An *)

Er war es, der sich ein Herz nahm und anrief. Draußen klopfte der Regen unsanft gegen die Fensterscheiben. »Hallo«, meldete Erika Haller sich. »Es ist schön, deine Stimme zu hören. Aber was tun wir? Das Wetter ist im Augenblick grauslich.«

»Regen bringt Segen«, flötete Leopold ins Telefon. Er wollte mit Erika irgendwo hinausfahren, wenngleich es derzeit wohl zu feucht und zu kalt für ein idyllisches Beisammensein in einer Schäferlandschaft war. Deshalb versuchte er diesmal auch, fest und überzeugend zu klingen.

»Trotzdem, es sieht gar nicht gut aus«, haderte Erika am anderen Ende der Leitung mit dem Schicksal. »Das ist typisches Novemberwetter: wolkenverhangen, trüb und triste.«

»Wir brauchen doch nur für ein Stunderl wo spazieren gehen«, schlug Leopold vor. »Dann stärken wir uns bei einem netten Heurigen.«

Für einen Augenblick war es still. »Gut«, zeigte sich Erika schließlich einverstanden. »Ich lasse mich überraschen. Wenn du irgendetwas weißt, wo es nicht zu nass ist, halte ich es schon eine Zeit lang aus. Aus Zucker bin ich ja doch nicht.«

»Wo soll ich dich abholen?«

»Beim Bahnhof Floridsdorf. Ich bin in einer Stunde da.«

Erika Haller kam pünktlich aus dem Bahnhofsgebäude heraus. Leopold fiel gleich auf, dass sie sich für diesen kleinen Schlechtwetterausflug ganz schön herausgeputzt hatte. Sie trug wieder ihre hellbraunen Stiefeletten und dunkelblaue Jeans, dazu einen feschen roten Pullover und eine blaue Jacke. Um den Hals hing eine hübsch anzusehende Bernsteinkette. Es kam Leopold auch so vor, als habe sie überdurchschnittliches Augenmerk auf ihr Make-up gelegt. Als sie in das Auto einstieg, brachte sie eine leise, angenehme Duftwolke mit.

»Na, wo fahren wir hin?«, wollte sie wissen. »Hoffentlich irgendwohin, wo wir festen Boden unter den Füßen haben.« Dabei spannte sie ihren orangefarbenen Regenschirm ab.

»Ich wüsste was«, teilte Leopold ihr mit. »Allerdings ist die Frage, ob das von mir gewählte Ziel die allerhöchste Wertschätzung deiner Person findet.«

»Komm, drück dich nicht schon wieder so geschwollen aus. Heute bist du außer Dienst, und niemand hört uns zu. Also: Wo willst du hin?«

Dann eben kurz und bündig, dachte Leopold: »Auf den Stockerauer Friedhof.«

Erika Haller lachte erheitert auf. »Von mir aus, wir müssen ja noch nicht dort bleiben«, stimmte sie zu, ehe sie sich vorsichtig erkundigte: »Ist etwa jemand aus deiner Familie gestorben?«

»Nein, du brauchst dir keine Sorgen zu machen. Ich möchte mir nur das Grab von jemandem anschauen, der unter Umständen etwas mit dem Mord an dem Klavierspieler von vorgestern zu tun hat.«

»Aha, die Sache beschäftigt dich also. Und hängt vermutlich mit der älteren Dame zusammen, die unser Plauscherl damals im Kaffeehaus unterbrochen hat.« Immer noch wirkte Erika Haller amüsiert.

»So in etwa!« Leopold räusperte sich. »Ich soll der Dame helfen, ihren Sohn zu finden. Er ist verschwunden. Zuerst dachte ich, er sei tot, jetzt bin ich mir dessen nicht mehr so sicher. Dazwischen ist nun auch noch ein Mord geschehen. Ich habe noch nicht viele zielführende Hinweise, und da …«

»Du redest glatt, als ob du bei der Polizei wärst.« Erika schüttelte den Kopf.

Wieder druckste Leopold herum. »Ich bin der Dame im Wort. Außerdem bin ich für sie so etwas wie eine Vertrauensperson. Solang es eine Hoffnung gibt, dass ihr Sohn Stefan lebt, möchte ich sie nicht enttäuschen.«

»Komm, schwindle mich nicht an«, protestierte Erika. »Ein bisschen Menschenkenntnis darfst du mir ruhig zutrauen. Schon bei unserem ersten Treffen habe ich beobachtet, wie deine Augen gefunkelt haben, als es darum ging, dass jemand vermisst war, und vorgestern war das wieder so, als die Nachricht vom Mord die

Runde machte. Einer deiner Lieblingsgesprächspartner ist außerdem, scheint's, der Herr Oberinspektor. Dich bei ungeklärten Kriminalfällen einzumischen, ist offenbar dein Hobby.«

Leopold war mittlerweile losgefahren. Er steuerte die Autobahn nach Stockerau an, musste jetzt aber überdurchschnittlich lang bei einer Ampel warten. Das war ihm gar nicht recht, denn es gab ihm das Gefühl, Erika Hallers kleinen Giftpfeilen, die sie im Augenblick abschoss, hilflos ausgeliefert zu sein. »Ja, mitunter«, gab er kleinlaut zu.

»Das Eine sage ich dir gleich: Ich will es dir nicht abgewöhnen, es hätte auch gar keinen Sinn. Aber wenn du mit mir beisammen bist, widme dich bitte anderen Themen. Wir fahren also zu diesem Friedhof, du schaust dir an, was du dir anschauen musst, erklärst es mir ein wenig, und dann möchte ich heute kein Wort mehr darüber hören«, bat sie ihn. Gleichzeitig klopfte sie ihm aufmunternd auf den Schenkel: »So, jetzt aber weiter. Grüner wird die Ampel nicht mehr.«

Hastig stieg Leopold aufs Gas. Es wirkte befreiend auf ihn. Freundlich war Erika Haller also, auch in gewissem Maße rücksichtsvoll, leider aber sehr bestimmt. Er musste aufpassen, dass sie ihn nicht schon bald so herumdirigierte wie ihre Mutter damals am Telefon. Er fuhr auf die Autobahn auf und betrachtete nachdenklich den Verkehr und die regennasse Straße durch die Windschutzscheibe und die hin- und herrudernden Scheibenwischer. Man musste bei den Frauen vorsichtig sein, weiß Gott! Über die Jahre hatte er vergessen, *wie* vorsichtig man sein musste.

Auf dem Rest der Strecke plauderten sie jedoch locker,

und Leopold erzählte ein paar Geschichten aus seinem Kaffeehausalltag. Sie zweigten wieder bei der Abfahrt Stockerau Mitte ab, fuhren dann aber vorbei am Bahnhof und links hinauf, bis die Stadt praktisch zu Ende war und in eine Reihe von Maisfeldern überging. Auf diesem oberen Zipfel lag der Friedhof gegenüber einem kleinen jüdischen Gegenpart. Gleich beim Hineingehen kam man in ein Rondeau, dessen Mitte eine große runde Fläche mit Blumen zierte. Alles machte einen luftigen, beinahe heiteren Eindruck. Seltsam, dass Hannes Langthaler diesen Ort nicht gemocht hatte.

»Die Gräber sind noch alle schön geschmückt«, bemerkte Erika Haller. »Man sieht, dass Allerheiligen und Allerseelen noch nicht lang vorüber sind. Wohin gehen wir jetzt eigentlich?«

Leopold nahm den Zettel, den ihm Brigitte Renner gegeben hatte, heraus. »Wir müssen den Hauptweg nach vor, bis zur Gruppe XXIX«, erklärte er Erika dann. »Dort liegt das Grab des Neffen der Dame, die mich damals im Kaffeehaus aufgesucht hat. Er ist ganz jung in der Donau ertrunken. Es ist aber schon eine Weile her.«

»Ach du meine Güte, wie tragisch. Und wonach hältst du Ausschau?«

Leopold zuckte mit den Schultern. »Ich weiß es nicht! Ich weiß es wirklich nicht! Ich möchte mir einfach einmal alles ansehen.«

Der Regen war jetzt schwächer geworden, aber ein kalter Wind blies ihnen ins Gesicht. Leopold fand Lothar Langthalers letzte Ruhestätte ohne große Mühe. Zuerst schaute er gedankenverloren über den Grabstein in Rich-

tung einiger vereinzelter Windräder, die auf den Feldern
standen, dann las er die beiden Inschriften, die ihn am
meisten interessierten:

Lothar Langthaler   27.2.1969 – 10.5.1986
Sophie Langthaler   10.3.1946 – 21.9.1993

Auf dem Grab selbst lag ein von den Lenaubrüdern
gestifteter Kranz, daneben stand eine Vase mit Blumen.
Alles sah gut gepflegt aus. Brigitte Renner kam wohl
immer wieder einmal hier vorbei.

»Hast du gefunden, wonach du suchst?«, fragte Erika.

»Leider bin ich mir immer noch nicht sicher, wonach
ich suche«, antwortete Leopold. »Wahrscheinlich stehe
ich unmittelbar vor einem wichtigen Hinweis und bin
nur zu dumm, ihn zu sehen.«

»Also mir fällt nur eines auf«, machte Erika ihn aufmerksam. »Die Blumen wirken ganz frisch, viel frischer
als die meisten Blumen rundherum. Das Wasser in der
Vase ist auch ganz klar. Wenn du mich fragst, hat sie
jemand heute erst gebracht.«

»Das ist es, liebe Erika«, jubilierte Leopold. »Genau
das ist es!«

*

Es hatte nun vollständig zu regnen aufgehört, aber die
Sonne schaffte es nicht mehr, sich ihren Weg durch die
dichte Wolkendecke zu bahnen. Erika Haller und Leopold spazierten noch ein klein wenig durch die Sto-

ckerauer Au. Leopold war schon lang nicht mehr hier gewesen, wo Lenau in seinen jungen Jahren wohl oft gelustwandelt war und sich in die Stimmung für seine ersten poetischen Versuche, die ›Schilflieder‹, versetzt hatte. Auch Hannes Langthaler mochte es vor seinem Tod noch manchmal hier heraus gezogen haben. Leopold kam der Anfang des ersten Gedichtes, das er von ihm gelesen hatte, wieder in den Sinn:

›Ein trüber Tag, ein nasser
zieht heute durch die Au.
Der Wind peitscht auf das Wasser,
der Himmel ist so grau.‹

Tatsächlich konnten die bunt eingefärbten, zum Teil kaum mehr belaubten Bäume, das trübe Licht und die unfreundliche Witterung sich bei sensiblen Naturen ganz schön aufs Gemüt schlagen.

»Hast du eine Ahnung, von wem die Blumen sein könnten?«, fragte Erika.

»Die können von jedem sein«, relativierte Leopold. »Vielleicht stammen sie von Brigitte Renner, vielleicht von jemand ganz anderem. So schnell werden wir das vermutlich nicht herausfinden. Wir kennen ja noch nicht einmal alle an dem Fall beteiligten Personen. Bemerkenswert ist allerdings die Tatsache, *dass* es jemanden außer den Lenaubrüdern gibt, der auf dem Grab immer noch Zeichen seiner Trauer hinterlässt.«

Dann ließen sie das Thema sein, wie sie es vorher besprochen hatten. Beide begannen nach einer Weile die

Kälte zu spüren. Sie gingen zurück zum Auto und fuhren nach Stammersdorf zu einem der zahlreichen Heurigen, wo der Buschen als Zeichen, dass geöffnet war, heraußen hing und es nun schön warm und gemütlich werden würde. Schon beim Eintreten drang ihnen der verführerische Duft der zahlreichen Köstlichkeiten des Buffets in die Nase.

»Jetzt musst du aber schon etwas Gescheites trinken«, forderte Erika Leopold auf. »Sonst macht es keinen Spaß.«

Leopold nahm es sich zu Herzen, leerte, denn er war durstig, relativ rasch einen weißen Spritzer und bestellte einen zweiten. Erika Haller labte sich an einem Achtel Rotwein. »Ich weiß nicht warum, aber beim Heurigen hat der Wein einen ganz anderen Geschmack«, behauptete Leopold. »Im Kaffeehaus bringen wir den Spritzer nicht so gut zusammen. Das muss man neidlos anerkennen.«

»Wahrscheinlich hängt das mit dem ganzen Ambiente hier zusammen. Ich spüre nur, dass mich der Wein hungrig macht«, stellte Erika fest. Wie auf ein Stichwort gingen sie daraufhin gemeinsam zum Buffet und holten sich je zwei Fleischlaberln mit Erdäpfelsalat. Leopold nahm sich noch eine Scheibe Brot und eine Portion scharfen Senf dazu.

Sie verzehrten ihr Essen mit Genuss. »Ich war schon als Kind immer beim Heurigen«, erzählte Erika. »Meine Eltern sind beinahe jedes Wochenende gegangen, und da haben sie mich natürlich mitgenommen. Meistens habe ich nur ein Kracherl getrunken, aber wenn mein Vater gut aufgelegt war, durfte ich ein Fleischlaberl mit einem Gurkerl essen, das war dann der größte Hochgenuss.«

»Bei mir war es ähnlich«, erinnerte sich Leopold. »Als ich elf Jahre alt war, hat mich mein Vater selig das erste Mal von seinem G'spritzten kosten lassen. Es hat mir aber überhaupt nicht geschmeckt.«

»Ja, die Buben müssen schon früh zeigen, dass sie Männer werden«, bemerkte Erika Haller jetzt mit vollem Mund.

»Das ist die Ungerechtigkeit der Welt! Immer sind es die Buben und die Männer, die sich beweisen müssen. Immer wird von uns etwas erwartet.«

»Zum Beispiel, dass *ihr* eine Frau ansprecht und nicht umgekehrt?«

»Genau!« Leopold war jetzt bei einem seiner Lieblingsthemen angelangt. »Warum ständig wir? Ich dachte, es gäbe schon so etwas wie Gleichberechtigung, oder habe ich da etwas versäumt? Das hieße aber auch, dass die Frauen ein wenig öfter die Initiative ergreifen könnten.«

»Und ich dachte bis jetzt, die Männer fühlen sich in ihrer Rolle als Impulsgeber wohl«, konterte Erika.

»Mag sein. Aber es hat etwas Zwanghaftes an sich.«

»Du bist also einer, der lieber abwartet? Der nicht gern zupackt? Das hätte ich nicht erwartet.«

Mittlerweile saß auch Erika Haller bei ihrem zweiten Glas. Die Redseligkeit beider nahm zu. »Das habe ich nicht gesagt«, stellte Leopold richtig. »Aber zum Zupacken braucht's Hände. Und die bewegen sich bei mir nicht mehr so frei durch die Welt wie in meiner Jugend. Meistens tragen sie ein kleines Silbertablett mit einem

Schalerl Kaffee drauf. Vielleicht haben sie sich zu sehr daran gewöhnt. Vielleicht wissen sie nicht mehr, was es heißt, etwas anderes anzugreifen – für längere Zeit.«

»Das hast du jetzt sehr schön gesagt«, befand Erika. Erneut näherten sich ihre Hände, und diesmal wurde es eine innige und längere Verschränkung. Doch Leopold wechselte sofort wieder das Thema. Er fühlte sich jetzt sichtlich nur dann wohl in seiner Haut, wenn es um etwas Belangloses ging und er Erika mit ein paar Scherzen und Anekdoten aus dem Kaffeehaus aufheitern konnte.

»Trinken wir noch ein Glas?«, schlug Erika Haller, immer besserer Laune, vor.

»Ich glaube, ich lasse es lieber«, lehnte Leopold vorsichtig ab. »Schließlich bin ich mit dem Auto da.«

»Ich dachte, du wohnst hier in der Nähe. Da kannst du doch auch zu Fuß gehen. Und mir macht es nichts aus, mit der Straßenbahn zurück zum Bahnhof zu fahren.«

Leopold wiegte den Kopf hin und her. »Zu Fuß ist es doch noch ein schönes Stück.«

»Also so einfach kommst du mir jetzt nicht davon«, protestierte Erika. »Schließlich gibt es die schöne Tradition des Fluchtachterls. Ich mache dir einen Vorschlag: Wir genehmigen uns noch ein Gläschen, aber nicht hier, sondern ein paar Schritte weiter, beim nächsten Heurigen. Danach kannst du machen, was du willst.«

Eigentlich wollte sich Leopold nicht so abrupt von Erika Haller trennen, und nur so dasitzen und ihr beim Trinken zuschauen wollte er auch nicht. Also sagte er ja.

*

Sie liefen rasch bis zum nächsten beleuchteten Buschen, denn es hatte wieder zu regnen begonnen. Leopold ertappte sich dabei, wie er schon wieder Erikas Hand in der seinen hielt. Drinnen stellten sie sich lachend zur Schank wie ein Pärchen, das schon ein wenig lustig und übermütig ist.

»Das gibt's ja nicht! Leopold, was machst denn du da?«, hörten sie plötzlich eine weibliche Stimme. »Nein, das gibt's ja wirklich nicht«, eine angeheiterte zweite.

Wären sie doch nicht ausgerechnet hier hereingegangen! Es hatte etwas auf sich mit dem Spruch vom falschen Zeitpunkt und vom falschen Ort. Heftig winkend saß drei Tische weiter Geli Bauer und ihr gegenüber, wenn Leopold nicht alles täuschte, Nora, die Freundin von Inspektor Bollek.

»Kommt's doch her da«, rief Nora, die sich offenbar so freute, dass sie das ganze Lokal daran teilhaben lassen wollte.

»Kommt, setzt euch zu uns. Das ist aber eine Überraschung«, forderte Geli die beiden auf.

»Nein, so eine Überraschung«, prustete Nora ausgelassen. Mit ihrer schlanken und zierlichen Gestalt, den kurz geschnittenen blonden Haaren und den schmalen Lippen wirkte sie artiger, als sie es anscheinend war.

»Das ist doch die nette Dame vom Konzert vom Freitag«, stellte Geli fest.

Leopold war jetzt um Worte verlegen. »Es ist nämlich so, dass wir uns zufällig …«

»… vor ein paar Tagen begegnet sind und beschlossen haben, uns näher kennenzulernen«, unterbrach ihn

Erika Haller rasch und beendete damit den unbeholfenen Erklärungsversuch.

Man stellte sich kurz vor und beschloss, sich der Einfachheit halber gleich zu duzen. Leopold erfuhr, dass Nora mit Familiennamen Leitgeb hieß. »Wie ich den Norbert kennengelernt hab, das war auch beim Heurigen«, erzählte Nora dann. »Drei Stunden später habe ich ihn vollständig gekannt, von seinem roten Kopf bis hinunter zum Zehenspitzl. Und Luft hab ich auch kaum mehr gekriegt, weil alles so anstrengend war nach dem Weintrinken.« Sie lachte und klopfte sich auf die Schenkel.

»Ihr fragt euch vielleicht, was wir hier machen, Nora und ich«, erläuterte Geli. »Wir lassen unsere Männer ein bisschen dunsten. Offenbar fürchten sich beide vor einem Zusammenleben mit uns. Sie weichen der Entscheidung aus, ob sie sich wirklich vorstellen können, bei uns zu bleiben. Dieser Zustand ist natürlich nicht sehr wünschenswert. Deshalb sollen sie einmal ein freies Wochenende ohne uns genießen und sehen, wie sie zurechtkommen. Wir lassen es uns einstweilen gut gehen.«

»Es ist ja wirklich wahr«, regte Nora sich auf. »Solang wir ihnen das Leben angenehm machen, ist alles okay. Wir dürfen kochen, ihre Wohnungen in Schuss halten, uns ihre beruflichen Probleme anhören, und am Schluss dürfen wir uns flachlegen und die Beine spreizen, damit für sie alles nach Plan läuft. Dann schlafen sie ein und schnarchen. Am nächsten Tag wollen sie wieder allein sein, weil sie das angeblich brauchen. Das ist doch keine ernsthafte Beziehung, bitteschön. Auf so was kann ich verzichten.«

Nein, die feine Klinge führte sie wahrlich nicht. Ihre Stimme tat Leopold im Ohr beinahe so weh wie das Organ von Klothilde Gattermann. Was ihn allerdings noch mehr störte war, dass Erika sofort interessiert an der Debatte teilnahm: »Heißt das, eure Freunde haben Angst, eine Lebensgemeinschaft mit euch einzugehen?«, fragte sie.

»Genau das heißt es«, bestätigte Geli.

»Aber das heißt es schon wirklich ganz genau«, gab auch Nora ihren feuchtfröhlichen Kommentar dazu ab.

»Das ist ärgerlich«, schüttelte Erika den Kopf. Sie hatte mittlerweile wieder ein volles Glas vor sich stehen und wurde zusehends beschwingter. »Es ist eben typisch Mann, sich vor der Verantwortung zu drücken. Ich kenne das auch, und ich habe mir geschworen: ganz oder gar nicht. Wer mich haben will, der muss eine gemeinsame Zukunft mit mir ansteuern und seine egoistischen Wünsche unserer Partnerschaft unterordnen. Sonst funktioniert das nie und nimmer.«

»Ein wahres Wort«, attestierte Geli. »Ich glaube, ich nehme dich einmal zu meinem Thomas mit. Bei dir klingt alles so glaubwürdig. Vielleicht kannst du ihn zu einem Umdenken bewegen.«

»Bei meinem Norbert nutzt das alles nichts«, machte Nora ihrem Ärger lautstark Luft. »Der kapiert das einfach nicht. Von den Rechten und Pflichten in einer Beziehung hat er keine Ahnung. Meine Rechte kenne ich genau, sagt er immer, und meine Pflichten stehen in meiner Dienstvorschrift. Und dann lasse ich mich leider wieder breitschlagen und tue meine Beine für ihn auseinander. Na ja, es macht halt Spaß, auch wenn er nachher schnarcht. Was soll ich machen? Aber auf Dauer kann ich mir von ihm nicht alles gefallen lassen.«

Leopold schwieg, stürzte den Inhalt seines Weinglases hinunter und ließ ein neues kommen. Das Auto war ihm jetzt egal. Auf seiner Stirne standen etliche Schweißperlen. Noch war er hier eine Randfigur, ein Unbeteiligter. Doch wer weiß, vielleicht steckte er bald mittendrin im Schlamassel. Die Bestimmtheit, mit der Erika Haller auftrat, gab ihm zu denken. Ihm fiel wieder das Gespräch auf der Fahrt nach Stockerau ein, seine Nervosität bei der Ampel. Es war wirklich nicht leicht. Einerseits wünschte er sich in der einen oder anderen Situation ein bisschen mehr Mut, andererseits hieß es auf der Hut zu sein, verdammt auf der Hut zu sein.

Ein Seufzer entrang sich seiner Brust, der die drei Frauen aus ihrem Gespräch aufschreckte. »Hast du etwas, Leopold? Schmeckt dir der Wein nicht mehr?«, fragte Erika gleich und legte kurz beruhigend ihre Hand auf sein Knie. Doch sofort wurde die Debatte energisch und unbarmherzig fortgesetzt. Weiterhin musste er sich anhören, wie diese Frauen über die Männer herzogen und die eine oder andere Taktik austauschten. Er erfuhr, wie folgenschwer oft schon der kleinste Fehler in einer Beziehung sein konnte, und begann, seinen Freund Thomas Korber zu verstehen, der nach wie vor um seinen persönlichen Freiraum kämpfte. Ja, ja, jeder Schritt auf eine Frau zu hatte sorgfältig überlegt zu sein, sonst war unter Umständen gar nicht abzusehen, wohin er führte!

Jetzt war auch Geli ganz schön in Fahrt: »Man müsste es einfach so machen wie die hellenischen und sparta-

202

nischen Frauen in der Komödie ›Lysistrate‹ von Aristophanes, damit sie den Krieg zwischen ihren Männern verhindern«, wetterte sie. »Verweigern müsste man sich ihnen. Konsequent. Bis sie einsehen, dass sie es ohne uns nicht aushalten. Das wäre doch gelacht, wenn man sie damit nicht umstimmen könnte.«

»Na bumm«, rutschte es Nora heraus. »Das ist stark! Durch Entwöhnung wird man klug. Da werden s' ganz schön nervös werden, unsere Herren, weil herausschwitzen können sie's ja nicht. Andererseits macht mein Bolli immer noch hin und wieder eine Kontrolle bei den Strichkatzen. Wenn das nur gut geht ...«

»Es würde dem ewigen Hin und Her jedenfalls ein Ende machen. Entweder, oder. Punktum.«

Man kam überein, einen solchen sexuellen Boykott zumindest als *ultima ratio* in Erwägung zu ziehen. Damit waren die Fronten vorerst einmal geklärt. Das Gespräch verlor sich jetzt in unwesentlichen Nebensächlichkeiten, und schön langsam dachte man ans Aufbrechen.

»Ich glaube, du solltest nicht mehr mit dem Auto fahren, Leopold«, mahnte Erika Haller. »Unsere hitzige Debatte hat dich durstig gemacht, ich hab's bemerkt. Das dürfte promillemäßig schon etwas zu viel sein.«

»Also ich hab lieber einen Rausch, als dass ich traurig bin«, gestand Nora. »Heute kann ich mich wenigstens unbeschwert vor den Fernseher setzen, mir irgendetwas anschauen und dabei einschlafen. Sonst hätte ich die ganze Zeit über meinen Bolli nachgedacht. Gehst du jetzt auch heim fernsehen, Leopold?«

Leopold erwachte aus seiner Lethargie und antwortete:

»Ich weiß nicht. Gehen werde ich jedenfalls und nicht
mehr fahren. Sonst erzählst du deinem Freund und Hüter
des Gesetzes am Ende noch, dass ich mich betrunken
ans Steuer setze. Das könnte schlimme Folgen haben.«

»Geh hör auf«, lachte Nora. »Der fährt doch selber
immer angesoffen durch die Gegend, wenn er etwas
getankt hat. Er würde das sicher verstehen.«

»Wisst ihr was? Ich setze Erika und dich bei deiner
Wohnung ab, Leopold, das ist überhaupt kein Umweg
für mich«, schlug Geli vor, die die ganze Zeit über bei
einer Flasche Mineralwasser gesessen war. »Und da dulde
ich keine Widerrede. Es regnet ohnehin schon wieder
ziemlich stark.«

Leopold kam nicht mehr dazu, etwas darauf zu sagen.
Sie fuhren mit Gelis Auto aus dem alten Ortskern von
Stammersdorf heraus Richtung Brünner Straße und blieben schon bald vor Leopolds Haustür stehen. Beim Verabschieden raunte Geli ihm zu: »Ich habe nur eine Bitte,
erzähl Thomas unter keinen Umständen etwas von unserem Gespräch. Er könnte das missverstehen. Die Situation ist so schon schwierig genug.«

»Keine Sorge«, versprach Leopold. »Erinnere ihn aber
bitte daran, dass er morgen einen Termin in Stockerau
hat. Und für Dienstag soll er alles vorbereiten, damit
wir uns noch einmal mit den Burschen unterhalten können, von denen einer beim Jedleseer Friedhof niedergeschlagen worden ist. Da sollte dein Bolli auch dabei
sein, Nora. Vielleicht können wir den Fall rasch lösen.«

»Hoffentlich merk ich mir das«, gluckste Nora. »Ich
seh den Norbert ja erst morgen wieder.« Dazwischen

döst sie vor dem Fernseher ein und vergisst alles, dachte Leopold. Aber während er dastand und derlei Befürchtungen hegte, war Gelis Auto auch schon weg. Und erst jetzt merkte er so richtig, dass er allein mit Erika Haller unter einem orangefarbenen Regenschirm vor dem Haus stand, in dem er wohnte.

»Warum bist du nicht weiter mit ihnen mitgefahren?«, fragte er. »Sie hätten dich sicher zum Floridsdorfer Bahnhof gebracht.«

»Ich weiß nicht, ob sie das wollten. Ich weiß nur, dass ich es nicht wollte«, erklärte sie ihm mit jener Bestimmtheit, die er mittlerweile zur Genüge an ihr kannte.

Den Mund werden sie sich über uns zerreißen, ging es Leopold durch den Kopf.

»Es ist mir egal, was die anderen Leute denken«, versicherte Erika ihm, als ob sie seine Gedanken erraten hätte.

»Na, nimmst du mich noch einen Sprung mit hinauf?«

»Ja, sicher! Es ist nur so, dass ich nicht weiß, ob im Kühlschrank … Ich meine, als Junggeselle hat man nicht immer …«

»Komm, hör auf! Ich bin nicht wegen deinem Kühlschrank gekommen. Und ein Schalerl Kaffee wirst du ja für mich haben.«

*

Wie oft war Leopold früher, als Thomas Korber noch eingefleischter Junggeselle gewesen war, mit seinem Freund die halbe Nacht in seiner Wohnung gesessen, nachdem er ihn vor dem Versumpfen in einem Innenstadtlokal bewahrt hatte. Man hatte noch etwas getrunken, Gespräche mit mehr oder weniger Tiefgang geführt und sogar das eine oder andere Mal tiefschürfende Überlegungen zur Lösung eines Kriminalfalles angestellt. Hin und wieder hatte Korber auch bei Leopold übernachtet. Leopold war in solchen Augenblicken alles ganz natürlich vorgekommen. Welchen Unterschied es doch ausmachte, dass auf einmal eine Frau, noch dazu eine Frau, zu der er sich, ohne es sich eingestehen zu wollen, mehr und mehr hingezogen fühlte, ihren Fuß über seine Schwelle setzte.

Er kam gar nicht nach mit seinen Rechtfertigungen und Erklärungen, warum alles so war und nicht anders. Tausend Ausflüchte fand er, damit sein bescheidenes kleines Reich vor ihren gestrengen Augen bestehen konnte. Dazwischen wartete er immer wieder darauf, dass sie etwas sagte. Aber sie sagte kaum etwas. Über seine Behausung und deren Zustand verlor sie kein Wort.

»Wie soll der Kaffee denn sein?«, fragte er. »Du trinkst ihn mit Milch und Zucker, glaube ich.«

Erika Haller schaute Leopold mit verschränkten Händen zu. »Du bist schon wieder im Dienst«, rügte sie ihn. »So förmlich. Ein bisschen Milch und einen Löffel Zucker bitte. Sag, wolltest du mich übrigens vorhin bei Geli und Nora verleugnen? Zur Zufallsbekanntschaft machen?«

»Ich? Wieso?«

»Es hat verdächtig danach geklungen, dass es dir unangenehm war, gemeinsam mit mir von ihnen gesehen zu werden. Und? War es dir unangenehm?«

»Aber ganz im Gegenteil«, wehrte Leopold ab.

»Weißt du, aus dir werde ich einfach nicht klug. Als ich dir zum ersten Mal begegnet bin, warst du natürlich mein furchtloser Held, aber auch sonst ganz natürlich und geradeheraus. Seither versteckst du dich hinter allen möglichen Masken und bist gar nicht du selber, außer es geht um irgendein kriminalistisches Problem. Ist es denn wirklich so schwer, seine Gefühle zu zeigen?«

Leopold fühlte ihren strengen Blick und kam sich vor wie ein Angeklagter. »Muss man als Mann immer stark sein? Darf man keine Schwächen zeigen? Nicht hie und da ein bisschen Angst haben?«, verteidigte er sich.

»Wovor? Vorm Zupacken?«

Er wollte sagen: vorm Scheitern. Aber wie sie jetzt so an seiner Küchentür lehnte, wurde ihm klar, dass es keine Worte waren, worauf sie wartete. Bilder aus seiner Vergangenheit fanden sich ein, Bilder von jungen Mädchen mit fragenden Augen und rosigen Lippen, die geküsst werden wollten. Auch die Schäferlandschaft war wieder da, wo Erika Haller ihn mit ihrem Zeigefinger zu sich lockte und er sich erstmals richtig wohlfühlte. Eigentlich konnte überhaupt nichts passieren. Er nahm sie an den Schultern, merkte, dass sie sich nicht wehrte und berührte ihren bereits geöffneten Mund zart mit seinen Lippen, ehe er sich weiter vorwagte. Jetzt kam die Erinnerung an alles zurück, was man mit der Zunge und den Händen anstellen konnte. Er küsste, tastete, griff und berührte. Es gefiel ihr so gut, dass sie ihn schon bald in seinen Bemühungen unterstützte und seine Finger dorthin führte, wo sie sie haben wollte.

»Glaubst du immer noch, ich bin wegen deinem Kühlschrank gekommen?«, lachte sie dabei laut auf.

13

Plötzlich streicht er durch die Saiten alle
Und durch alle Herzen, schnell bemeistert;
Seine Geige in der Freudenhalle
Hat zur Rachegöttin sich begeistert.
Frevler! horch! in diesem süßen Liede
Säuselt und verweht der Unschuld Friede.

(Aus: Lenau, Mischka an der Marosch)

Leopold war ausnehmend gut aufgelegt. Was heißt gut aufgelegt, er war glücklich. Man merkte es an diesem Montagvormittag im Café Heller bei jedem Griff und jeder Tätigkeit. Er strahlte vor Freude wie sonst nur unmittelbar, nachdem er einen Mord aufgeklärt hatte, und da dauerte es meist nicht lang.

Seine prächtige Laune schien einen Teil der Gäste jedoch nicht zu freuen, im Gegenteil. Es irritierte sie, wenn er so vor sich hin pfeifend durchs Lokal huschte und das Tablett mit der Melange schwungvoll, aber natürlich ohne auszuschütten, durch die Gegend balancierte. »Ist das nicht ein herrliches Tagerl heute? Geradezu zum Anbeißen«, flötete er Frau Jahn zu, als er sich ihr näherte. »Man müsste einfach nur die Welt umarmen, alles um sich herum vergessen und ein neues Leben anfangen.«

Doch Frau Jahn war ganz und gar nicht in derselben heiteren Stimmung wie er. »Draußen ist es kalt. Da herinnen übrigens auch«, knurrte sie ihn an und musste dabei aufpassen, dass ihr falsches Gebiss nicht verrutschte. »Ich hätte gern eine heiße Schokolade und ein Butterbrot, so wie immer. Lassen Sie mich mit Ihren Scherzen bitte in Ruhe und kümmern Sie sich darum, dass ordentlich eingeheizt wird.«

Leopold wunderte sich über so viel Unverständnis und ging einen Tisch weiter zu Herrn Jedlicka. »Hinaus auf die Straße das Glück aufklauben. Raus aus der stickigen Luft und wieder frei atmen. Das Leben von seiner schönsten Seite betrachten, das wär doch jetzt gerade das Richtige«, teilte er ihm mit Kennermiene mit.

»Sie dürfen mir meinen Kaffee und mein Kipferl bringen, aber sonst halten Sie sich mit solchen Bemerkungen in meiner Gegenwart gefälligst zurück«, wies der ihn zurecht. »Ich bin schließlich ins Kaffeehaus gekommen, um eine Weile herinnen zu bleiben und das unfreundliche Wetter draußen zu vergessen. Außerdem betrachte ich hier ausschließlich die Seiten meiner Zeitung, sonst nichts. Haben Sie verstanden?«

Leopold kam aus dem Staunen nicht heraus. Dabei hatte er nur vergessen, dass in einem Wiener Kaffeehaus niemand einen quietschvergnügten Oberkellner erwartete, geschweige denn wünschte. Ein Ober hatte grantig dreinzuschauen, so als hätten ihn sämtliche Gäste schon in aller Früh beleidigt, ohne es zu wissen. Nur aus einer besonderen Gnade heraus nahm er ihre Wünsche entgegen und erfüllte sie – gegen Geld, versteht sich. Vertraulichkeiten gegenüber jenem Teil der Klientel, den man gemeinhin als Stammkundschaft bezeichnete, waren in einem bestimmten, durch lange Gewohnheit abgesteckten Rahmen erlaubt. Singen und Tirilieren gehörten allerdings nicht dazu. Wenn sich das Gesicht des Obers schließlich ein wenig aufhellte, sobald es zur Begleichung der Rechnung kam, war jeder erleichtert, dass ihm seine unbeabsichtigten Vergehen offenbar verziehen wurden. So gab man ein großzügiges Trinkgeld, das der Ober nun seinerseits so freundlich und wohlwollend einstreifte, als wäre überhaupt nichts geschehen. Jegliche unsachgemäße Fröhlichkeit vorher hatte allerdings nach Möglichkeit tunlichst zu unterbleiben.

Auch Frau Heller fiel das ungewohnte Verhalten Leopolds sofort auf, sie sah jedoch großzügig darüber hinweg. »Offensichtlich war es doch gut, dass ich ihn daran erinnert habe, wie man einer Dame aus dem Mantel hilft«, raunte sie ihrer Tochter Doris zu, ehe sie sich mit der Frage an Leopold wandte: »Gibt es eigentlich einen Grund dafür, dass Sie heute gar so gut aufgelegt sind?«

»Positives Denken«, antwortete er wie aus der Pistole geschossen. »Man muss in allem zuerst das Gute sehen, dann geht es gleich viel leichter.«

»Aha!« Frau Heller wiegte schmunzelnd den Kopf hin und her. »Ich wundere mich nur, weil das eine Methode ist, die Sie bis jetzt äußerst zurückhaltend angewandt haben.«

»Manche Dinge schießen einem gewissermaßen über Nacht ein.«

»Was Sie nicht sagen!«

Gerade jetzt, im ungünstigsten Moment, läutete das Handy in Leopolds Sakkotasche. »Das wird Ihr positives Denken sein«, machte Frau Heller ihn aufmerksam. »Sagen Sie der Dame, sie möge sich kurz fassen. Es geht nämlich gleich unser Mittagsgeschäft an. Heute gibt es Hascheehörnchen mit gemischtem Salat, ein besonders beliebter Tagesteller. Da wird einiges los sein. Maximal drei Minuten, nicht länger.« Dann zog sie sich in ihre kleine Küche zurück, um noch einmal Hand an ihre Hascheehörnchen zu legen.

»Hallo, Schnucki«, hauchte Erika indessen ins Telefon. »Wie geht es dir denn?«

Für einen Augenblick zerschmolz Leopold, als er ihre Stimme hörte. Er fasste sich aber sofort. »Hallo, Erika«, antwortete er. »Mir geht es gut, blendend sogar. Kannst dir ja denken, warum. Leider ist der Zeitpunkt jetzt nicht gerade günstig. Außerdem habe ich dir gestern schon gesagt, ich bin kein …«

»… Schnucki, Mausi, Schatzi, Bärli oder Poldi, ich weiß. Du klingst schon wieder so dienstlich. Ich habe ganz vergessen, dass du arbeiten musst, mein armes Schnucki. Ich hätte mich mit meinem Anruf noch ein wenig gedulden sollen, aber ich habe es einfach nicht ausgehalten. Ich will ja nur deine liebe Stimme hören, wenn sie so gar nicht weiß, was sie mit mir reden soll.«

»Das ist alles furchtbar nett von dir. Diese Verniedlichungen musst du dir allerdings schleunigst wieder abgewöhnen. Ich hasse so etwas. Du kennst mich eben noch nicht so richtig.«

»Im Gegenteil. Ich kenne dich jetzt – wie hat Nora es ausgedrückt – vom Kopf bis zum Zehenspitzl. Und ich würde so furchtbar gern nachschauen, ob heute noch alles dran ist, Schnuckilein.«

Leopold lief kurz rot im Gesicht an. Gut, dass niemand hören konnte, was Erika sagte. Überdies war er wegen der vielen Schnuckis schon ein wenig genervt.

»Hör einmal, ich kann jetzt wirklich nicht lang mit dir plaudern«, seufzte er. »Ich rufe dich später zurück.«

»Das brauchst du nicht, Schnucki. Du hast ja heute irgendwann am frühen Nachmittag aus. Da kommst du mich einfach in meinem Papiergeschäft besuchen. Ich habe große Sehnsucht nach dir.«

Leopold fühlte sich hin- und hergerissen. Es war ein bezaubernder Überfall auf seine Zeiteinteilung, aber ein Überfall war es allemal. »Ich werde schauen, was sich machen lässt«, druckste er herum.

»Das *wird* sich machen lassen«, ließ ihm Erika keine Zeit zum Nachdenken. »Du hast das Geschäft ja noch gar nicht gesehen. Und es gibt da ein paar Ecken, wo wir uns vor den Kunden und dem Personal verstecken können. Nachher kommst du zu mir in meine Wohnung. Ich koche uns etwas Gutes, Schnucki, dazu trinken wir ein Gläschen und dann …«

Nun strahlte Leopold über das ganze Gesicht. Seine Bedenken hatten sich schnell in Luft aufgelöst. »Ja, wenn das so ist, komme ich natürlich«, strahlte er. »Ich muss jetzt auflegen. Bis später. Ich freue mich schon.«

Frau Heller brachte bereits gestrengen Blickes die ersten Teller mit den Hascheehörnchen und dem Salat heraus, und Leopold verteilte das Mittagessen rasch und bester Laune auf die einzelnen Tische. Dabei fiel ihm auf, dass sich ein älterer Herr in der Zwischenzeit still und heimlich an einen Fensterplatz gesetzt hatte, ein Herr, den er ganz sicher kannte, nur war es schon sehr lang her, dass er ihn zuletzt gesehen hatte. Zweifelsohne ein Gast, der das Kaffeehaus früher öfter frequentiert hatte und dann irgendwie wieder den Kreis der Stammgäste verlassen hatte.

Leopold war neugierig. Der Name lag ihm auf der Zunge. Also steuerte er geradewegs auf ihn zu, um sich nach seinen Wünschen zu erkundigen und ihn zu fragen, wer er eigentlich war. Denn fragen kostete bekanntlich nichts.

*

»Ich glaube, Ihr Gesicht mit seiner noblen Denkerstirne ist mir noch aus guten, alten Tagen in Erinnerung«, redete Leopold den Herrn an.

»Danke für das Kompliment, das ist ja beinah zu viel Ehr' nach all den Jahren«, lächelte der Gast Leopold amüsiert an, während er ihn über die tief auf seiner Nasenspitze sitzende Brille hinweg musterte. »Ich kenne Sie jedenfalls von früher, als ich meine Unterrichtspausen oft hier im Heller verbracht habe. Sie sind der Herr Leopold. Köck mein Name, Peter Köck.«

»Angenehm!« Leopold deutete eine leichte Verbeugung an. Natürlich konnte er sich an den altgedienten Lehrer erinnern. Die Haare waren damals noch fülliger und vor allem rötlichblond gewesen, und etliche Kilo weniger hatte der Herr Professor auch auf die Sitzbank gedrückt. Thomas war also wirklich so nett gewesen und hatte ihn vorbeigeschickt. Man konnte über ihn sagen, was man wollte, Verlass war auf ihn.

»Ein paar Minuten dauert es noch, dann können wir uns gemütlich unterhalten«, zwinkerte Leopold Köck zu. »Im Augenblick muss ich ein paar Mittagessen servieren. Was darf ich Ihnen denn bringen? Vielleicht auch eine Portion unserer berühmten Hascheehörnchen?«

»Nein danke«, winkte Köck ab. »Einen Tee mit Zitrone, bitte. Und dann sollten wir relativ rasch zur Sache kommen. Ich muss nämlich wieder zurück zur Schule. Ich habe nur gerade eine Supplierstunde.«

»Ich verstehe.« Leopold jonglierte die letzten Menüteller durch die Gegend, vergewisserte sich, dass seine Chefin im Augenblick nicht so genau aufpasste und alle mit dem Essen beschäftigt waren, begab sich zu Köck und spitzte seine Ohren.

»Es ist seltsam, dass ich in letzter Zeit wieder öfter über diesen seltsamen Verein in Stockerau gefragt werde«, begann Köck.

»Nun, innerhalb kurzer Zeit ist eins der Mitglieder, Stefan Renner, spurlos verschwunden, ein anderes, Gottfried Eichinger, ermordet worden.«

Köcks sonst heiteres Gesicht verfinsterte sich kurz. »Die Sache von dem Mord stand in der Zeitung. Ich kann mir nur nicht erklären, was Sie an der Geschichte interessiert.«

214

»Ihnen kann ich 's ja sagen: Ich soll der Familie helfen, Stefan Renner zu finden. Er und Eichinger waren Lenaubrüder. Da gibt es doch einen Zusammenhang, und über den würde ich gern mehr erfahren. Mein Freund Thomas Korber hat Sie mir als mögliche Informationsquelle empfohlen.«

»Ich weiß, ich weiß.« Köck machte eine kurze abwehrende Bewegung mit der Hand. Vertraulichkeiten schienen seine Sache nicht zu sein. »Das sind tatsächlich seltsame Verbindungen. Kurz und gut, ich dachte, die Lenaubrüder seien längst in Vergessenheit geraten. Eigentlich wird der Verein nur mehr von ein paar Fanatikern betrieben und am Leben erhalten. Ich weiß gar nicht, ob sie noch Geld von der Gemeinde bekommen. Die Situation hat sich mit der Zeit einfach grundlegend geändert. Früher hatten wir in Floridsdorf mehrere Maturanten aus Stockerau, aber das ist Geschichte. Die Stockerauer besuchen heute ihr eigenes Gymnasium und verirren sich nicht mehr hierher.«

»Das Ganze war eine Idee von Hannes Langthaler?«, forschte Leopold.

Köck schlürfte von seinem Tee und ließ erkennen, dass er noch ein wenig zu heiß war. Dann fuhr er fort: »Ja! Seine ursprüngliche Absicht bestand darin, das Zusammengehörigkeitsgefühl der Gymnasiasten, die aus Stockerau kamen, zu stärken. Man hat sie etwa in Kleingruppen beim Lernen unterstützt. Später, nach der Matura, sollte der Kontakt erhalten bleiben, ein kleines Netzwerk gebildet werden. Man hat einander immer irgendwie geholfen. Ist doch nicht schlecht, oder?«

»War Langthalers Verwandtschaft dabei bevorzugt? Ich meine da etwa seinen Sohn Lothar und die Renner-Brüder, Stefan und Horst.«

»Das weiß ich nicht, aber wie ich Langthaler kannte, kann ich es mir nicht vorstellen. Dabei möchte ich, bitteschön, auf eines hinweisen: Sein Sohn Lothar hat nie zu den Lenaubrüdern gehört, weil er ins Stockerauer Gymnasium ging. Das war aufgrund der Lehrtätigkeit des Vaters in Floridsdorf nicht anders möglich. Man hat ihn freilich genauso unterstützt und ihm praktisch dieselben Vergünstigungen zukommen lassen wie den anderen. Stefan und Horst waren von Anfang an dabei und haben im Verein eine gewichtige Rolle gespielt.«

»Wie ist der Name ›Lenaubrüder‹ eigentlich entstanden?«, forschte Leopold interessiert weiter.

Köck kostete noch einmal von seinem Tee. Jetzt schien er ihm trinkwarm genug. »Ich denke, das hat mit Langthalers persönlicher Vorliebe für Lenau und seinen eigenen lyrischen Ambitionen zu tun«, antwortete er schließlich. »Als Deutschlehrer wollte er dem Verein einen kulturellen Hintergrund geben. Natürlich hoffte er, dass er dadurch sich und sein Werk in den Vordergrund rücken konnte. Aber das ist, glaube ich, ziemlich schief gegangen. Lenau wurde zum Brennpunkt des Vereins, vor allem durch Langthalers Kollegen Jarosch und Baumgartner. Man hat versucht, in Stockerau diesbezüglich eine Reihe von Aktivitäten und Veranstaltungen anzubieten. Soviel ich weiß, wurden auch rege eigenständige Kontakte zur Stockerauer Partnerstadt Mosonmagyaróvár hergestellt, wo Lenau die Universität besuchte.«

»Und Langthaler wurde von niemandem unterstützt? Nicht einmal von seinen Neffen?«

Köck schüttelte den Kopf. »Lothar ist ja, wie Sie sicher wissen, in der Donau verunglückt, und ich sage es gleich, es war wirklich ein Unfall. Der Kerl hätte einfach nicht auf die verrückte Idee kommen dürfen, an diesem kalten Tag ins Wasser zu springen. Ich weiß auch nicht, was ihn da geritten hat. Stefan und Horst haben sich in keiner Phase ihrer Karriere, weder als Schüler oder Studenten noch später als Selbstständige, für das lyrische Werk ihres Onkels interessiert. Niemand aus der Gruppe war bereit, eine Veröffentlichung zu finanzieren. Das hat Langthaler zusätzlich zum Tod seines Sohnes sicher psychisch belastet. Das Verhältnis zu seinen Neffen war, wie soll ich es ausdrücken, distanziert aber korrekt.«

Leopold hatte sich kurz zu Köck gesetzt, immer mit einem Auge prüfend, ob er irgendwo gebraucht wurde. Daraus und aus einem Blick auf die Uhr schien Köck zu schließen, dass es Zeit war, zu den entscheidenden Punkten zu kommen. »Sie glauben, dass der Mord an Eichinger etwas mit den Lenaubrüdern zu tun hat?«, erkundigte er sich vorsichtig.

»Genau!«

»Ach Gott, Eichinger war immer so ein unscheinbarer, zurückhaltender Mensch, gar nicht der Typ, bei dem jemand darauf aus sein könnte, ihn umzubringen«, überlegte Köck, dessen Miene nun einen Anflug von Traurigkeit aufwies.

»Irgendwer hat's aber getan«, beharrte Leopold. »Und vor etlichen Jahren muss ihm Stefan Renner ganz schön eine betoniert haben. Bei den Zahntechnikern hat große Freude geherrscht.«

»Stefan war früher machtbesessen und unbeherrscht, eine äußerst ungünstige Kombination. Im Lauf der Zeit hat sich das einigermaßen gebessert. Ein Augenarzt, der anderen ein blaues Auge schlägt, kommt eben nicht gut an. Er und Gottfried haben sich leider nie vertragen, und es hat immer wieder schmerzhaft für Gottfried geendet. Seine künstlerische Sensibilität ist oft ausgenützt worden. Sie meinen aber doch nicht, dass Stefan ihn getötet haben könnte?«

»Ich weiß es nicht. Im Augenblick ist Stefan, wie gesagt, abgängig.«

Plötzlich fiel Köck etwas ein. »Ich kann nicht beurteilen, ob es wichtig ist, aber ich erinnere mich da an eine Geschichte, die mir Gottfried einmal erzählt hat. Er hat es ja zu einiger Bekanntheit gebracht, nicht zuletzt, weil ihn der Verein immer wieder gut weitervermittelt hat. Da kam Langthaler eines Tages auf die Idee, er könnte ein paar seiner Gedichte vertonen, damit sie dann bei einem Liederabend vorgetragen werden. Ein absurdes Hirngespinst eines alternden Mannes. Gottfried hat nur den Kopf geschüttelt.«

Neue Gäste kamen zur Tür herein. Leopold wurde ungeduldig. »Und?«, drängte er.

»Das können Sie sich doch denken. Langthaler war zutiefst gekränkt«, erläuterte Köck. »Es bedeutete wohl sein endgültiges Scheitern. Er hat sich mit seinem Werk bei den Lenaubrüdern nie durchsetzen können. Mit Gottfried hat er nachher kein Wort mehr gewechselt.

Das hat Gottfried sehr beschäftigt, ich habe ihm aber mehrmals zu verstehen gegeben, dass er keine Schuld an der ganzen Angelegenheit trägt. Nun ist er tot, der Arme. Wie Langthaler. Es geht schnell mit dem Sterben, und es nimmt vielen Dingen ihren Sinn.«

Köck hatte die ganze Zeit mit derselben eintönigen Gelassenheit geredet, obwohl er sämtliche Beteiligten gut gekannt hatte. Nur manchmal hatte sich zwischendurch, so wie jetzt, ein kleiner Schatten auf sein Gesicht gelegt. Leopold fragte sich, ob es ein Bestandteil seines Berufes als Lehrer war, dass er Einzelheiten einfach abhakte und ohne allzu viele Emotionen vortrug. »Sie wundern sich vielleicht, dass ich das alles so monoton herunterbete wie einen Stoff, den ich meinen Schülern bereits zum 100. Mal vorkaue«, las Köck da auch schon Leopolds Gedanken. »Es ist meine Art, über Sachen hinwegzukommen. Man darf sich nicht zu sehr hineinsteigern, auch wenn einen das eine oder andere berührt. Ich mochte Gottfried, diesen kleinen Chaoten, der auch einmal mein Schüler war, sehr, aber das ist es nicht. Man wird älter. Das ist so, wie wenn man weiß, dass der Winter kommt. Da möchte man es schön warm haben. Man wehrt sich gegen die Kälte. Und wenn das nichts nützt, ignoriert man sie eben. In so einer Phase befinde ich mich gerade. Dies ist mein letztes Jahr als Lehrer. Nachher kommt nicht mehr viel. Ich bin allein daheim. Ich beginne, Angst vor dem Sterben zu haben.« So als ob es die selbstverständlichste Sache der Welt wäre, blickte er nach diesem melancholischen Exkurs nochmals auf seine Uhr. »Ich möchte jetzt zahlen und gehen«, seufzte er. »Mein Dienst in der Schule beginnt gleich wieder. Werden Sie übrigens der Polizei von unserem kleinen Gespräch erzählen?«

Leopold kassierte und bedankte sich höflich, obwohl Köck ein wenig knausrig mit dem Trinkgeld war. »Es muss nicht sein«, bekundete er. »Aber andererseits darf sich niemand der Wahrheitsfindung in den Weg stellen. Wenn unsere Unterhaltung also für die Polizei aus irgendeinem Grund wichtig werden sollte …«

»Ach, hören Sie mir auf«, winkte Köck ab. »Mit den Behörden möchte ich nichts zu tun haben, vor allem nicht wegen so einer Sache. Das habe ich in meinem Alter nicht mehr notwendig. Ich brauche meine Ruhe.« Dann zog er seinen Mantel an und verschwand so unauffällig, wie er gekommen war.

Leopold rätselte, was er von Köcks Ausführungen halten sollte. Es tauchten schon wieder so viele Fragen auf: Wie sehr war Langthaler selbst in den Fall verwickelt? Inwieweit war es von Bedeutung, dass er innerhalb seiner Lenaubrüder so wenig Anerkennung gefunden hatte? Hatte seine offensichtliche spätere Feindschaft mit Eichinger etwas mit dem Mord zu tun? Und was hieß es, dass der alleinstehende Köck Eichinger sehr gemocht hatte? Konnte man da etwa eine Neigung herauslesen? Irgendwo lagen hier die Ansätze zu einer Lösung, doch noch liefen die Fäden eher auseinander statt zusammen.

Es gab jedenfalls genug, worüber er nachdenken musste. Vorher gab es allerdings anderes zu tun. Er hatte ja bald Dienstschluss und wollte noch bei Erika Hallers Papiergeschäft vorbeischauen. Schon bemächtigte

sich seiner wieder eine ungeahnte Fröhlichkeit und Vorfreude. Wer konnte sagen, wie sich der Nachmittag weiter entwickeln würde? Vorerst hieß das Motto einmal:
Galanterie in der Papeterie!

*

Erika Hallers Papiergeschäft strahlte immer noch sym-
pathischen alten Charme aus. Die Glückwunschkarten,
Geschenkartikel und schönen Schreibwaren standen im
Vordergrund, nicht die Druckerpatronen, Speicherme-
dien und das Kopierpapier, wenngleich sich damit wohl
das meiste Geld verdienen ließ. Das Geschäft war auch
ein wenig verwinkelt, und man konnte, wenn einem
danach war, kurz hinter einer Ecke verschwinden, so wie
Leopold und Erika das gerade unbemerkt von den Kunden und vom Verkaufspersonal taten. »Du hast wirklich
viele schöne Sachen hier herinnen«, lobte Leopold. »Da
gibt es eine Reihe toller Ideen für Geschenke. Ich weiß
bloß nicht, wem ich etwas schenken soll.«

»Aber aber, Schnucki, mir fallen da genug Leute ein:
zunächst einmal dein Freund Thomas Korber, dann
deine Chefs Herr und Frau Heller, dann Geli und Nora,
dein Oberinspektor, seine Frau Hannelore ...«, zählte
Erika auf.

»Jetzt brems dich bitte wieder ein, ich bin ja kein Krö-
sus«, bemerkte Leopold heiter.

»Ich glaube, ich muss dir noch beibringen, wie man
Menschen mit kleinen Dingen eine große Freude macht«,
scherzte auch Erika. Danach gaben sie sich wieder den

kleinen Unanständigkeiten hin, die nur eins waren: eine Vorbereitung auf die große Unanständigkeit, die bald folgen sollte.

Nach Geschäftsschluss fuhren sie in Erikas Wohnung im zweiten Bezirk, in der Taborstraße. Leopold wunderte sich, dass sie so groß und geräumig war, obwohl Erika hier allein lebte. Wahrscheinlich brauchten Frauen einfach mehr Platz um sich und für die Hunderten von Kleinigkeiten, die sie besaßen, überlegte er. Doch Erika ließ ihm nicht viel Zeit nachzudenken. Zuerst ging es unter die Dusche, dann schlüpften sie gemeinsam unter die Decke von Erikas Bett. Sie liebten sich diesmal wilder als am Vortag, wo sie das Neue und Fremde da und dort noch ein wenig vorsichtig gemacht hatte. Nun ließen sie ihrer Begierde freien Lauf. Am Ende lagen sie schweißgebadet, aber glücklich da und wussten nur eins: dass sie wieder unter die Dusche mussten. Zunächst wollte jedoch keiner von ihnen die behagliche Liegestatt verlassen.

»Ich mache uns jetzt etwas Feines zu essen«, beschloss Erika erst nach einer guten halben Stunde, die von einer angenehmen Trägheit gekennzeichnet war. »Bleibst du über Nacht?«

Leopold blickte hinauf zum Plafond. Es war ein fremder Plafond. Das ganze Zimmer, das Bett und die Möbel waren ungewohnt und fremd. Er konnte sich nicht erinnern, wann er das letzte Mal auswärts geschlafen hatte. »Ja, ich bleibe, wenn ich darf«, sagte er dennoch und war sich sicher, dass Erika irgendwo eine unbenutzte Zahnbürste für ihn hatte. Sie küsste ihn auf die Wange. Dann hätte er eine Ewigkeit lang ihren straffen Hintern

betrachten können, den sie ihm zuwandte, als sie auf-
stand und Richtung Küche ging.

Plötzlich fiel ihm etwas ein. »Um Himmels willen«,
rief er mit einem sorgenvollen Blick auf die Uhr. »Hoffentlich hat Thomas nicht auf die Versammlung bei den
Lenaubrüdern vergessen. Das wäre denn doch zu blöd!«

*

Als Thomas Korber an der Tür zum Versammlungsort
der Lenaubrüder läutete, öffnete ihm Anton Benedek.
»Der Herr Professor, natürlich«, begrüßte er ihn ein-
silbig. Korber trat in einen Vorraum, der in einen kleinen Saal mündete. Dort herrschte, wie es aussah, lockere
Gesprächsatmosphäre. Die Mitglieder saßen links und
rechts in kleinen Gruppen an mehreren Tischen zusammen, dazwischen befand sich eine kleine, freie Fläche.
Vorn stand ein Tisch, der offenbar für die Vorsitzenden
einer offiziellen Zusammenkunft oder Debatte gedacht
war. Er war allerdings leer. Man trank Bier, Wein oder
Mineralwasser und unterhielt sich zwanglos. Einige
rauchten.

»Sie müssen wissen, dass wir mit unserer Sitzung
natürlich früher angefangen haben und jetzt schon fertig sind«, erklärte Benedek.

»Natürlich«, rutschte es Korber heraus, obwohl er
gar nichts verstand. Da war auch schon Manfred Jarosch
bei ihm. »Ah, da sind Sie ja, Herr Professor Korber.«
Er streckte ihm die Hand hin. Sein Gesicht zeigte dabei
ein flüchtiges Lächeln, wurde aber sofort ernst. »Die

Versammlung ist bereits vorüber«, teilte er Korber mit. »Wir sind davon ausgegangen, dass Sie ohnedies kein großes Interesse an ihr haben werden. Leider mussten wir umdisponieren, weil sich die Polizei zu einer kleinen Befragung angekündigt hat. Die Sache stand in der Zeitung: Eines unserer Mitglieder ist ermordet worden.«

»Ich habe es gelesen. Weiß man schon Näheres darüber?«, erkundigte sich Korber vorsichtig.

»Nein, leider nicht. Wer sollte Eichinger – so hieß der Mann – schon umbringen wollen? Er hatte hier keine Feinde.« Damit schien das Thema für Jarosch erledigt. »Kommen Sie doch weiter«, bat er seinen Gast. Korber sah sich vorsichtig um. Sehr wohl fühlte er sich nicht in seiner Haut. Er hatte das Gefühl, dass ihn Jarosch auf Schritt und Tritt beobachtete. Warum hatte er sich bloß wieder auf eine solche Sache eingelassen?

Jetzt kam auch Baumgartner herbei. Wie auf dem Friedhof hatte er wieder seinen komischen Hut auf. Es sah aus, als ob er mit ihm schlafen würde. »Guten Abend«, grüßte er leise und unauffällig.

Korber erblickte Philipp und Horst Renner, daneben eine Frau, die Horsts Gemahlin sein mochte, und an einem anderen Tisch Ulrike Renner, der er kurz im Café Heller begegnet war. Überhaupt waren da gar nicht so wenige Frauen. Baumgartner fiel gleich auf, dass Korber sich wunderte. »Wir sind kein reiner Männerklub. Natürlich gibt es auch Frauen bei uns«, erklärte er.

»Ja, ja, selbstverständlich! Ich dachte nur, wegen des Namens ...«, stotterte Korber herum. Er tat sich schwer, seine Gedanken zu artikulieren.

»Die ersten Mitglieder waren alle Männer«, informierte Baumgartner ihn sofort. »Deshalb der Name Lenaubrüder. Hätten wir ihn ändern sollen, damit er politisch korrekter klingt? Etwa in ›Lenaubrüder und Lenauschwestern‹? Oder gar in ›Lenauleute‹? Ach, kommen Sie mir nicht mit so etwas.« Er setzte ein boshaftes Lachen auf. »Sie sehen ja, was es bei der österreichischen Bundeshymne fruchtet, wenn ein von einer Frau entworfener und allgemein anerkannter Text aus Gründen der so genannten politischen Korrektheit mutwillig geändert wird.* Keiner kennt sich mehr aus. Niemand bezweifelt, dass Österreich die Heimat vieler großer Menschen ist, Männer wie Frauen. Aber müssen in der Hymne zu den Söhnen unbedingt die Töchter dazu? Das lässt sich so schlecht singen, dass es meist gar nicht beachtet wird. Ich frage Sie: Was ist schlimmer, gar nicht im Text vorzukommen, oder einfach übergangen zu werden, obwohl man in ihn aufgenommen wurde? Und ich frage Sie, warum man sich für keinen neutralen Reim entscheiden konnte, etwa den von mir favorisierten

›Heimat bist du großer Kinder,
Sänger, Dichter und Erfinder‹?«

---

* Der Text der österreichischen Bundeshymne stammt von der österreichischen Dichterin Paula von Preradović aus dem Jahr 1947. Im Dezember 2011 wurde im österreichischen Nationalrat eine ›geschlechtergerechte Änderung‹ dieses Textes beschlossen, die hauptsächlich darin bestand, dass die Zeile ›Heimat bist du großer Söhne‹ in ›Heimat großer Töchter und Söhne‹ umgewandelt wurde.

Er sah Korber prüfend ins Auge. »Keine Ahnung«, kam dessen ratlose Antwort.

»Wegen der ›-innen‹«, schärfte Baumgartner ihm ein. »Selbstverständlich gibt es auch große österreichische Sängerinnen, Dichterinnen und Erfinderinnen. Die würden unsere politisch Korrekten dann natürlich gern ebenso erwähnt haben. Nur reimt sich auf diese Weise überhaupt nichts mehr, und der ganze Rhythmus ist futsch. So holpert man halt mit den Töchtern durch die Gegend. Da sind mir unsere Lenaubrüder schon lieber.«

Korber bemerkte, dass Ulrike Renner, die sich die ganze Zeit angeregt mit ihrem Nachbarn unterhielt und dabei auch ordentlich dem Wein zusprach, Manfred Jarosch zu sich winkte. Unterdessen legte Baumgartner die Hand auf seine Schulter und meinte anerkennend: »Sie sind schon in Ordnung. Wenn Sie wollen, werden wir Sie den Leuten jetzt vorstellen.«

Korber zögerte. Eigentlich wollte er es nicht. Er fühlte sich hier total fehl am Platz. Doch schon war Jarosch wieder bei ihm und nahm ihn gemeinsam mit Baumgartner in die Mitte. »Liebe Freunde«, verkündete er den Anwesenden. »Wir haben die große Ehre und Freude, einen Lehrer des Floridsdorfer Gymnasiums in unserer Mitte willkommen zu heißen, Herrn Professor Thomas Korber. Den meisten von Ihnen ist er wahrscheinlich kein Begriff, weil er in den schönen Jahren unserer Schulzeit noch nicht dort tätig war. Doch Herr Korber arbeitet gerade an einer Biografie über – wie könnte es anders sein – Nikolaus Lenau. Deshalb hat er sich heute Abend zu uns gewagt. Er würde gern seine Erkenntnisse im Gespräch mit Ihnen austauschen und kann uns vielleicht die eine oder andere Neuigkeit über Lenau sozusagen auf dem Servierbrett liefern. Kommen Sie, Herr Professor, nicht so schüchtern, alle sind begierig darauf, Sie kennenzulernen. Ich kann mich noch erinnern, wie wir einander vor ein paar Tagen, als wir uns zum ersten Mal trafen, Verse aus Lenaus Faustdichtung zuspielten. Nun, wie wäre es mit einer weiteren Kostprobe? Ich dachte da an eine leichte Stelle, Fausts Pakt mit dem Teufel, Mephistopheles im Monolog:

›Dein halbes Leben ist verflossen,
Es ward vergrämelt und vergrübelt,
Einsam in studiis verstübelt,
Hast nichts gethan und nichts genossen.‹«

»›Hast noch die Weiber nicht geschmeckt,
Noch keinen Feind ins Blut gestreckt.
Das Beste, so das Leben beut,
Hast du zu kosten dich gescheut.‹«,

schloss Korber nahtlos an. Er atmete innerlich ein klein wenig auf. Gott sei Dank war ihm auch diese Stelle noch in Erinnerung. Er hatte den Faust zu seinem Glück damals mit seiner Klasse wahrlich genau gelesen.

»Bravo«, kam es anerkennend von Jarosch, dessen kleine Augen wieder gefährlich zu blitzen begannen. »Ist es nicht eine Wohltat, diese sinnigen und erhebenden Zeilen zu hören? Gleichzeitig ist es ein wunderbares Gefühl zu wissen, dass es auch außerhalb unseres Kreises Menschen gibt, denen Lenau ein Anliegen ist, und die etwas Bleibendes schaffen werden, das seinen Namen hochhält, auch wenn wir mit der Zeit den Weg alles Irdischen gehen müssen. Ich glaube, es ist nur recht und billig, wenn wir dem Wiener Herrn Professor ein kleines Geheimnis aus den Gepflogenheiten unseres Vereins verraten. Der berühmte Mephisto-Walzer Nr. 1 von Franz Liszt, der durch die Szene in der Dorfschenke aus Lenaus Faust inspiriert wurde, ist ein wesentlicher Bestandteil unserer Silvesterabende. Sobald nach Mitternacht das Läuten der Pummerin aus dem Stephansdom verklungen ist, ertönt dieser Walzer bei uns aus den Lautsprechern, und wir tanzen und drehen uns dazu gemütlich im ¾-Takt anstatt zum Donauwalzer. Na, was sagen Sie jetzt, Professor?«

»Ein sehr schöner Brauch«, nickte Korber beifällig. Im Grunde war es ihm egal, zu welcher Musik die Lenaubrüder das Tanzbein schwangen.

Plötzlich war es im Saal mucksmäuschenstill. Alle schauten auf Korber, musterten ihn eindringlich. Jarosch ließ das Schweigen ein wenig gewähren, dann nahm er wieder das Wort: »Sie können sich dann selbstverständlich mit unseren Mitgliedern unterhalten und sich weitere Details erzählen lassen, Herr Professor, sollte nicht die Polizei inzwischen eintreffen. Eine erfreuliche Nachricht unsere heutige Sitzung betreffend möchte ich Ihnen aber nicht vorenthalten. Wir werden unsere Kontakte zu Stuttgart, wo sich Lenaus Wege so oft mit denen des Schwäbischen Dichterbundes kreuzten, verstärken und bei der Gemeinde einen Antrag stellen, dass Stuttgart zu einer weiteren Partnerstadt Stockeraus wird. Wir sind natürlich neugierig, wie Sie diese Schaffensphase Lenaus in Ihrer Biografie behandeln werden. Was, zum Beispiel, ist Ihre Meinung über seine Liebe zu Emilie Auguste Vischer, in deren Leben er der einzige Mann blieb?«

Korber merkte, dass es jetzt in eine Richtung ging, in der er nicht sehr bewandert war. Er musste der Frage irgendwie ausweichen. »Das kommt erst in einem späteren Kapitel vor. Damit habe ich mich noch nicht eingehend beschäftigt«, wandte er ein.

»Aber eine Meinung müssen Sie doch haben.« Jaroschs Augen funkelten, auf Baumgartners Gesicht war eine gewisse Unruhe abzulesen. Korber suchte nach einer möglichst allgemeinen, nichtssagenden Antwort. Seines Wissens nach hatte es Lenau zu keiner wirklich glücklichen Beziehung mit einer Frau gebracht. Von einer Emilie Auguste Vischer wusste er nichts. »Wie war das Verhältnis?«, bohrte Jarosch weiter.

»Es war auf jeden Fall intensiv«, rutschte es Korber nach kurzem Zögern heraus.

»Intensiv?« Ein breites Grinsen zeigte sich über Jaroschs Vollbart. »Wollen wir nicht auch sagen tragisch?«

Korber fühlte sich immer mehr in die Enge getrieben. Ihm fiel auf, dass die Leute, die um ihn herum saßen, ihr Gespräch beinahe vollkommen eingestellt hatten und auf seine Antwort warteten. Er wollte nur schnell etwas von sich geben, damit diese peinliche Situation vorüberging. »Ja«, stammelte er. Schließlich mit festerer Stimme: »Ja, auch tragisch.«

Die Stille, in die er hineinsprach, war beängstigend. Man hätte eine Stecknadel fallen hören können. Dann kam von irgendwo unterdrücktes Lachen, das sich rasch auf alle Tische ausbreitete und anschwoll. Die Lenaubrüder ergingen sich geradezu in einer Welle der Heiterkeit. »Was haben Sie da geredet, Sie Idiot?«, zischte Baumgartner. »Emilie Auguste Vischer hatte nie etwas mit Lenau zu tun, sie war mit Ludwig Uhland verheiratet. Lenau hatte damals allenfalls ein platonisches Verhältnis zu Gustav Schwabs Nichte Lotte Gmelin. Und der Mephisto-Walzer Nr. 1 ist im 3/8-Takt geschrieben. Versuchen Sie da einmal, sich im Kreis zu drehen!«

So war das also! Man hatte ihn auf die Probe gestellt, und er war darauf hereingefallen. »Es ist wirklich tragisch. Sie sind nicht gut über unseren Nikolaus Lenau informiert, Professor, überhaupt nicht gut«, stellte Jarosch mitleidlos fest. »Kein Wunder, dass es mit unseren Schülern derart bergab geht, wenn sie von solchen Lehrern unterrichtet werden. Auf jeden Fall verbiete ich Ihnen, auch nur eine Zeile über Lenau zu veröffentlichen. Jetzt aber, lieber Professor, bitte ich Sie erst einmal, das Tanzbein zu schwingen. Tanzen Sie den Mephisto-Walzer Nr. 1, drehen Sie sich im Walzertakt. Na los, das ist ein Befehl!«

Korber wollte sich rechtfertigen, aber ihm blieb keine Zeit dazu. Mit einem Mal dröhnte aus den Lautsprechern Musik auf ihn ein, schnell, wild und bedrohlich. Er merkte sofort, dass der Takt viel zu rasch war, um hier einen normalen Walzer wie den Donauwalzer oder den Fledermauswalzer aufs Parkett zu bringen. Hilflos stand er in dem Gehämmer der Klaviertasten. Da erhob sich

Ulrike Renner von ihrem Platz und kam, mit den Fingern schnippend und mit der Taille verführerisch wippend, auf ihn zu. Sie war nicht mehr nüchtern, doch gerade das machte sie lasziv. Sie fasste Korber bei beiden Händen und umwarb ihn schmeichelnd: »Komm, mein Schatz, lass uns tanzen!«

»Wie soll ich das denn tanzen?«, fragte Korber verzweifelt.

»Wie hast du gerade so schön gesagt? Intensiv!«

Ulrike riss ihn förmlich zu sich. In diesem Augenblick wurde die Musik süßlicher, ruhiger, betörender, wenn auch nicht langsamer im Takt. »Los, mein Schatz«, forderte Ulrike Korber auf. »Das ist ein Tanz bei einer Hochzeit in einer Dorfschenke. Da geht es ausgelassen und munter zu. Tu das, wonach es dich gerade gelüstet.« Sie führte seine rechte Hand zu ihrer linken Brust und ließ sie über ihre Warze streifen. »Aber deine Füße musst du schon bewegen«, grinste sie dabei. »Sonst wird das gar nichts.«

Korber versuchte, irgendwie ein paar Schritte hinzukriegen. Doch schon spürte er, wie Ulrikes Finger seine Männlichkeit berührten und aufzuwecken versuchten. Gleichzeitig fuhr ihre nach Wein schmeckende Zunge in seinen Mund. Dazu die ohrenbetäubende Musik, die grölenden Lacher, die jetzt wieder einsetzten. Mein Gott, was würde als Nächstes kommen? Korber fühlte sich aufs Fürchterlichste gedemütigt und gleichzeitig seltsam erregt.

Mit einem Mal stoppte die Musik, gerade als sich seine Handfläche an der Innenseite ihrer Schenkel hoch tastete. Ulrike löste sich daraufhin schneller von ihm, als er es wahrhaben wollte. Dann klatschte sie dem verdatterten Korber links und rechts eine Ohrfeige ins Gesicht. »Sie mieses Schwein«, schrie sie ihn unter dem Applaus der Lenaubrüder an. »Sie begeilen sich hier an mir vor allen Leuten. Von Anfang an haben Sie mir nachspioniert. Werden Sie Stefan sagen, was für eine unzüchtige Frau ich bin, wenn Sie ihn mit Ihrem Freund, dem Herrn Oberkellner, gefunden haben? Werden Sie ihm erzählen, wie ich mich hier mit anderen Männern vergnüge und es mit ihnen treibe?«

»Hören Sie, ich ...« Korber rang nach Worten.

»Der Professor hat uns allen nachspioniert«, konstatierte Jarosch. »Er wird uns deshalb jetzt auf schnellstem Wege verlassen und nie mehr wiederkommen.«

»Natürlich wird er uns verlassen, natürlich«, krächzte Benedek. »Und zwar schleunigst.« Er postierte sich wie ein Rausschmeißer vor dem Ausgang. Auch Horst und Philipp Renner rückten näher.

Plötzlich stand Jakob Baumgartner hinter Korber. »Gehen Sie, bevor es zu spät ist«, raunte er ihm zu. »Ich weiß, was Sie hier gesucht haben. Da ist eine Karte mit meiner Adresse. Kommen Sie morgen nach Ihrem Unterricht bei mir vorbei, dann erzähle ich Ihnen mehr. Und jetzt verschwinden Sie!« Er drückte Korber eine Visitenkarte in die Hand. Korber steckte sie in sein Sakko und überlegte fieberhaft, wie er sich ohne weitere Schwierigkeiten aus dem Lokal der Lenaubrüder entfernen konnte. Es sah nicht gut aus.

Doch zu Korbers Erleichterung läutete es an der Tür. Das musste die Polizei sein. Benedek öffnete und schrie sein »Die Polizei, natürlich«, bis auf den Gang hinaus. Daraufhin kamen Juricek und Bollek mit einigen anderen Beamten zur Tür herein. Sie sahen Korber, begriffen die Situation jedoch schnell und ließen ihn ungestört von dannen ziehen. »Guten Abend! Mein Name ist Oberinspektor Juricek. Meine Kollegen und ich kommen wegen des Mordes an Gottfried Eichinger«, stellte Juricek sich vor. »Ich denke, wir sind hier richtig. Ich habe vorhin die letzten Takte des Mephisto-Walzers Nr. 1 von Liszt, komponiert nach einer Szene aus Lenaus Faustdichtung, aus Ihrem Fenster gehört.«

14

's ist eitel nichts, wohin mein Aug ich hefte!
Das Leben ist ein vielbesagtes Wandern,
Ein wüstes Jagen ist's von dem zum andern,
Und unterwegs verlieren wir die Kräfte.

(Aus: Lenau, Eitel nichts!)

»So etwas mache ich nie mehr wieder. In Zukunft musst du deine Spitzeleien allein durchführen!« Korber war noch immer fuchsteufelswild, nachdem er Leopold und Bollek im Lehrerzimmer des Floridsdorfer Gymnasiums von seinem vortägigen Abenteuer erzählt hatte.

»Die Idee war wirklich nicht gerade intelligent«, fügte Bollek seufzend hinzu. »Diese Lenaubrüder haben den Braten wahrscheinlich schon meilenweit gerochen. Warum stecken Sie Ihre Nase immer so weit in die Dinge hinein, dass es peinlich wird, Herr Leopold? Warum überlassen Sie die Sache nicht uns? Mit unseren Methoden kommen wir bedeutend weiter.«

Er bemühte sich um eine gewisse oberflächliche Freundlichkeit, aber er sah missmutig drein. War es wegen Leopolds misslungener Aktion, oder weil ihm Nora so sehr zusetzte? Egal. »Und was haben Sie gestern herausgefunden?«, erkundigte sich Leopold so, als ob nichts gewesen wäre.

Bolleks Gesicht wechselte nun in ein verbissenes Lächeln. »Das geht Sie, mit Verlaub, nun wirklich nichts an«, grinste er. »Ist vorläufig streng geheim. Sie können ja versuchen, ob Sie meinem Chef, dem Herrn Oberinspektor, etwas herauslocken. Vielleicht verrät er Ihnen in einer schwachen Stunde das eine oder andere.«

»Wie soll es da eine Zusammenarbeit geben, wenn jeder aus allem ein Geheimnis macht?«, bekrittelte Leopold.

»Das wollte ich Sie schon lang einmal fragen«, konterte Bollek. »Immerhin haben Sie jetzt die Möglichkeit, bei einer Befragung dabei zu sein. Machen Sie das Beste daraus!«

Alle drei gingen hinüber zum Sekretariat. Dort wurden sie schon von Frau Pohanka mit ihrem säuerlichen Lächeln erwartet. Sie zeigte in die Ecke, wo Patrick, Jürgen und Martin saßen. »Da haben Sie Ihre Missetäter«, verkündete sie. »Der Herr Direktor hat im Augenblick keine Zeit. Er bittet Sie, Herr Professor Korber, darauf zu achten, dass alles fair abläuft. Sie sind ihm sozusagen verantwortlich. Außerdem ist in der fünften Stunde in der Klasse Biologietest, den dürfen die Schüler nicht versäumen.« Dann erhob sie sich, räusperte sich dreimal und führte alle in eine freie Klasse. Noch einmal schaute sie über ihren Brillenrand hinweg, ob auch alles seine Ordnung hatte, räusperte sich ein letztes Mal und zog sich dann diskret zurück.

Die drei Burschen schauten betreten drein. Man sah es ihren Gesichtern an, dass sie schon gespannt darauf waren, was jetzt kommen würde. Eigentlich hatten sie dieses Gespräch nicht mehr erwartet. Bollek begann deshalb auch in überraschend vertraulichem Ton. »Wie geht es dir, Jürgen? Was macht deine Verletzung?«, fragte er.

»Es geht schon wieder«, antwortete Jürgen ungewohnt leise. »Ich spüre nicht mehr viel am Kopf. Aber in die Schule soll ich eigentlich erst wieder nächste Woche. Es ist noch zu anstrengend. Ich bin nur gekommen, damit ich den Bio-Test nicht versäume.«

»Schön, dann fangen wir gleich mit dir an. Weshalb genau wart ihr beim Friedhof?«

Jürgen tat nun ziemlich gleichgültig. »Einfach so. Es ist dort angenehm gruselig. Und vor Allerheiligen brennen eine Menge Kerzen, da macht es besonderen Spaß.«

»Ihr hattet keine bestimmten Absichten?«

»Nein!«

»Wie kommt es dann, dass du plötzlich allein auf der Wiese warst? Warum sind Patrick und Martin in den Friedhof gegangen.«

»Ich weiß es nicht, ich hab's vergessen. Ich weiß nur mehr, dass wir beim Zaun rumgelungert sind.«

»Nur gelungert? Oder habt ihr auch geraucht und getrunken?« Bollek verschärfte den Ton ein wenig.

»Wir haben bloß gechillt.«

»Wie es war, als du niedergeschlagen worden bist, weißt du auch nicht mehr?«

»Nein, das ist alles komplett weg.«

»Kannst du dich an ein Auto erinnern, das auf der Wiese gestanden ist?«

»Ich sage Ihnen doch, es ist alles blank da oben.« Jürgen wetzte herum. Er wurde unruhig. Sonst machte er bereits wieder einen munteren Eindruck.

»Kommen wir zu dir, Patrick«, wandte sich Bollek an den nächsten Burschen. »Hast du ein Auto gesehen?«

»Kann sein. Ich weiß nicht. Ich habe nicht darauf geachtet.«

»Weshalb warst du im Friedhof drinnen?«

Patrick kratzte sich am Kopf. Er gab sich ebenfalls betont lässig. »Ich war eben neugierig. Wie das Gefühl ist, wenn man da so nachts zwischen den Gräbern steht, verstehen Sie? Außerdem war Martin auf einmal weg, und ich wollte ihn suchen, damit ihm nichts passiert. Jürgen war ein wenig mulmig zumute, von wegen ›dürfen wir das‹, deshalb ist er draußen geblieben.«

Jürgen wollte darauf etwas sagen, unterließ es aber. »Und du, Martin?«, befasste sich Bollek mit dem dritten Knaben.

»Ich bin zu dem einen Grab hin, weil es mich interessiert hat, weil da einer gestorben ist. Die vielen Kränze und das ganze Zeug. Ich konnte ja nicht wissen, dass das Grab noch offen war. Es war dann auch ein wirklich grausiger Anblick«, gab Martin Auskunft.

»Du bist aus freien Stücken hineingegangen?«

»Ja, mir hat das nichts ausgemacht.«

»Als wir uns das letzte Mal unterhalten haben, hat es ein wenig anders geklungen. Da hatte ich den Eindruck, dass du zuerst nicht unbedingt auf den Friedhof wolltest«, erinnerte Bollek Martin.

Martin zögerte vielleicht einen Augenblick zu lang, ehe er betonte: »Ich weiß jetzt nicht mehr genau, was ich damals gesagt habe. Aber nach einer Zeit war es langweilig, einfach nur draußen zu chillen. Ich wollte mir das Grab ansehen. Ich habe keine Angst gehabt.«

»Ist es nicht vollkommen egal, was Martin wann wollte?«, entrüstete sich Patrick. »Was soll diese Fragerei?«

»Es ist nicht egal«, schaltete sich Leopold nun in das Gespräch ein. »Was bis jetzt noch nicht erwähnt wurde, ist, dass ein Anzug aus dem Grab entwendet worden ist. Man hat ihn dem Toten ausgezogen und nachher in eine Mülltonne geworfen. Wenn du tatsächlich so mutig bist, wie du uns jetzt glauben machst, Martin, traue ich dir ohne Weiteres zu, dass du das getan hast, weil du Spaß haben und vor den anderen damit prahlen wolltest. Alle Achtung! Allerdings wird dir der Inspektor gleich erklären, dass es sich bei so etwas um Grabschändung, also eine strafbare Tat, handelt.«

Das saß. Der ohnehin schon kleine Martin wurde noch um eine Spur kleiner. Er wandte sein Gesicht ab und kämpfte mit den Tränen. »So etwas habe ich nicht gemacht«, sagte er kaum hörbar.

»Wer soll es denn gemacht haben? Hast du vielleicht jemanden bemerkt?«, bellte Bollek ihn an.

»Ich habe es Ihnen schon gesagt … Ich habe etwas gehört … Aber da war die Leiche ja schon ausgezogen …«, stammelte Martin. Er war jetzt die Konfusion selbst.

»Klingt nicht sehr überzeugend«, stellte Bollek klipp und klar fest. »Ich glaube, ich werde dich aufs Kommissariat mitnehmen müssen, damit du uns dort alles noch einmal ganz genau erzählst. Das kann lang dauern, bis in den Nachmittag hinein. Und deinem Direktor werde ich mitteilen müssen, warum du mit mir gehst und den Bio-Test nicht schreiben kannst.«

»Das können Sie nicht machen«, rief Patrick erregt.

»Natürlich kann ich das«, versicherte Bollek ihm. »Das kann ich sogar sehr gut!«

Martin sah nur mehr aus wie ein kleines Häufchen Elend. Leopold meldete sich wieder zu Wort: »Wenn Martin den Friedhof nicht ganz freiwillig betreten hat, dann könnten wir davon ausgehen, dass er mit der Grabschändung nichts zu tun hat. Das wäre ja immerhin auch eine Möglichkeit.«

Jürgen und Patrick schauten Martin drohend an, aber es war bereits zu spät. »Ich wollte überhaupt nicht auf den Friedhof«, platzte es aus ihm heraus. »Ich habe es nur getan, weil Jürgen und Patrick mir eingeredet haben, dass ich sonst nicht ihr Freund bin. Sie haben mich unter Druck gesetzt.«

»Weichei«, grunzte Jürgen.

»Wichser«, brauste Patrick auf.

»Selber Wichser«, sang Martin mit weinerlicher Stimme. »Die ganze Zeit habt ihr mich bearbeitet. Es reicht mir. Jetzt sage ich einmal, was mir passt, und das ist die Wahrheit. Ich will nicht ins Gefängnis wegen euch.«

Patrick sah Martin an und verdrehte dabei die Augen. »Gefängnis? Träum weiter, du Vollkoffer!«

»Langsam, Patrick, und hört mir jetzt bitte alle einmal zu.« Bollek bemühte sich, Ordnung in das Durcheinander zu bringen. »Eure Streitereien und Machtspiele interessieren mich nicht. Aber vielleicht ist nicht nur Jürgen niedergeschlagen worden, sondern es ist mehr passiert. Wenn mich also noch einer von euch anschwindelt, wird es wirklich ernst. Es geht immerhin um einen Mord, und ihr steckt da mitten drinnen. So! Ihr wolltet Martin also auf die Probe stellen, stimmt's?«

»Ja«, gab Jürgen kleinlaut zu.

»Was ist auf dem Friedhof passiert, Martin? Was für ein Gefühl hattest du, als du über den Zaun gestiegen bist?«

»Kein besonders gutes. Als ich mich an die Dunkelheit und alles gewöhnt hatte, ging es halbwegs. Ich sollte einen Kranz oder so etwas Ähnliches von diesem Grab mitnehmen, als Beweis, dass ich nicht feige bin. Dann wäre ich aber dort fast hineingefallen. Ich habe den halb nackten Toten gesehen und voll die Panik bekommen. Es waren da auch so komische Geräusche. Ich habe mir fest eingebildet, dass jemand in meiner Nähe war. Da bin ich so schnell wie möglich wieder hinaus. Und draußen ist dann Jürgen gelegen, und Patrick war fort.«

»Wo warst du eigentlich, Patrick? Von dem, was du mir bisher erzählt hast, glaube ich dir kein Wort. Also rück jetzt mit der Wahrheit heraus, aber ein bisschen plötzlich!« Bollek nervte dieses Gespräch mit den Halbwüchsigen bereits sichtlich. Er wurde ungeduldig.

»Wir haben Martin nicht so recht getraut und hatten andererseits ein bisschen Angst, dass ihm etwas passieren könnte«, zeigte sich Patrick jetzt umgänglicher. »Jürgen meinte, ich solle nachschauen gehen. Er wollte draußen bleiben und warten. Ich bin also auch über den Zaun geklettert und habe mich in die Richtung bewegt, wo ich

Martin vermutete. Es war für mich gar nicht so leicht, mit allem zurechtzukommen. Ich wollte Martin ja finden, ohne dass er mich bemerkte. Dann hörte ich Geräusche, die aus einer anderen Richtung kamen, Schritte und ein Knacksen. Es klang auch so, als ob etwas über den Boden geschleift würde. Gleichzeitig bildete ich mir ein, vom Friedhofseingang her eine Stimme zu hören. Ich war verunsichert und wusste nicht so recht, was ich tun sollte. Schließlich habe ich mich dafür entschieden, wieder zu Jürgen zurückzulaufen und mit ihm gemeinsam zu überlegen, was wir weiter tun sollten. Kaum war ich wieder auf der Wiese, sah ich die Umrisse einer fremden Gestalt, die Jürgen gerade mit einem Gegenstand niederschlug. Ich bekam riesige Angst. Im nächsten Augenblick war die Gestalt auch schon wieder verschwunden. Ich lief zu Jürgen. Er lag so reglos da, dass ich ihn für tot hielt. Nichts wie weg, dachte ich, bevor die Gestalt wiederkommt.«

»Du bist mir ein schöner Held«, schüttelte Bollek verständnislos den Kopf. »Da schaut man doch, ob sein Freund noch lebt. Man lässt ihn auf keinen Fall so einfach liegen. So etwas habe ich noch nicht erlebt! Martin hat dann immerhin bei uns und bei der Rettung angerufen. Trotzdem war es erbärmlich, was ihr euch da geleistet habt. Unterlassene Hilfeleistung nennt man so etwas. Was glaubt ihr, was los ist, wenn die Sache anders ausgegangen wäre?«

»Die Gestalt hätte ja jederzeit wieder auftauchen können«, rechtfertigte Patrick sich. »Hätte ich mich etwa auch niederschlagen lassen sollen? Vielleicht habe ich im ersten Moment dumm gehandelt. Aber ein wenig später bin ich noch einmal nachschauen gegangen. Da waren Polizei und Rettung schon da, und irgendwie war ich beruhigt, weil ich mitbekam, dass Jürgen lebte.«

Bollek, der sich die ganze Zeit über Notizen gemacht hatte, zeigte mit dem Kugelschreiber auf Patrick. »Ich hoffe, das ist jetzt die richtige Version deiner Geschichte«, stellte er klar. »Flunkereien habe ich nämlich schon genug von dir gehört. Und das eine sage ich euch allen: Morgen nach der Schule geht ihr drei schnurstracks aufs Kommissariat und gebt eure Aussage zu Protokoll, ausführlich und ohne Ausnahme, sonst passiert nämlich was. Und eurem Direktor werde ich sagen, er soll einmal mit euren Eltern sprechen, damit sie euch beibringen, dass man sich erstens nachts auf keinem Friedhof herumtreibt und sich zweitens vergewissert, was los ist, bevor man abhaut. Habt ihr mich verstanden?«

Alle drei nickten kleinlaut. Dann durften sie wieder zurück in ihre Klasse. Kaum waren sie draußen, vernahm man Korbers Stimme aus dem Hintergrund: »Na, die hast du für den Bio-Test jetzt schön hergerichtet, Norbert!«

*

»Viel Neues haben wir ja nicht herausbekommen«, fasste Bollek zusammen. »Wir haben keine Beschreibung von der Person, die Jürgen niedergeschlagen hat, ja, wir wissen nicht einmal, ob es sich um einen Mann oder eine Frau handelt. Wir wissen etwas von Geräuschen, und dass vielleicht etwas über den Boden geschleift wurde, aber alles ist sehr vage. Vielleicht haben die Burschen nur den Totengräber gehört, der das Grab dann zugeschaufelt hat.«

»Für mich war es schon interessant«, behauptete Leopold. »Ich habe die drei Schüler ja zum ersten Mal gesehen. Etwas ist mir aufgefallen, nämlich, dass ihnen die Wahrheit unangenehm war, und dass sie sich eine Geschichte für uns ausgedacht haben. Das ist insofern bemerkenswert, als es für die beiden Großen ziemlich unerheblich war, ob sie den Kleinen unter Druck gesetzt hatten oder nicht. Unter dem Strich ist ziemlich dasselbe herausgekommen, aber es war ihnen anscheinend peinlich. Und dann die Tatsache, dass sie sich auf ein Abenteuer eingelassen hatten, aber völlig hilflos waren, als etwas Unerwartetes geschah. Sowohl Patrick als auch Martin wurden panisch, als sie Jürgen bewusstlos am Boden liegen sahen.«

»Für dich ist es vielleicht etwas Besonderes«, erwiderte Korber. »Aber für einen Lehrer sind das Verhaltensmuster, mit denen er täglich zu tun hat.«

»Wenn etwas zu alltäglich ist, wird es geflissentlich übersehen«, gab Leopold zu bedenken.

»Jedenfalls ist es fraglich, inwieweit uns dieses Gespräch weitergeholfen hat«, äußerte Bollek seine Zweifel. »Wir haben – na, wie sagt man – nichts unversucht gelassen. Vielleicht fällt einem der drei bis morgen ja noch etwas Wichtiges ein. Außerdem lenkt so was von den privaten Sorgen ab. Gibt's bei dir was Neues, Thomas?«

243

Korber schüttelte den Kopf. »Nicht, dass ich wüsste. Ich glaube, du hast im Moment die besseren Karten. Nora ist nicht so stur.«

»Oh, die kann es schon ganz gut, verlass dich drauf. Wenn das hier ausgestanden ist und wir zumindest einen Zipfel unserer Freiheit bewahrt haben, gehen wir auf ein Bier.«

»Das machen wir auf jeden Fall«, schlug Korber vor.

»Auch wenn's schlimm kommt.« Bollek und er drückten sich ganz fest die Hand und sahen einander in die Augen wie zwei Kriegskameraden, die vor einer entscheidenden Schlacht Abschied voneinander nehmen müssen. Danach ging Bollek wieder seiner Wege.

»Du scheinst also noch ganz schön mit Geli zu kämpfen«, wendete sich Leopold an Korber.

Korber unterdrückte mühsam seine aufgestauten Aggressionen: »Lass mich bitte mit Geli in Ruhe. Und rede mit mir nicht mehr über den gestrigen Abend. Es ist aus und vorbei! Das war das letzte Mal, dass ich etwas für dich erledigt habe.«

Leopold suchte nach Worten, um seinen Freund zu beschwichtigen. Da wurde Korber plötzlich unruhig und kramte in den Taschen seines Sakkos herum. »Ich hatte es gestern schon an«, erklärte er. »Und da ist mir gerade wieder etwas eingefallen. Bevor ich meinen unrühmlichen Abschied von den Lenaubrüdern genommen habe, hat mir Baumgartner seine Visitenkarte zugesteckt und mich eingeladen, heute Mittag nach der Schule zu ihm zu kommen. Er wollte mir noch etwas erzählen. Vermutlich hat es mit dem Mord zu tun.«

244

»Und davon erfahre ich erst jetzt? Bist du denn wahnsinnig geworden?«, war Leopold im ersten Moment außer sich.

»Entschuldige, ich hab's vergessen oder verdrängt oder was immer du willst. Ich mag einfach nicht mehr an diesen Abend denken. Ich gebe dir die Karte, dann kannst du ja hinfahren.«

»Jetzt mach nicht gleich schlapp! Wenn Baumgartner mit *dir* reden möchte, dann wirst selbstverständlich auch *du* hinfahren. Aber damit nicht wieder etwas Schlimmes passiert, begleite ich dich. Wie lang hast du noch Unterricht?«

»Noch eine Stunde, bis knapp vor eins.«

»Es sollte sich ausgehen, dass ich nicht zu spät ins Kaffeehaus komme«, entschied Leopold. »Wir sind in 20 Minuten dort und in 20 wieder zurück. Wir müssen uns eben kurz fassen. Außerdem werde ich Waldi bitte, dass er etwas länger bleibt, falls ich nicht pünktlich um zwei da bin. Er wird sich dabei zwar weiß Gott was denken, aber das ist mir wurscht.«

Waldemar ›Waldi‹ Waldbauer war am Telefon die Zuvorkommenheit selbst. »Ja, ja, die Liebe am frühen Nachmittag«, seufzte er. »Das ist etwas, wozu unsereins aufgrund seines Dienstplans nur selten kommt. Machs gut, aber nicht zu oft. Weißt eh, um drei kommen die Bridgespieler.«

Leopold war zufrieden. Wenn er auch manchmal grob war, auf Waldi konnte man sich verlassen. Vielleicht fand er jetzt bei diesem Baumgartner das, was er suchte: etwas, das half, die vielen kleinen Puzzlesteine, die sich bereits angesammelt hatten, zusammenzusetzen. »Gib mir einstweilen die Visitenkarte«, bat er Korber. »Während du unterrichtest, schaue ich nach, wo er genau wohnt.«

Korber hatte es auf einmal eilig. »Ich muss in meine Klasse, die Stunde hat schon begonnen. Wo ist dieses Ding bloß, gerade habe ich es doch noch gehabt«, sagte er, während er nervös in seinen Sakkotaschen herumfingerte. »Da ist sie«, atmete er erleichtert auf. Als er die Karte herausnahm, hielt er aber noch zusätzlich ein loses Blatt Papier in der Hand. »Was ist denn das?«, rätselte er. »Das habe ich vorhin gar nicht bemerkt. An sich müssten die Taschen ja leer sein, weil ich die Jacke gestern von der Reinigung geholt habe.«

Korber faltete das Blatt auseinander und warf einen Blick darauf. »Oh nein«, rief er aus.

Sofort riss ihm Leopold den Zettel neugierig aus der Hand. Auf dem Papier standen nur zwei in Blockschrift geschriebene Worte: ›STEFAN LEBT‹.

*

Die Donauuferautobahn von Wien nach Stockerau verlief schnurgerade wie immer. Links und rechts dieselben Bäume, dieselben Lärmschutzwände. Am frühen Nachmittag war der Verkehr noch einigermaßen aufgelockert. In der Absicht, rechtzeitig zu seinem Dienst zu erscheinen, fuhr Leopold deshalb auch schneller als gewohnt. »Ras nicht so«, kam es vorwurfsvoll von Korber. »Deswegen, weil ich den gestrigen Abend überlebt habe, muss ich nicht heute schon den Unfalltod sterben.«

»Sei nicht so heikel, sind eh nur lauter Christkindln unterwegs«, rechtfertigte Leopold sich. »Denk lieber nach, wer dir den Zettel zugesteckt haben könnte. Es war sicher bei den Lenaubrüdern.«

»Es könnte jeder gewesen sein«, überlegte Korber. »Ulrike Renner natürlich, als sie mit mir tanzte, Baumgartner, der ständig um mich herumscharwenzelte, und Jarosch war auch immer in meiner Nähe. Am Schluss habe ich den Überblick verloren. Wie gesagt, jeder könnte es getan haben, auch Horst oder Philipp Renner. Glaubst du, dass es Baumgartner war? Er ist es ja, der mir etwas mitteilen möchte.«

»Möglich! Aber warum hat er die zwei Worte dann nicht auf seine Visitenkarte geschrieben? Das verstehe ich nicht. Wir sind ohnedies gleich bei ihm. Vielleicht rückt er mit etwas heraus, sonst fühlen wir ihm auf den Zahn. Die Schrift ist natürlich verstellt und gibt wenig Aufschluss.«

»Was auch immer geschieht, rede du mit ihm«, bat Korber. »Mir liegt der gestrige Abend noch immer im Magen.«

»Worauf du dich verlassen kannst. Ich warte schon sehnsüchtig auf den entscheidenden Hinweis.« Leopold trieb nach wie vor die Ungeduld. Er fuhr knapper auf als sonst und überholte riskanter. Korber war richtig froh, als sie sich in Stockerau einparkten. »Da vorn ist es«, deutete Leopold in Richtung einer alten Wohnhausanlage. »Natürlich heißt der Bau Niembsch-Hof. Das hätte ich mir ja gleich denken können.«

Sie gingen in den Innenhof der ehemaligen Kaserne. Da es inzwischen zu nieseln begonnen hatte, waren beide froh, dass sie die Stiege gleich fanden und die Tür offen stand. Sie marschierten in den ersten Stock und läuteten bei Baumgartner an. Dann warteten sie. Es tat sich aber nichts.

»Nicht zu Hause«, meinte Korber achselzuckend. »Er hat mich einfahren lassen. Das scheint bei diesen Brüdern üblich zu sein.«

»Lass dein Gesuder«, herrschte Leopold ihn an und drückte noch einmal auf den Klingelknopf.

»Oh«, rief Korber auf einmal aus. »Vielleicht kannst du es von drüben nicht sehen, aber die Tür scheint nur angelehnt zu sein.«

»Tatsächlich! Das ist ja interessant! Sie ist also quasi offen.«

»Meinst du, wir sollen …?«

»Natürlich! Sonst hätten wir ja gleich zu Hause bleiben können.« Ohne weitere Worte zu verlieren, drückte Leopold die Eingangstüre auf. Sie traten in einen kleinen Vorraum, dessen Garderobe mit Jacken, Mänteln, Hüten und Schuhen vollgestopft war. »Herr Baumgartner?«, rief Leopold fragend und klopfte leise an eine weitere halb offene Türe, die anscheinend ins Wohnzimmer führte, ehe er sie ganz öffnete.

In dem Raum herrschte trotz seiner kargen Einrichtung einiges Durcheinander. Ein Sessel war umgestürzt, zwei Schranktüren standen offen, vor denen einige Ordner lagen. Das Tischtuch hing unordentlich herab. Eine Kerze samt Halter sowie eine leere Tasse waren zu Boden gefallen. Mitten in diesem kleinen Chaos lag Jakob Baumgartner und versuchte, sich aufzurichten. Er blutete leicht an der Stirne. Man sah es deutlich, denn sein Hut war nicht auf, sondern neben ihm. »Um Gottes willen, ist Ihnen etwas passiert?«, fragte Korber aufgeregt.

Baumgartner atmete schwer. Er stützte sich mit beiden Ellenbogen ab und wirkte mitgenommen. »Bitte helfen Sie mir«, stöhnte er. Daraufhin nahmen ihn Leopold und Korber jeweils an einem Arm und hoben ihn auf die Sitzbank. »Danke«, kam es unterdrückt aus Baumgartners Mund.

»Was ist hier vorgefallen?«, wollte Leopold wissen.

»Bringen Sie mir zuerst ein Glas Wasser«, ersuchte Baumgartner. »Und meinen Hut.« Er war noch nicht richtig auf dem Damm.

Leopold kümmerte sich um das Wasser und Korber um die Kopfbedeckung. »Sie haben Glück«, bemerkte er. »Es ist nur eine leichte Wunde.«

Beide verarzteten Baumgartner notdürftig mit einem Pflaster aus dem Badezimmerschränkchen. »Jetzt erzählen Sie bitte endlich, was los war«, forderte Leopold dann.

Baumgartner holte tief Luft. »Danke, meine Herren«, zeigte er sich nochmals erkenntlich. »Ist Ihnen jemand begegnet, als Sie hierher gekommen sind? Haben Sie jemanden weglaufen gesehen?«

Korber und Leopold sahen einander fragend an. »Nein«, antwortete Leopold dann stellvertretend für beide. »Warum? War jemand bei Ihnen? Hat man Sie etwa niedergeschlagen?«

»So ist es«, bestätigte Baumgartner, immer noch sichtlich beeinträchtigt. »Ein Attentäter. Er hat geläutet, ich habe aufgemacht, weil ich dachte, Sie seien es, da ist er hereingekommen, hat mich ins Wohnzimmer gezerrt und zu Boden geschlagen. Ich muss kurz bewusstlos gewesen sein, da war er auch schon wieder weg.«

»Ein Mann? Wie hat er ausgesehen?«

»Es war ein Mann, ja. Aber er hatte eine Strumpfmaske auf, und geredet hat er auch nichts, deshalb habe ich keine Ahnung, wer es sein könnte. Da aus dem Schrank muss er etwas entwendet haben.« Baumgartner zeigte auf die offene Tür.

»Und was?«, wollte Leopold wissen.

»Ich muss erst nachsehen, aber ich könnte mir vorstellen, dass es das Buch ist, in dem ich während meiner Zeit als Schriftführer bei den Lenaubrüdern meine Aufzeichnungen gemacht habe. Dieses Buch wollte ich ja auch Herrn Professor Korber zeigen. Ich habe darin einige Unregelmäßigkeiten vermerkt, die mir aufgefallen sind, als Jarosch das Amt des Kassiers ausübte. Ich bin mir sicher, dass damals einiges Geld in Jaroschs eigene Taschen gewandert ist. Darum habe ich die entsprechenden Geldbewegungen sehr genau aufgezeichnet, habe sie aber aus alter Freundschaft nie gegen ihn verwendet. Vielleicht ist er nervös geworden, als Sie gestern bei uns aufgetaucht sind, Herr Professor!«

»Sie vermuten also, dass Jarosch den Überfall auf Sie verübt hat?«, folgerte Leopold.

»Nein, Jarosch hätte ich mit Sicherheit erkannt. Er war es nicht.«

»Ich denke, wir sollten einen Arzt kommen lassen«, warf Thomas Korber ein. »Sie müssen sich untersuchen lassen, Herr Baumgartner.«

»Die Polizei sollte sich das hier auch alles ansehen«, ergänzte Leopold.

Baumgartner rutschte jetzt unruhig auf der Bank hin und her. »Danke, dass Sie so um mein leibliches Wohl besorgt sind, meine Herren«, bekundete er. »Aber es geht schon wieder. Ich spüre die Verletzung ja kaum. Und wenn nur dieses Buch mit meinen Aufzeichnungen gestohlen worden ist, gibt es so gut wie keinen materiellen Schaden.«

»Sie vergessen, dass der Diebstahl mit dem Mord an Eichinger zu tun haben könnte«, gab Leopold zu bedenken.

»Wie? Ach ja, natürlich, natürlich. Also, wenn Sie unbedingt wollen, lasse ich die Polizei kommen und die Sache aufnehmen. Nur ersparen Sie mir bitte, dass irgendjemand an mir herumdoktert, das bringt überhaupt nichts. Ich werde, sollte ich es für nötig befinden, meinen Hausarzt anrufen. Aber es wird nicht nötig sein, glauben Sie mir.«

Für Leopold war es Zeit, zu fahren. Er musste sich der Tatsache fügen, dass aus Baumgartner im Moment nicht viel mehr herauszubringen war, und dass er es wohl ihm überlassen musste, ob er einen Arzt konsultierte oder nicht. »Ich werde Oberinspektor Juricek verständigen, der die Untersuchung im Mordfall Eichinger leitet«, teilte er ihm mit. »Und Sie sollten sich jetzt zumindest einmal hinlegen und die Sache überschlafen.«

»Vielleicht«, grübelte Baumgartner. »Vielleicht auch nicht. In meinem Alter ist Schlafen ein Luxus. Man versäumt so viel dabei.«

»Halten Sie es, wie Sie wollen.« Leopold wurde ungeduldig. Er gab Korber ein Zeichen. Beide verabschiedeten sich und ließen den alten Mann wieder allein.

»Jetzt warst du aber relativ kurz angebunden«, merkte Korber an, als sie wieder im Auto waren.

»Bleibt die Frage, wer kürzer angebunden war, er oder ich«, erwiderte Leopold. »Was sollte ich denn machen? Baumgartner war verwirrt, das hast du ja gesehen. Dieser kleine Überfall hat ihn doch ziemlich geschockt. Man müsste morgen oder übermorgen noch einmal mit ihm sprechen, das ergäbe mehr Sinn.«

»Aber ohne mich! Ich habe schon genug Zeit geopfert.«

»Du bist mir ohnedies keine große Hilfe. Und das zu einer Zeit, wo von Richards Seite wieder einmal Funkstille herrscht. Dabei wüsste ich zu gern, was die bereits herausgefunden haben. Wir treten leider auf der Stelle. Viele Kleinigkeiten, kein Zusammenhang. Der Einbruch bei Baumgartner ist nur ein weiteres winziges Detail.«

»Dann erzähl Richard einfach von unserem kleinen Erlebnis hier, wie du es auch Baumgartner gegenüber angekündigt hast«, schlug Korber vor. »Das macht ihn sicher mitteilungsfreudiger.«

»Das werde ich diesmal wirklich tun. Er soll keinen Grund haben, mir etwas vorzuwerfen«, überlegte Leopold. »Vielleicht kommt dann auch noch mehr über den Überfall bei Baumgartner ans Tageslicht. Du musst mir auch noch einen kleinen Gefallen tun.«

Korber machte alle Anstalten, sich mit Händen und Füßen gegen das neuerliche Ansinnen seines Freundes zu wehren. Leopold beruhigte ihn: »Diesmal ist es wirklich halb so wild. Du gehst einfach kurz zu deinem Freund Bollek und übergibst ihm den Zettel, auf dem ›Stefan lebt‹ steht. Vielleicht finden sich noch Fingerabdrücke darauf. Und vielleicht weiß man auch schon etwas darüber, wer die Botschaft an Eichinger geschrieben hat. Ich setze dich beim Kommissariat ab. Ich habe leider keine Zeit mehr, ich muss schleunigst ins Heller!«

*

Leopold rief gleich bei Juricek an und gab Bescheid. Dann löste er seinen Kollegen Waldbauer ab und kümmerte sich um die Bridgespieler, die sich zu je vier Personen auf beinahe alle Kartentische des hinteren Kaffeehausbereiches verteilten. Da war jetzt einiges für ihn zu tun, obwohl sich die Konsumation bei diesen eher in höheren gedanklichen Sphären schwebenden Menschen in Grenzen hielt. »Vier gestandene Tarockierer essen und trinken mindestens genau so viel wie 40 grübelnde Bridgeler«, lautete Leopolds alte Grundregel. Doch obwohl es hier in erster Linie um den kleinen Braunen und das Glas Wasser dazu ging, waren mancherlei Dinge zu beachten. Da wollte man ja nicht zu viel Milch im Kaffee, dort war es wieder genau umgekehrt; da durfte der Tee nicht zu heiß sein, dort nicht zu stark; auch bei der Temperatur, die ein Glas Mineralwasser haben sollte, gab es durchaus unterschiedliche Auffassungen; und beim Preis für das eine oder andere Butterbrot musste man ein wenig mit der Kundschaft feilschen. Die Höhe des Trinkgeldes bewegte sich dafür prozentuell in der Höhe einer normalen, täglich fälligen Spareinlage. Für Leopold war das Bedienen der Bridgespieler in erster Linie eine nervliche, weniger eine körperliche Strapaze, und er verstand durchaus, warum sich Waldi gern davor drückte.

Als zunächst einmal alle abgefüttert waren, meldete er sich bei Brigitte Renner. »Es sieht so aus, als lebte Ihr Sohn Stefan noch«, teilte er ihr mit.

Sie war überrascht, vielleicht sogar ein klein wenig freudig erregt. »Wirklich? Wie haben Sie das herausgefunden?«

»Es ist nicht 100prozentig sicher. Es wurde mir mitgeteilt. Haben Sie vielleicht ein Lebenszeichen von ihm bekommen?«

»Nein! Hören Sie, was soll das schon wieder heißen?«

»Gar nichts. Ich wollte Sie nur über die neueste Entwicklung auf dem Laufenden halten, muss allerdings noch alles nachprüfen. Fragen Sie auch bei Horst und Ulrike nach, ob die etwas wissen. Ich melde mich wieder bei Ihnen.«

Er verabschiedete sich. Brigitte Renner klang fast schon wieder ein wenig enttäuscht. Konnte sie sich so verstellen, oder war sie wirklich die Unschuld in Person? Leopold musste sich eingestehen, dass er wieder einmal allem und jedem misstraute. In Gedanken versunken, braute er sich ganz gegen seine Gewohnheit eine große Schale starken, schwarzen Kaffee. Dann ging er im Geist noch einmal einige der Einzelheiten durch, die ihn beschäftigten.

254

Wer hatte Thomas Korber den Zettel mit der Aufschrift ›Stefan lebt‹ zugesteckt? Das musste wohl von der Polizei geklärt werden. Leopold konnte nur hoffen, dass sich der unbekannte Informant aufgrund der Fingerabdrücke feststellen ließ.

Wie wahrscheinlich war es, dass Stefan Renner tatsächlich noch lebte? Dagegen sprach, dass er sich nicht bei seiner Mutter gemeldet hatte. Aber was, wenn er seinen Abgang am Friedhof stilvoll inszeniert hatte, danach untergetaucht war und Eichinger auf dem Gewissen hatte? Immerhin war Eichinger, genauso wie Langthaler in seinem Grab, entkleidet worden! Fazit: Die Möglichkeit stand 50:50.

Was hatten Patrick und Martin auf dem Friedhof wirklich gehört? Das ließ sich schwer herausfinden. Alle Angaben waren unpräzise, die Eindrücke möglicherweise durch Stimmungen hervorgerufen. Von einem Auto hatten sie angeblich nichts bemerkt. Fazit: wenig Hoffnung auf Klärung, da keine zuverlässigen Zeugen.

Nebenbemerkung: immerhin psychologisch interessante Aspekte wie Rollenverhalten stark/schwach und die beinahe noch kindlich-panische Reaktion nach dem Überfall auf Jürgen. Nicht außer Acht lassen!

Was war der Hintergrund für den Einbruch bei Baumgartner?

War tatsächlich ein Buch mit Eintragungen über Unregelmäßigkeiten bei der Finanzgebarung der Lenaubrüder gestohlen worden oder etwas anderes?

Kannte Baumgartner den Attentäter vielleicht und

wollte ihn decken? Warum hatte er sich zuerst dagegen gewehrt, die Polizei kommen zu lassen?

Was hatte Baumgartner Thomas Korber mitteilen wollen? Gab es da noch etwas außer seinen ominösen Aufzeichnungen? Wusste er, wo sich Stefan Renner aufhielt oder wer Eichinger umgebracht hatte? All diese Dinge waren aufgrund der überraschenden Situation nicht zur Sprache gekommen.

Fazit: Man musste zuerst mit Juricek, dann noch einmal mit Baumgartner über die Angelegenheit sprechen. Diesmal war wirklich Teamwork angesagt.

Aber halt! Da war noch etwas, das Leopold beinahe vergessen hätte. Auch bei Langthaler war vor wenigen Tagen eingebrochen worden. Gab es hier etwa eine Parallele? Leopold wusste zwar nicht, *wonach* der Täter dort gesucht hatte, ihm war aber wohl bekannt, was er *nicht* gefunden bzw. mitgenommen hatte: das kleine Heft mit den traurigen Gedichten aus Langthalers letzten Tagen im Stile Lenaus. Konnte es etwas nützen, wenn er dort noch einen Blick hineinwarf? Würde er etwas finden, was ihm weiterhalf?

Drei Melange und drei Apfelstrudel, zwei Bier und zwei Cola, ein Sardellenbutterbrot, noch zwei Bier, dazu eine Eierspeise – drei Eier, nicht zu fest, viel Schnittlauch, zwei Schnitten Brot, sehr heikel – und zwei Achtel Rotwein. Warum war auf einmal bloß so viel los? Es pressierte an allen Ecken und Enden. Seit Herr Wondratschek sich nicht mehr blicken ließ, genauer gesagt, seit jenem denkwürdigen Allerseelentag, an dem sein künstlerisches Konzept ziemlichen Schiffbruch erlitten hatte, war auch Frau Hellers prüfender Blick wieder öfter darauf gerichtet, dass alles seine Richtigkeit hatte. Es dauerte ganze 20 Minuten, bis es im Heller wieder ruhiger wurde und Leopold endlich seinen Intimbereich im Kaffeehaus, seine Lade, den Ort, dem er alles anvertraute, was ihm früher oder später nützlich werden konnte, öffnete.

Da lag das Heft noch genauso, wie er es hineingelegt hatte, liebevoll in einen Umschlag gehüllt und an den Ecken leicht verbogen. Leopold blätterte es neugierig auf. Da war das Gedicht von der Au, da fanden sich weitere Beispiele von Langthalers depressivem Gemütszustand, alle in der traditionellen Art Lenaus aufgesetzt und gereimt. Ein wenig nach der Hälfte des Heftes endete der Zyklus, ohne dass Leopold etwas Neues, Aufregendes aufgefallen wäre. Aber als ob er ahnte, dass hier noch etwas Wichtiges auf ihn wartete, schlug er weiter Seite für Seite auf. Tatsächlich: Mitten in die Leere aus geraden, blauen Linien mit weißem Hintergrund hatte Langthaler noch ein paar Zeilen gesetzt wie eine Insel im Strom, einsam, trotzig und ohne jeglichen Zusammenhang mit seinen vorigen Entwürfen:

›lied
at mon ami
es schlagen diebe
stroh und fest
an meinen hosn
ins wasser‹

*

Im Dämmerlicht schob sich ein etwas instabiler Thomas Korber über die Schwelle des Café Heller in Richtung Theke. Dort war Leopold immer noch in die rätselhaften Zeilen vertieft und schien gar keine Lust zu haben, sich um ihn zu kümmern.

»›Verneige dein geäschert Haupt,
Dass du so dumm warst und geglaubt,
Die Wahrheit, scheu und ewig flüchtig,
Nach der dir heiß die Pulse pochen,
Sie habe, völlig zahm und züchtig,
In diesem Schweinsband sich verkrochen‹«,

rief Korber, dem der Durst von Weitem anzusehen war, in seine Richtung. »Lenaus Faust, Verführungsrede des Mephistopheles. Es ist schon interessant, wie viele Stellen aus dem Werk mir so nach und nach wieder einfallen. Und was brütest du hier über diesem vergilbten Heft? Du kannst es wohl wieder einmal nicht lassen und forschst nach dem Mysterium des Mordes an Eichinger.«

»Wie ich sehe, hast du meinen Auftrag ausgeführt«, antwortete Leopold kurz angebunden. »Und nachher hast du noch einen mit Bollek gezwitschert.«

»Soll ich sagen, währenddessen? Norbert hat sich eine kleine Bar in seinem Dienstzimmer eingerichtet. Wer Sorgen hat, hat auch Likör! Wilhelm Busch, Die fromme Helene!«

»Herrje, jetzt geht das Gesudere von euren Weibergeschichten wieder an.« Leopold schüttelte sich angeekelt.

»Reden wir nicht davon! Ich habe nicht vor, einem lauteren, unschuldigen und in dieser Angelegenheit leider völlig ahnungslosen Beichtvater mein Herz auszuschütten. Gib mir lieber ein Bier, danach steht mein Sinn. Und erkläre mir endlich, was es mit diesen Hieroglyphen auf sich hat.« Korber, dem Bolleks alkoholische Kreationen gerade zu Kopfe stiegen, stand breitbeinig da und versuchte, sich mit mehr oder weniger Eleganz an der Theke festzuhalten.

»Das ist ein Gedicht, ein Lied«, erklärte Leopold, während er widerwillig eine Flasche Bier herausnahm und mit einem Glas vor Korber hinstellte. »Es stammt von Langthaler. Er hat es ein bisschen versteckt, und es liest sich anders als seine sonstigen Ergüsse. Es könnte sich also um eine Botschaft handeln. Vielleicht kann es sich der Herr Deutschlehrer einmal ansehen und mir seine Meinung dazu sagen.«

»Du siehst ja jetzt schon in jeder Kleinigkeit eine Botschaft«, bemerkte Korber. Dann überflog er kurz den Text. »Alles kleingeschrieben«, stellte er fest. »Keine Satzzeichen. Das ist typisch für die moderne Poesie nach 1945. Relativ streng zweihebig gebaut, bis auf die letzte Zeile. Ich würde sagen, Langthaler wollte nach seinen Lenau-Imitationen einmal etwas Zeitgenössisches auf die Beine stellen. Nicht schlecht für den Anfang. Leider hatte er nicht mehr viele Möglichkeiten, diesen Stil weiterzuentwickeln.«

»Ich vermisse halt einen tieferen Sinn in dem Ganzen«, bedauerte Leopold. »Und das macht mich stutzig.«

»Wieso? Das Gedicht sieht mir ganz so aus, als sei es

nach dem Vorbild der Wiener Gruppe gestaltet: H.C. Artmann, Gerhard Rühm, Friedrich Achleitner, Konrad Bayer und Oswald Wiener. Denen ging es weniger um Inhalte als um Effekte. Dialekt und Fremdsprachiges waren durchaus gern gesehen. Das Wort ›hosn‹, also wienerisch für ›Hose‹, findet sich zum Beispiel im Titel der Gedichtsammlung ›hosn rosn baa‹ von H.C. Artmann. Die erste Zeile ist auch interessant: ›at mon ami‹. Eine Verquickung englischer und französischer Worte, vielleicht in der Bedeutung ›bei meinem Freund‹. Das gewollte Mischen von Sprachen und Sprachebenen war, wie gesagt, in der Gruppe durchaus beliebt.«

»An sich interessieren mich diese literaturkritischen Ansätze nicht«, schnitt Leopold ihm das Wort ab. »Es geht mir, wie gesagt, um Inhalte und Botschaften. Schau dir doch bitte einmal diese Zeilen an!« Erneut eilte Leopold zu seiner Lade, denn dort hatte er auch eine Abschrift der Nachricht, die in Gottfried Eichingers Wohnung gefunden worden war, aufbewahrt. Er reichte sie Korber, der sie kurz überflog:

›An den Gräbern wird empor
Himmelwärts die Schande rauchen,
Und dem schwarzen Rauch der Schmach
Sprüht der Flamme Rache nach.

Und alle Not endet langsam.‹

»Da ist die Botschaft doch ziemlich eindeutig, oder?«, bemerkte Leopold. »Zuerst Schande, dann Rache.

Eichinger wird mit Hilfe von Zeilen aus einem Lenau-gedicht für etwas verantwortlich gemacht und wenig später umgebracht, wenngleich die Hintergründe noch im Dunkeln liegen. Nach so etwas suche ich, verstehst du?«

»Man beachte trotzdem, dass sich der Verfasser hier einen kleinen sprachlich-literarischen Scherz erlaubt hat«, erläuterte Korber, dem man anmerkte, dass er seine Aufmerksamkeit nur ungern wieder von seinem Bier abwandte. »Die letzte Zeile bildet eine Art Rätsel, das gewiefte Leser jedoch sofort lösen. Sie bedeutet nichts anderes als: Lenau!«

»Langsam, langsam, wie kommst du denn darauf?«

»Ganz einfach: Du musst nur die Anfangsbuchstaben nehmen und sie umdrehen. Dann ergibt Und Alle Not Endet Langsam das Wort LENAU. Es ist so etwas wie eine geheime Unterschrift. Mehr kann ich dazu aller-dings nicht sagen.«

»Wirklich! Wenn man es weiß, ist es ganz deutlich zu erkennen.« Leopold kam aus dem Staunen nicht heraus. »Aber sonst lässt es sich kaum herauslesen.«

Korber genoss es, seinem Freund ausnahmsweise ein-mal einen Schritt voraus zu sein. »Ach was, eine Finger-übung für einen Germanisten«, dozierte er, während er seinen Durst mit großen Schlucken vom kühlen Bier löschte. »Was glaubst du, wie viele Autoren zum Bei-spiel aus ihrem Namen ein Geheimnis gemacht haben, indem sie einfach ein paar Buchstaben vertauscht haben. Da gibt es zum Beispiel den berühmten deutschen Lyri-ker rumänischer Herkunft, Paul Celan. Eigentlich hieß er Paul Ancel – noch richtiger ›Antschel‹. Nur klingt Celan halt schöner.«

»Das hat der einfach so gemacht?« Leopold war ganz Ohr.

»Ja«, bestätigte Korber gelangweilt. Es galt jetzt, die eigene Überlegenheit hervorzukehren und die Oberhand zu behalten. Dazu bedurfte es einer besonderen Blasiertheit im Ton. »Die Literatur gibt uns eben viele Rätsel auf. Im genannten Fall ist durch die Umstellung von Buchstaben, ein sogenanntes Anagramm, ein Pseudonym entstanden. Celan war freilich nicht der Einzige. H. Clauren etwa, der Verfasser vom ›Mimili‹, einem der kitschigsten romantischen Liebesromane Anfang des 19. Jahrhunderts, hieß in Wirklichkeit Carl Heun, und ein gewisser Kurt Wilhelm Marek ist uns weit geläufiger als C.W. Ceram, Autor des berühmten Sachbuches ›Götter, Gräber und Gelehrte‹. Zu einem Archäologiethriller passt Ceram einfach besser als Marek. Durch solche Anagramme werden die Namen interessanter und geheimnisvoller.«

»Wie heißt das, sagst du? Anagramm?«

»Genau! Eine mehr oder minder beliebige Verdrehung der Buchstaben eines Wortes. Bei der letzten Zeile deiner ›Botschaft‹ hat der Absender allerdings nur mit den Anfangsbuchstaben gearbeitet. Ich wette, dass sich hinter diesem ›Lenau‹ jemand verbirgt.«

»Das ist ja hochinteressant. Mir beginnt einiges zu dämmern«, murmelte Leopold gedankenvoll.

»Bei diesem Gedicht hat sich Langthaler offenbar in moderner Poesie geübt«, konstatierte Korber. »Ein nicht gerade gelungener Versuch. Er hätte bei seinen Versen im alten Stil bleiben sollen.« Damit widmete er sich wieder seinem Bier.

»Hallo allerseits!« Mit diesen Worten schneite in dem Moment Erika Haller zur Tür herein und drückte dem perplexen Leopold einen dicken Kuss auf die Lippen.

»Habe ich in letzter Zeit irgendetwas versäumt?«, wunderte sich Korber nur.

»Was machst du denn da, Erika?«, fragte der zur Salzsäule erstarrte Leopold.

»Also du bist mir wirklich ein schöner Freund, Schnucki«, tadelte Erika ihn. »Fällst aus allen Wolken, wenn dein Schatzi dich besuchen kommt. Das eine sage ich dir gleich: Das wird jetzt öfter so sein. Schließlich muss ich mich ein bisschen um dich kümmern.«

»Nein, das pack ich nicht, Leopold.« Korber wachte wieder aus seinem Trägheitszustand auf. »Leopold, du begibst dich ja auf Freiersfüße. Hast du etwa bereits deine Enthaltsamkeit von dir geworfen, du keusche Seele du? Das ist doch die nette Dame vom Konzert.« Er rüstete sich zu einer jovialen Begrüßung der Dame, doch Erika machte rasch ein paar Schritte auf die Seite. Enttäuscht wieder nach hinten taumelnd, bat er Leopold um ein weiteres Bier.

Widerwillig nahm Leopold noch eine Flasche heraus. Aber es war andererseits eine gute Gelegenheit, sich von dem Schock zu erholen. »Kümmern musst du dich um mich, Erika? Wieso denn das?«, faselte er herum, da er nichts Rechtes zu reden wusste.

»Leidest du etwa unter Gedächtnisschwund, Schnucki? An den leeren Kühlschrank von vorgestern kannst du dich wohl nicht mehr erinnern?«, half Erika Leopolds Gedächtnis nach. »Ich kann mir nicht vorstellen, dass in der Zwischenzeit von selbst etwas hineingefunden hat. Also habe ich dir ein paar schöne Sachen besorgt.« Sie breitete die Köstlichkeiten auf einem unbesetzten Tisch neben der Theke aus. »Schinken, Salami, Emmentaler«, zählte sie auf. »Dazu ein kleines Packerl Butter und ein paar Paradeiser und Paprika zum Naschen. Natürlich ein frisches Landbrot. Eine Packung Eier, aber die nehme ich jetzt nicht heraus. Eine Dose Thunfisch und ein Glas Gurkerln. Und selbstverständlich Äpfel und Bananen.«

Leopold beäugte den Gabentisch aus der Distanz. »Ein bisserl Senf wäre auch nicht schlecht«, gab er seinen Kren dazu.

»Mensch, du könntest schon bescheidener sein«, rügte Korber ihn. »Das ist ja der helle Wahnsinn! Ehrlich, so eine Braut hast du dir gar nicht verdient. Geli hat mich nur bei der Hand genommen und in den nächsten Supermarkt gezerrt. Du kriegst alles frisch geliefert. Und dann meckerst du auch noch herum.«

»Schon gut! Was machen wir jetzt mit dem kalten Buffet? Ich habe noch einige Stunden Dienst«, merkte Leopold an.

»Ich habe mir gedacht, du gibst mir deine Autoschlüssel, ich führe die Sachen zu dir nach Hause, gebe sie in den Kühlschrank und koche uns noch etwas Gutes, nämlich eine Gulaschsuppe. Dafür habe ich alles dabei. Anschließend komme ich wieder her und hole dich ab.«

»Das kommt überhaupt nicht infrage!« Es war Frau Heller, die mit dieser entschiedenen Feststellung aus ihrer kleinen Küche hervorkam und hinter der Theke erschien. »Sie wollen, dass das arme Kind den ganzen restlichen Abend allein in Ihrer Junggesellenbude verbringt und auf die leere Wand starrt, während sie mit dem Kochlöffel umrührt? Sie sind mir ein schöner Kavalier, alle Achtung. Davon, dass Sie wahrscheinlich überhaupt kein geeignetes Geschirr zum Kochen haben, möchte ich jetzt gar nicht reden. Nein, nein, Frau Haller wird die Sachen einstweilen bei uns in den Kühlschrank geben und wir kochen die Suppe miteinander hier in der Kaffehausküche.«

»Eine ausgezeichnete Idee«, freute Erika sich.

»Ich hab jetzt überhaupt nichts gesagt«, verteidigte Leopold sich.

»Das ist auch das Beste so, Schnuckilein«, sagte Erika, während sie zärtlich über seine Wange streichelte. »Sei einfach froh, dass du nicht meine Mutter bist. Der habe ich den Kühlschrank ausgeräumt, und dir räume ich ihn ein. Und jetzt lasse ich dich auch schon wieder in Ruhe.«

Frau Heller rieb sich die Hände: »Lassen Sie uns beginnen! Ich kann es kaum mehr erwarten. Also ein bisserl Knoblauch werden wir schon hineingeben, nicht wahr? Und ich nehme auch immer Tomatenmark zusätzlich zum Paprika.«

Leopold wandte sich irritiert an Korber: »Habe ich etwas gesagt? Habe ich irgendetwas gesagt? Mir scheint, im Augenblick läuft alles an mir vorbei.«

Korber fühlte sich in seiner Philosophie bestätigt: »Warte nur, bis du einmal mit ihr zusammenlebst, dann läuft das ganze Leben an dir vorbei. Wenn ich dir einen Rat geben darf: Fahr noch ein- zweimal über sie drüber, und dann vergiss sie. Du bist für eine Beziehung nicht geschaffen.«

»Mein Gott, bist du wieder blöd«, wies Leopold ihn grob zurecht.

»Das ist so ein zartes Fleisch! Na, das wird ein Supperl«, hörte man Frau Heller aus ihrer kleinen Küche.

Korber lehnte unsicher an der Theke, betrank sich und zündete sich eine Zigarette an. Leopold standen die Schweißperlen auf der Stirn. Frau Heller und Frau Haller machten sich ans Kochen. Von irgendwoher rief ein Gast nach einem Achtel Rotwein.

Kein Wunder, dass die kryptischen Zeilen Hannes Langthalers im Augenblick in Vergessenheit geraten mussten.

*

Man aß die Gulaschsuppe noch im Kaffeehaus, wo sie allen mit dem frischen Gebäck vorzüglich mundete. Dann fuhr Leopold mit Erika Haller in seine Wohnung. Rasch wurde der Kühlschrank aufgefüllt, denn schon wartete das Unvermeidliche: die gegenseitige Hingabe, der Austausch jener Zärtlichkeiten, auf die beide länger hatten warten müssen, als sie es zugeben wollten. War es beim letzten Mal ungestüm zugegangen, so nahmen sie sich diesmal Zeit füreinander und überstürzten nichts. Mit jedem Mal lernten sich ihre Körper besser kennen.

»Weißt du, dass du immer noch versuchst, mich vor den anderen zu verleugnen?«, sprach Erika Leopold an, als sie angenehm müde nebeneinanderlagen. »Und dann, wenn wir allein sind, gibst du mir wiederum das Gefühl, als wolltest du mich nie mehr weg von dir lassen.«

»Das möchte ich auch nicht«, sagte Leopold knapp. Es war das größte Eingeständnis seiner Liebe, zu dem er fähig war.

»Ich möchte auch bei dir bleiben«, versicherte sie ihm, als er sie mit seiner rechten Hand umarmte und dabei über ihren Busen streichelte. Irgendwann nicht viel später fielen ihr die Augen zu.

Leopold sah dies als Zeichen, sich still und heimlich aus dem Bett zu stehlen. Er wollte noch ein bisschen über Langthalers Gedicht grübeln. Und Hunger hatte er auch wieder bekommen. Doch er blieb an einem Stuhlbein hängen, und das dabei entstehende Geräusch genügte, um Erika aufzuschrecken. »Wo willst du hin?«, fragte sie schlaftrunken.

»Nur auf einen Sprung in die Küche. Den Kühlschrank kontrollieren.«

»Komm wieder ins Bett«, bat sie ihn. »Ich brauche deine Nähe!«

»Aber …«

»Wer schläft, spürt seinen Magen nicht, komm!«

Als er widerwillig, aber gehorsam wieder neben sie ins Bett krabbelte, öffnete sie ihre Augen noch einmal weit. »Es ist dieses Gedicht, Schnucki«, sagte sie ihm auf den Kopf zu. »Es lässt dir keine Ruhe, stimmt's?«

»Das ist vielleicht wirklich sehr wichtig und der Schlüssel zur Lösung des gesamten Falles.«

»Schnucki, jetzt sage ich dir einmal was. Erstens: Es ist halb zwei Uhr früh, und die meisten guten und bösen Menschen schlafen um diese Zeit. Zweitens: Man kann nicht alles gleichzeitig machen, verliebt sein und einen Mord aufklären. Sei bitte in mich verliebt, bis die Sonne wieder aufgeht. Dann lösen wir beide das Rätsel gemeinsam, sofern es eines gibt, ja? Ich fahre nur kurz ins Geschäft und komme dann gleich wieder zu dir ins Kaffeehaus.«

Leopold spürte es am eigenen Leibe. Mit einer Frau war das Leben wirklich ganz anders. Aber es war schön.

Er schlief noch lang nicht ein. Die Gedanken und Worte tanzten durch die Windungen seines Gehirns. Vielleicht war es Erikas ganz leises, regelmäßiges Schnarchen, das ihn schließlich in Schlummer versetzte, vielleicht auch ihre Hand, die fest die seine hielt. Jedenfalls war auf einmal alles außer ihr so weit weg, dass Leopold sich völlig entspannte und friedlich hinwegdöste.

15

Meiner Toten dann gedenk ich,
Wild hervor die Träne bricht,
Und an deinen Busen senk ich
Mein umnachtet Angesicht.

(Aus: Lenau, An die Melancholie)

»Es ergibt einen Sinn und doch wieder keinen. Wenn es wenigstens gar nichts bedeuten würde, dann wären wir schon weiter. Dann wüssten wir, dass es sich um einen systematischen Code handelt, wo etwa immer statt dem h ein f steht, oder statt dem k ein u. So wissen wir gar nichts.«

»Und dass es sich um einen modernen poetischen Text handelt, wie dein Freund Thomas Korber vermutet, glaubst du nicht?

»Nein! Das ist normalerweise nicht Langthalers Stil. Außerdem war Thomas gestern ganz schön besoffen.«

Während Leopold es sich mit Erika an einem Fenstertisch gemütlich gemacht hatte und beide ihre Überlegungen anstellten, brachten Frau Heller und ihre Tochter Doris die Getränke an die Tische. Die Rollen waren vertauscht. Frau Heller hatte Erika lieb gewonnen und gemeint, dass sie das Beste war, was Leopold hatte passieren können. Deshalb wollte sie die beiden jetzt nicht stören, obwohl sie nicht genau wusste, worum es bei ihrem Gespräch ging. Sie sah nur, dass sie beisammen saßen, liebevolle Blicke wechselten und sie ihn zärtlich an der Hand hielt. Das genügte. Zehn Minuten sollte das Pärchen noch haben.

»Unter einem Lied stelle ich mir etwas ganz anderes vor«, konstatierte Erika unterdessen. »Etwas, nach dem man tanzen kann. Etwas, das sich reimt. Etwas, das einen Rhythmus hat. Hier ist gar nichts davon vorhanden. Wenn Langthaler schon so ein trauriger Mensch war, wie du immer sagst, würde die Überschrift ›Leid‹ viel besser passen.«

Leopold stutzte. ›Lied‹ und ›Leid‹. Eine Kleinigkeit, und schon sah alles anders aus. »Aber das ist es, Erika«, jubelte er. »Genau das ist es. Anagramme! In dieser Hinsicht hat Thomas recht gehabt.«

»Ana … was?«

»Anagramme. Das Vertauschen von Buchstaben in einem Wort. Thomas hat es mir gestern erklärt. Natürlich heißt es ›Leid‹ und nicht ›Lied‹. Jetzt müssen wir uns Schritt für Schritt durcharbeiten und prüfen, wie es bei den anderen Worten ausschaut. Das könnte einiges Licht ins Dunkel bringen«, klärte Leopold Erika auf.

»Wenn du meinst, Schnucki!«

Beide gingen das Gedicht nun Zeile für Zeile durch. Sie waren dabei ganz ruhig. Nur hie und da ertappte Leopold sich dabei, wie er Erika über den Schenkel streichelte.

»Schau, wie lieb sie sich haben«, raunte Frau Heller ihrer Tochter zu.

»Wir müssen sie aber unterbrechen, Mama. Es kommt das Mittagessen«, stellte Doris Heller nur achselzuckend fest.

*

Die folgenden Minuten waren für Leopold ein Balance-akt im wahrsten Sinne des Wortes. Einerseits trug er mit der gewohnten Eleganz sämtliche Speisen und Getränke durchs Lokal, andererseits blieb er alle Augenblicke bei Erika stehen und schaute ihr über die Schulter. »Na, gibt's was Neues?«, erkundigte er sich dabei. Erika schüttelte nur stumm den Kopf. Ihr fehlte für solche Sachen die Fantasie.

Doch plötzlich hatte Leopold eine Eingebung. »Heu-reka«, rief er in bester archimedischer Tradition aus. Die Buchstaben sprangen in seinem Hirn hin und her, bis sie automatisch dort landeten, wo sie hingehörten. Er eilte auf Erika zu, hob sie zart aus ihrem Sessel und drückte ihr einen liebevollen Kuss auf die Lippen. Dann nahm er einen Kugelschreiber und notierte den originalen Wortlaut:

›Leid

Monat Mai:
Es schlagen beide,
Horst und Stefan,
meinen Sohn
ins Wasser.‹

*

Leopold war außer sich vor Freude. Er hatte diesen kurzen, aber schwierigen Text entziffert, wodurch der gesamte Mordfall in ein völlig neues Licht getaucht schien. Deshalb war er ein wenig enttäuscht, dass Oberinspektor Juricek nur knapp und relativ ungehalten antwortete, als er ihn anrief: »Bitte stör mich jetzt nicht, Leopold, ich führe gerade ein wichtiges Gespräch … Also gut, wenn du unbedingt willst, komme ich nachher auf einen Sprung im Heller vorbei. Es kann allerdings ein bisschen dauern.«

Leopold blieb also nichts anderes übrig, als nach seinem Dienstschluss um 14.00 Uhr auf seinen Freund zu warten. Erika Haller war bereits längst wieder in ihr Papierwarengeschäft gefahren und konnte ihm so nicht helfen, die Zeit zu überbrücken. Thomas Korber war gar nicht erst aufgetaucht. Er brauchte nach den vorangegangenen anstrengenden Tagen offenbar eine Ruhepause. So blickte Leopold durch das Fenster in den trüben Novembernachmittag oder schaute seinem Kollegen Waldi bei der Arbeit zu. Etwas Besseres fiel ihm nicht ein.

»Wartest wohl auf jemanden«, kam auch schon eine spöttische Bemerkung herüber.

»Ja, aber nicht auf die Person, die dir recht wäre«, gab Leopold zurück.

Schließlich kündigte Juriceks mächtiger Sombrero in der Milchglasscheibe der Eingangstür das Eintreffen des Oberinspektors an. Er sah nicht mehr ganz frisch aus. Kurz deutete er zu Waldbauer, er solle ihm das Übliche, einen großen Braunen, bringen. Dann legte er ab und setzte sich zu Leopold. »Was gibt's?«, erkundigte er sich. »Ich habe, wie du dir denken kannst, viel zu tun. Außerdem bin ich es gar nicht gewohnt, dass du mich wegen einer angeblich neuen Wendung zu dir zitierst. Das kann nur zweierlei bedeuten: dass du bereits einen Riesenvorsprung vor mir hast und den auskostest, oder dass du überhaupt nicht mehr weiter weißt.«

»Weit gefehlt«, erlaubte sich Leopold zu sagen. »Ich habe mir nur gedacht, zwei so alte und gute Freunde, wie wir es sind, könnten ruhig einmal gleichzeitig zum Höhepunkt kommen.«

»Wie bitte?« Juricek hörte sofort die sexuelle Anspielung heraus, was ihn zusätzlich reizte. Mit Wehmut musste er sich wieder einmal eingestehen, dass die Ermittlungen in einer Mordsache für sein Liebesleben so gar nicht förderlich waren. Galt es, einen Täter zu überführen, war der Suchtrieb stark, der Trieb, sich mit der Frau, die er bereits fast 30 Jahre kannte, zu den höchsten Genüssen des Liebeslebens hochzuschaukeln, äußerst schwach ausgebildet. Und was die Gleichzeitigkeit betraf …

»Gleichzeitig zur Lösung kommen, wenn du so willst.« Leopold grinste schelmisch. Gerade dachte er wieder mit Wonne an die vorige Nacht zurück.

»Mach bitte keine Scherze, dafür bin ich heute nicht aufgelegt«, brummte Juricek. »Du klingst ja wie ein pubertierender Schuljunge. Hast du nun Neuigkeiten für mich oder nicht?«

Leopold nahm mit Bedauern zur Kenntnis, dass Juricek an diesem Tag keinen Spaß verstand. Voll Stolz zeigte er ihm Langthalers Gedicht und den von ihm und Erika entdeckten verborgenen Inhalt.

»Ich möchte dich jetzt nicht fragen, wie lang du dieses Heft schon bei dir hast, ohne dass ich etwas davon weiß«, seufzte Juricek.

»Das sollst du auch nicht, Richard. Schau, es ist mir mehr oder minder persönlich von Langthalers Schwester Brigitte anvertraut worden, weil …«

»Schon gut, schon gut!« Unmerklich wurde Juricek lauter. Nebenbei kratzte er sich an seinem Kopf. Er tat dies jetzt manchmal gewohnheitsmäßig, einfach um zu fühlen, wie dicht seine Haare an der einen oder anderen heiklen Stelle noch waren. »Deine Meinung, bitte«, drängte er.

»Zwei Dinge sind jetzt offensichtlich, Richard: Stefan und Horst Renner waren schuld am Tod von Lothar Langthaler. Und Hannes Langthaler hat davon gewusst.«

»Ja und? Das ist nun wohl offensichtlich. Was schließt du daraus?«

»Lass uns die Sache einmal Schritt für Schritt durchgehen«, schlug Leopold vor. »Zunächst einmal glaube ich, dass Horst und Stefan ihren Cousin Lothar nicht im eigentlichen Sinn umgebracht haben. Es war sicher eine unglückliche Verknüpfung von Umständen, die zu seinem Tod geführt hat. Es muss so gewesen sein wie bei Jürgen, Patrick und Martin, nur viel dramatischer. Lothar war wie Martin der Außenseiter. Er war kein Lenaubruder oder Lenaububerl, er war gar nichts. Und das nur, weil sein Vater in Floridsdorf unterrichtete und er deshalb in Stockerau ins Gymnasium gehen musste.

Wahrscheinlich war das schon oft ein Streitpunkt gewesen. Lothar ging es um die Anerkennung in der Gruppe. Irgendwann einmal hieß es dann: Wenn du in die Donau springst und hinausschwimmst, bist du bei uns aufgenommen.«

»Dagegen wird Lothar sich gewehrt haben.«

»Ja, aber für die anderen war es schon fix, dass er es tun musste. Stefan wird ihn eingeschüchtert haben, vielleicht hat er ihm sogar eine verpasst. Horst und er werden gedroht haben, was alles passiert, wenn Lothar es nicht tut. Am Ende haben sie ihn gestoßen oder hineingeworfen, oder er ist einfach hineingestolpert.«

»Er war nur mit einer Unterhose bekleidet«, teilte Juricek Leopold mit. »Es war ein kühler, windiger, regnerischer Tag. Wahrscheinlich war das Wasser sehr kalt, sodass Lothars Muskeln nicht mehr mitmachten, als er sich gegen die Strömung hätte wehren müssen.«

»Du hast also Erkundigungen eingezogen? Sehr brav«, lobte Leopold. »Ich sehe jetzt eine weitere Parallele zum Verhalten von Patrick und Martin. Es war wichtig, dass ich der Befragung gestern beigewohnt habe, denn nun ist mir einiges klar. Patrick und Martin waren völlig fertig, als sie Jürgen reglos daliegen sahen. Im ersten Augenblick haben sie sich als unfähig erwiesen, Hilfe zu holen. Stell dir jetzt einmal vor, wie es Horst und Stefan gegangen sein muss. Sie sehen, wie ihr Cousin absäuft. Das haben sie natürlich nicht gewollt. Wahrscheinlich können sie gar nicht viel unternehmen, aber in ihrer Panik versuchen sie es auch nicht einmal. Als ihnen ihre Schuld voll bewusst wird, haben sie schließlich nur eins im Sinn: die

Sache zu vertuschen. Ich nehme an, dass Stefan die treibende Kraft dabei war. Sie sind einfach weggerannt und haben sich geschworen, für immer und ewig über die Hintergründe von Lothars Tod zu schweigen.«

»Und dennoch hat Hannes Langthaler offenbar davon erfahren«, mutmaßte Juricek. »Aber wann? Und wie?«

»Die Schrift bei diesen Zeilen ist noch zügig und geradlinig, nicht so wackelig und vom Alter gezeichnet wie bei den anderen Gedichten. Ich denke, er hat sein ›Lied‹ zuallererst in dieses Heft gesetzt. Die anderen Texte kamen viel später. Es hat seinen eigenen Platz bekommen und ist somit auch gut versteckt geblieben.«

»Ob einer der beiden doch nicht dichtgehalten hat?«, fragte Juricek sich. »Oder aber ... Moment einmal, Eichinger!«

»Richtig! Der könnte auch dabei gewesen sein! Er ging ja mit Stefan in eine Klasse. Und daraufhin hat Stefan ihm so richtig die Zähne poliert.«

»Nehmen wir einmal an, Eichinger war mit von der Partie. Nehmen wir zusätzlich an, er hat geplaudert. Dann stellen sich trotzdem zwei Fragen. Erstens: Das alles liegt schon viele Jahre zurück. Wenn der Mord an Eichinger damit zusammenhängt, warum ist er erst jetzt geschehen? Und zweitens: Was hat Langthaler dazu veranlasst, diese ganzen Jahre dazu zu schweigen?«

»Es ist in der Tat nur schwer vorstellbar«, versuchte Leopold, die Sache zu begreifen. »Da lastet etwas eine halbe Ewigkeit auf den Menschen, aber keiner macht den Mund auf. Sie fressen alles in sich hinein. Es war eben ein Unfall, aus, basta!«

»Langthaler könnte nicht viel Sinn darin gesehen haben, seine Neffen anzuzeigen«, räumte Juricek ein. »Es hätte seinen Sohn nicht wieder lebendig gemacht. Manche Menschen reagieren so und lassen einfach alles weiterlaufen, als ob nichts gewesen wäre.«

»Immerhin hat er ein paar Zeilen als Rätsel in ein Heft geschrieben, um den Tod seines Sohnes zu verarbeiten.«

»Und vielleicht auch als eine Art ›Nachricht für kluge Leser‹, sobald er das Zeitliche segnen würde. Es lag also immer eine Bedrohung über Horst und Stefan Renner.«

»Sie müssen gewusst haben, dass es etwas gibt, was sie unter Umständen verraten kann. Langthaler wird sie das haben spüren lassen. Ich nehme an, es war so eine Art Rache im Kleinen, ihnen das Gefühl zu geben, dass er alles weiß, dass er es jederzeit gegen sie verwenden kann, dass sie auch nach seinem Tod keine Ruhe haben würden. Deshalb dann auch der Einbruch in sein Haus.«

»Wer war's deiner Meinung nach?«, fragte Juricek interessiert.

»Ich tippe auf Horst«, antwortete Leopold. »Mein Glück scheint gewesen zu sein, dass er nicht richtig wusste, wonach er suchen sollte. Mein Blick ist irgendwie sofort von dem Heft angezogen worden, ich kann dir schwer beschreiben, warum. Wisst ihr übrigens schon, wer den Zettel mit ›Stefan lebt‹ geschrieben hat?«

»Ganz sicher Horst«, gab Juricek knapp Auskunft.

»Da siehst du, wie wir uns beide gemeinsam hocharbeiten«, stellte Leopold voll Freude fest.

»Ich weiß nicht, weshalb ich in letzter Zeit beinahe jede deiner Bemerkungen als Anzüglichkeit auffasse«, reagierte Juricek verwundert. »Wahrscheinlich hängt es mit Änderungen in deinem Privatleben zusammen.«

»Komm, schweif nicht ab. Was ist mit Horst Renner? Hast du ihn schon dazu befragt?«

»Ich habe vorhin mit seiner Frau gesprochen. Ihn habe ich nicht erreicht. Er ist, scheint's, den ganzen Tag unterwegs. Kundenbesuche. Er hat sein Handy meist abgedreht, wenn er viel mit dem Auto fährt, meint sie.«

»Es könnte aber wichtig sein, möglichst rasch mit ihm zu sprechen«, erwähnte Leopold. »Durch die neuen Entwicklungen erhärtet sich bei mir ein Verdacht.«

»Was du nicht sagst! Es würde mich nicht wundern, wenn es der gleiche Verdacht wäre, den ich auch hege.«

»Ist es nicht schön, diese Gleichzeitigkeit? Dieses förmliche Verschmelzen ineinander? Diese fruchtbaren Ergüsse zu zweit?«, schwärmte Leopold.

»Bitte hebe dir deine Zweideutigkeiten für dein nächstes Stelldichein auf«, ersuchte Juricek ihn. »Du denkst also, Horst möchte sich mit Stefan treffen?«

»Genau das!«

»Vermutlich hat er sich deshalb auch aus dem Staub gemacht. Er möchte nicht, dass wir ihn vorher zur Rede stellen oder gar mitnehmen. Weshalb hat er aber dann den Zettel in Korbers Sakkotasche gegeben?«

»Es könnte eine Art Rückversicherung gewesen sein. Horst wollte, dass wir etwas wissen. Mittlerweile sind aber vielleicht wieder Umstände eingetreten, die ihn zur Heimlichtuerei verleitet haben. Willst du nach ihm fahnden lassen?«

Juricek schüttelte den Kopf. »Nein, das bringt überhaupt nichts. Meine Hoffnung ist, dass es zu einem Treffen kommt, das uns die nötigen Beweise in die Hände spielt. Gleichzeitig muss ein weiterer Mord verhindert werden. Das macht die Aufgabe verdammt schwierig. Aber ich denke, ich bin gerüstet.«

»Was hast du vor?«, erkundigte Leopold sich neugierig.

»Ich gehe davon aus, dass heute Abend etwas geschieht. Bis dahin heißt es geduldig sein. Wir kennen Horsts Wagen und wir können sein Handy orten, sobald er es einschaltet. Vor seiner Wohnung und beim Jedleseer Friedhof habe ich Posten aufstellen lassen, die Kollegen in Stockerau sind ebenfalls eingebunden. Ein bisschen Glück brauchen wir natürlich auch«, führte Juricek aus.

Leopold wetzte unruhig auf seinem Sessel herum. »Darf ich mitkommen, Richard?«

»Ich glaube, ich muss dich sogar mitnehmen«, überlegte Juricek.

»Damit wir gleichzeitig den Höhepunkt erleben?«

»Ich korrigiere: zur Lösung des Falles kommen.« Juricek grinste. »Nein, das ist nicht der Hauptgrund. Aber wenn ich dich nicht mitnehme, unternimmst du etwas auf eigene Faust, und das ist mir viel zu gefährlich!«

16

So lauscht und rauscht die Seele,
Dass Gott sich ihr vermähle,
Fühlt schon den Odem wehen,
In dem sie wird vergehen.

(Aus: Lenau, Waldlieder)

Es war ruhig, nur von fern hörte man den Lärm der Autobahn. Stockfinstere Nacht lag über der Au. Auf dem Platz, wo der Geländewagen stand, war vor vielen Jahren ein Gedenkstein zu Ehren des größten Dichters errichtet worden, der jemals Stockerauer Boden betreten hatte: der Lenaustein. Daneben zog sich der Ackerboden eines abgeernteten Feldes hin.

Wie mochte es früher hier wohl ausgesehen haben? War es diese Stelle, die Lenau zu seinen Schilfliedern inspiriert hatte, oder die Gegend weiter vorn, nahe dem heutigen Krumpenwasser? Den Mann, der in der Dunkelheit stand und wartete, interessierte das nicht. Das Motorengeräusch, zuerst nur schwach wahrnehmbar, dann immer näher und näher kommend, erregte jedoch sofort seine Aufmerksamkeit.

Das ist er, dachte er. Nur noch wenige Minuten, dann ist meine Mission erfüllt.

Jetzt war der Wagen da. Der Fahrer blieb vor dem

Lenaustein stehen, drehte das Licht ab und kletterte aus seinem Fahrzeug. Im selben Augenblick warf der andere seine Scheinwerfer an.

»Bist du das, Stefan?«, rief Horst Renner irritiert. »Was soll der Unfug?«

»Bleib ganz ruhig stehen«, befahl der andere. »Rühr dich nicht! Ich habe eine Pistole in der Hand. Sie ist auf dich gerichtet.«

»Jakob?«, fragte Renner ungläubig.

»Jawohl, Jakob! Jakob Baumgartner. Ich bin gekommen, um dich für Lothar Langthalers Tod verantwortlich zu machen.«

Renner zuckte zusammen. »Woher weißt du …? Hat Gottfried es dir verraten?«

»Nein«, bekundete Baumgartner entschieden. »Es war Hannes selbst, der mich ins Vertrauen gezogen hat. Irgendwann einmal musste er sich ja alles von der Seele reden.«

»Er hat dir … alles erzählt?«

»Ja! Davon, wie ihr den armen Lothar geschlagen, ausgezogen und ins Wasser gedrängt habt. Wie ihr ihn so lang eingeschüchtert habt, bis er hinaus in seinen Tod geschwommen ist.«

»Moment einmal«, protestierte Horst Renner. »Das konnte unser Onkel nicht wissen. Er hat nur aus der Ferne etwas bemerkt, durch Zufall.«

»Er hat mehr gesehen, als ihr euch eingestehen wollt. Später habt ihr ihm dann noch in eurer Angst wichtige Details geliefert, sodass er sich alles zusammenreimen konnte, auch wenn ihr noch so unschuldig getan habt.

Ihr hattet nur Glück, dass er den Frieden wollte, weil ihn jede Strafverfolgung von euch nur noch mehr aufgeregt hätte. So hat er einsam gelitten, während Gottfried in den Konzertsälen aufspielte, Stefan Augenarzt wurde und du dir mit deinem Tapeziergeschäft ein ordentliches Vermögen aufgebaut hast. Niemand hat etwas erfahren, eure Eltern nicht, und nicht einmal Lothars Mutter, eure Tante Sophie. Keinem von euch wurde ein Haar gekrümmt. Ich frage dich: Ist das gerecht?«

»Was ist mit Stefan? Warum ist er nicht hier?«, holte Renner zur Gegenfrage aus.

»Sollte er hier sein?« Baumgartner tat kurz so, als ob er sich umsähe. »Ach, du meinst wegen der Botschaft:

›Herz, vernimmst du diesen Klang
Von den felsentstürzten Bächen?
Zeit gewesen wär es lang,
Dass wir ernsthaft uns besprechen!

(Mittwochs um neun
beim Lenaustein
wenn's dunkel ist,
wählt‹ ich die Frist.)

Und alle Not endet langsam.‹

Du wirst doch nicht glauben, dass man hinter euer geheimes Zeichen, euren sogenannten Code, nicht kommen kann? Ehre, wem Ehre gebührt, auch das war euer Onkel, und ich habe schließlich davon profitiert.«

er selbst stirbt. Den Schlusspunkt wollte er ganz theatralisch setzen. Er war überzeugt, dass er im Sinne eines Gottesurteils gewinnen würde, weil er der gerechten Sache diente. Gott sei Dank bekam er diesen Anfall. Es war wieder einmal sehr knapp.«

»Wie hat er denn die Stockerauer Polizeibeamten ausgetrickst?«, wollte Leopold noch wissen.

Juricek konnte ein sarkastisches Lächeln nicht unterdrücken. »Mit dem einfachsten Trick der Welt«, musste er zugeben. »Er dürfte schon etwas geahnt haben, hat sich gestern in aller Frühe aus dem Staub gemacht, Pfeil und Bogen organisiert und so weiter. In seiner Wohnung hat er das Licht aufgedreht und den Fernseher laufen gelassen, sodass jeder dachte, er sei zu Hause, die Beamten auch. Wenigstens dürfte ihn der Tag so hergenommen haben, dass er rechtzeitig umgekippt ist. Ehe ich's vergesse: Stefans Grab haben wir auch gefunden. Es lag tatsächlich nur wenige Meter vom Lenaustein entfernt im Wald.«

»Was wird mit Horst Renner?«

»Den musste ich heute wieder gehen lassen. Das mit Lothar Langthaler ist schon zu lang her, die Zeugen sind alle tot. Und wegen des Einbruchs im Haus seines Onkels konnte ich ihn auch nicht hier behalten. Brigitte Renner hat ihre Anzeige natürlich sofort zurückgezogen. Ich werde wohl nicht umhin kommen, ihn in Ruhe zu lassen, obwohl ich überzeugt bin, dass er es nicht verdient hat. Aber so ist das nun einmal.« Juricek nahm ein paar Münzen heraus, legte sie auf die Theke und machte Anstalten, sich zu verabschieden.

»Was sagst du dazu, wie wir uns gegenseitig stimuliert haben?«, rief Leopold ihm nach.

»Es ging immerhin in die richtige Richtung«, gab Juricek zu. »Aber es könnte noch besser werden. Und an deinem Wortschatz musst du feilen. Der geht in letzter Zeit eindeutig in eine zweideutige Richtung. Aber tröste dich: Alle Gefühle lassen einmal nach. Also bis dann!« Er tippte noch einmal kurz an seinen Sombrero, dann war er weg.

Auch Korber war bereits auf dem Sprung. »Dieser Fall ist wieder einmal beinahe gänzlich an mir vorübergegangen«, registrierte er kopfschüttelnd. »Bloß schamlos ausgenutzt hast du mich wie immer. Na gut, ich habe jetzt ohnedies andere Probleme.

Leopold horchte auf. »Wegen Geli?«

»Wir sehen uns heute nach einigen Tagen erstmals wieder«, erzählte Korber. »Weißt du was? Sie ist mir abgegangen. Warum soll ich mich sträuben? Vielleicht ist es doch besser, wir ziehen gleich zusammen. Ich will nicht die ganze Zeit über dieses leidige Thema diskutieren.«

»Warum fahrt ihr nicht erst einmal ein paar Tage fort?«, schlug Leopold vor. »So ein kleiner Tapetenwechsel tut euch sicher gut. Ein paar Tage in einer Therme nach Weihnachten, so ein richtiger Wohlfühlurlaub – das wär' doch was! Das festigt die Beziehung fürs Erste. Eine gemeinsame Wohnung könnt ihr euch dann immer noch anschaffen. Dazu bleibt genug Zeit, glaube mir. Nur nichts übereilen!«

Korber schaute Leopold ungläubig an. »Sag, was redest du da auf einmal daher?«, fragte er verwirrt. »Noch vor ein paar Tagen hast du doch …«

Horst Renner war sichtlich geschockt. »Du hast also die Nachricht geschrieben und mich hierher gelockt. Und ich habe geglaubt …«

»… es ist dein Bruder.« Zum ersten Mal sah man so etwas wie ein Lächeln auf Baumgartners Gesicht. »Du weißt aber, dass Unwissenheit nicht vor Strafe schützt.«

»Wo ist Stefan?«, schrie Horst Renner in die Nacht.

»Komm, Horst, stell dich nicht dümmer, als du bist. Wo soll dein Bruder schon sein als im Himmel – oder vielleicht doch in der Hölle? Jedenfalls ganz tief unter der Erde.«

Jetzt erst schien Horst Renner die ganze Wahrheit zu dämmern. Jetzt erst registrierte er vollständig, dass ihm ein Mann gegenüberstand, der mit der Waffe auf ihn zielte, und dass er sich in Lebensgefahr befand. Dennoch war seine erste Reaktion nicht Angst, sondern Wut. »Du hast ihn umgebracht«, brüllte er.

»Bleib stehen, wo du bist, sonst geht es dir wie ihm«, fauchte Baumgartner. »Erschossen habe ich deinen Bruder freilich nicht. Das wäre zu laut gewesen auf dem Friedhof in der Nacht.«

Er wartete, doch von Horst Renner kam keine Reaktion. »Ich bin ihm damals nach dem Begräbnis und dem Leichenschmaus gefolgt«, fuhr Baumgartner deshalb fort. »Ich hatte Fetzen seines Telefonates mit dem Totengräber mitbekommen, als ich gerade von der Toilette kam. Ich wusste also, dass er noch einmal zum Friedhof wollte. Ich stellte meinen Wagen auf der Rückseite des Friedhofs vor der großen Wiese ab, dann kletterte ich über den Zaun. Ich merkte, dass er vorn etwas mit dem Totengräber besprach. Es musste etwas mit Hannes‹ Beerdigung zu tun haben. Neugierig blieb ich stehen. Tatsächlich kam Stefan nach einer Weile daher. Ich ging ihm nach. Ich habe nicht schlecht gestaunt, als er in das offene Grab stieg und sich an dem Sarg zu schaffen machte.«

»Es war diese Schnapsidee mit dem Anzug«, hörte man, nun wieder ganz leise, von Horst.

»Ganz richtig. Ich stellte ihn zur Rede. Ungeniert sagte er mir, er habe vor, den Anzug auf irgendeiner Party zu tragen, aus reinem Spaß, ohne dass er auch nur irgendeinen Anflug von Pietät gezeigt hätte. Nicht einmal mit meinem ärgsten Feind hätte ich nach seinem Tod so umgeackert wie Stefan mit Hannes. Das brachte mich in Wut. Vielleicht hatte ich vorher noch Skrupel, aber die gingen im Nu vorüber. Ich nahm die Schnur, die ich vorsorglich bei mir hatte, legte sie ihm um den Hals, als er sich protzig umdrehte, und drehte blitzartig zu. Er gab keinen Mucks mehr von sich. Er war sofort tot.«

»Und was hast du dann gemacht? Wo hast du ihn hingebracht?«

»Ich musste ihn zu meinem Auto schaffen. Das wäre an sich nicht so schwierig gewesen. Aber ich merkte, dass ich nicht allein auf dem Friedhof war. Zuerst dachte ich, es sei der Totengräber, der herumschlich, weil er nachschauen wollte, was Stefan machte. Dann kam ich drauf, dass sich irgendwelche Burschen einen Scherz erlaubten. Auf einmal wurde es eng. Gott sei Dank kenne ich den Friedhof ganz gut. Ich wusste, dass es mit ein bisschen Geschick ein Leichtes sein würde, Stefan unter dem Zaun durchzuschieben. Dazu brauchte ich nur etwas aus dem Auto, um ein bisschen Draht beim Holzzaun durchzuschneiden. Ich schleppte Stefan vorsichtig zu dem Zaun, kletterte hinüber und ging zum Auto. Da war schon wieder so ein Bub. Ich wurde nervös und schlug ihn von hinten mit einer Schaufel aus meinem Kofferraum nieder, bevor er mich bemerkte. Zum Glück liefen die anderen beiden dann weg.«

»Wo hast du Stefan hingebracht?«, ließ Horst Renner nicht locker. »Du musst es mir sagen.«

»Er ist hier ganz in der Nähe«, antwortete Baumgartner mit tiefer Befriedigung. »Da vorn in dem Waldstück liegt er. Dort habe ich ihn vergraben.«

*

»Ich glaube, wir sollten uns lieber in Richtung Stockerau bewegen«, schlug Leopold vor.

»Was macht dich so sicher?«, wollte Juricek wissen.

»Es kommt mir einfach logischer vor, als hier zu warten. Baumgartner wohnt in Stockerau, Horst Renner ist extra mit dem Auto weg. Außerdem sind sie dort ungestörter. Und so ein schönes Ambiente hätten sie auch: Lothars Grab am Stockerauer Friedhof, oder die Au mit dem Lenaustein …«

»Bis jetzt hat Baumgartner seine Wohnung jedenfalls noch nicht verlassen«, brummte Juricek.

»Woher willst du das wissen?«

»Frag nicht so blöd. Ich habe dort Beamte stehen.«

»Beamte sind auch nur Menschen! Und der Baumgartner ist ein ausgefuchster Hund, der sicher schon ahnt, dass wir hinter ihm her sind.«

Juricek wollte etwas darauf sagen, da läutete sein Handy. »Aus der Au kommt Scheinwerferlicht vom Lenaustein«, hörte er. »Das könnten sie sein.«

»Verdammt«, machte Juricek seinem Ärger Luft. »Wie weit kann man mit dem Auto unbemerkt zufahren?«, erkundigte er sich dann.

»Es führen dort einige Wege hin. Wir werden sehen, wie weit wir kommen, riegeln alles ab und pirschen uns dann zu Fuß an.«

»Gut! Bleibt möglichst unauffällig. Und verschafft euch vor dem Zugriff Klarheit über die Situation. Wir sind in ein paar Minuten da.«

Der Polizeiwagen jagte in Richtung Autobahn. »Siehst du, ich habe dir gesagt, sie sind in der Au«, triumphierte Leopold. »Das macht einfach mehr Sinn.«

»Du hältst jetzt bitte gefälligst den Mund«, knurrte Juricek. »Sonst kann es dir passieren, dass ich dich mitten auf der Autobahn aus dem Auto werfen lasse.«

*

»Bei Gottfried wusste ich, dass er ziemliche Angst vor Stefan hatte«, fuhr Baumgartner ungerührt fort. »Ich ließ ihm also einen Gedichtausschnitt Lenaus über Schmach und Rache zukommen und unterzeichnete ihn mit Stefans ach so geheimem Code. Das funktioniert ja prächtig, wie man an dir sieht. Gottfried war jedenfalls einmal sensibilisiert. Ich wusste, dass er zu Allerseelen ein Konzert im Café Heller hatte. Ein kurzer Anruf genügte, um ihn neugierig zu machen und aus dem Lokal herauszulocken. Ich erzählte ihm, ich hätte erfahren, wie wütend Stefan auf ihn sei und habe Angst, dass es zu einer Auseinandersetzung zwischen den beiden kommen könnte. Ich wolle den Vermittler spielen, es müsse aber gleich sein, es sei schon alles vereinbart. Gottfried war so nervös, dass er sich gar nicht nach irgendwelchen Details erkundigte und sofort in meinen Wagen einstieg. Die einzige Frage, die er stellte, war, ob er in meinem Auto rauchen dürfe. Typisch! Ich führte ihn zum Jedleseer Friedhof. Dort in der Nähe blieb ich stehen, und während er sich die dritte Zigarette anzündete, habe ich ihn erwürgt. Ein ersticktes Husten, mehr hat er nicht hervorgebracht. Ich musste nur aufpassen, dass er mir den Sitz nicht verbrannte. Anschließend habe ich ihn ausgezogen, damit er ein bisschen aussieht wie euer Onkel.«

»Und jetzt bin wohl ich dran«, folgerte Horst Renner. Der Fatalismus machte ihn kühn. »Schön! Du hast die Waffe ohnedies bereits auf mich gerichtet. Bring es hinter dich! Drück ab!«

»Warum so pessimistisch?«, ließ Baumgartner ihn zappeln. »Habe ich gesagt, ich hätte vor, dich zu erschießen? Ich tue es nur, wenn du mich dazu zwingst. Ich habe sogar vor, dir eine Überlebenschance zu geben. Was sagst du dazu? Du warst damals schließlich zwei Jahre jünger als die anderen. Dir hat es an Reife gefehlt. Du hattest weder die Brutalität deines Bruders noch die Willfährigkeit Gottfrieds. Vielleicht bist du einfach nur in die Sache hineingerutscht.«

»Was redest du jetzt wieder für Stuss? Was willst du?«
Irritiert starrte Renner in das grelle Scheinwerferlicht.

»Ein Gottesurteil! Ein Duell. Die Gerechtigkeit möge
siegen«, verkündete Baumgartner.

»Waaas?« Horst Renner verstand überhaupt nichts
mehr.

»Ein Duell«, wiederholte Baumgartner ruhig. »Kurz,
fair und schmerzlos. Du warst doch, sofern ich mich
richtig erinnere, so wie ich einmal Mitglied hier beim
Bogenschützenverein. Ich habe uns alles mitgebracht.
Dreh dich zum Lenaustein, dort findest du einen Pfeil
und einen Bogen. Wir werden aufeinander schießen.«

Tatsächlich erspähte Horst Renner die Waffe sofort im
Scheinwerferlicht. Er nahm sie, immer noch staunend,
in seine Hand. Da wurde es plötzlich wieder stockfinster. »Bleib stehen«, befahl Baumgartner. »Ich habe dich
immer noch im Visier. Mittlerweile habe ich mir auch
meine Ausrüstung genommen und gehe ein paar Schritte
nach hinten, damit wir ausreichend weit voneinander
entfernt sind. Mach keine Faxen und versuche ja nicht
zu fliehen. Du kannst mir nicht entkommen.«

»Das ist ja Wahnsinn«, japste Renner.

»Es ist deine Chance«, berichtigte Baumgartner ihn.

»Und wer gibt das Kommando? Wie kann ich sicher-
gehen, dass alles mit rechten Dingen zugeht?«

»Ganz einfach: Du hast den ersten Schuss.«

Renner brauchte ein wenig, um das zu verdauen. »Ich
soll zuerst auf dich …?«

»Richtig! Es gibt zwei Möglichkeiten: Entweder du
triffst, und ich bin tot. Dann hast du gewonnen. Oder

du triffst mich nicht, oder nicht richtig, dann habe ich den nächsten Schuss.«

»Und wenn wir beide nicht treffen?«

»Ich werde treffen, keine Sorge. Also stell dich hin und ziele genau. Es ist die einzige Möglichkeit, die dir bleibt.«

Die Gedanken rasten durch Renners Kopf. Es war ein teuflischer Plan. Er konnte dieses Duell gewinnen, gut. Aber um welchen Preis? Baumgartner würde wie ein Märtyrer daliegen, die Arme ausgestreckt, den Pfeil in seiner Brust, und er, Horst Renner, hatte einen Menschen umgebracht. Wer würde ihm schon glauben, dass er in Notwehr gehandelt, oder dass Baumgartner sein wahnsinniges Spiel mit ihm gespielt hatte? Er war dann mit einem Mal ein Mörder.

War es andererseits wirklich so dumm, einfach wegzurennen? Es war so dunkel, dass Baumgartner auch mit der Pistole Schwierigkeiten haben würde, ihn auf Anhieb zu treffen. Mit dem Auto wegfahren konnte er nicht, also musste er laufen. Und Baumgartner mochte älter und langsamer sein, aber er kannte das Gebiet viel besser als er …

Ein Schuss donnerte zum Himmel und schreckte ihn aus seinen Überlegungen auf. »Es geht los«, ordnete Baumgartner an. »Du zählst bis drei, dann schießt du. Danach sehen wir weiter.«

Einem inneren Trieb folgend, legte Horst Renner an. Er hatte noch nie auf einen Menschen gezielt. Aber offenbar gab es immer ein erstes Mal. Er nahm die Umrisse von Baumgartners Gestalt wahr, die sich kaum vom dunklen Hintergrund abhob. Dabei dachte er nur eines: Wenn ich jetzt fehle, bedeutet das mein Todesurteil. Denn Baumgartner war, wie er sich erinnern konnte, ein ausgezeichneter Schütze.

Er zählte: »Eins, zwei und ... drei!«

Der Pfeil sirrte durch die kalte Novemberluft. Normalerweise hätte Horst Renner jetzt das dumpfe Geräusch des Aufpralles hören müssen. Doch er hörte nichts.

Andererseits war Baumgartner zu Boden gegangen. Also musste er tot sein.

*

Horst Renner machte zögernd einige Schritte nach vor. Im selben Moment stürmten Polizisten den Platz und stürzten sich auf ihn: »Halt! Keine Bewegung! Hände hoch!«

»Es ist ein Missverständnis«, versuchte Renner, sich zu verteidigen. »Baumgartner hat mich zu allem gezwungen. Er hat mit einer Pistole auf mich gezielt. Ich habe tun müssen, was er von mir verlangt hat.«

»Das werden wir alles noch sehen. Sie sind vorläufig einmal festgenommen«, teilte ihm Helmut Vanek, der Leiter des Polizeiwachtpostens Stockerau, mit.

»Der Mann lebt«, meldete einer der Polizisten. »Der Pfeil hat ihn gar nicht getroffen. Aber er ist bewusstlos.«

Nun tauchten auch Juricek, Bollek und Leopold auf der Szene auf. Es wurde hastig telefoniert, man hörte die Signalhörner von Einsatzwägen. Ein Arzt kümmerte sich um Baumgartner. »Sie haben Glück, Herr Renner«, stellte Juricek fest. »Ihr Pfeil ging tatsächlich daneben. Sie wollten Baumgartner aber treffen, oder?«

»Ich habe gerade gesagt, dass er mich zu diesem Duell gezwungen hat. Es war ein ganz makabres Spiel«, wiederholte Renner, zusehends selbstsicherer werdend. »Warum er dann so plötzlich dagelegen ist, weiß ich nicht.«

»Weil er ein schwerkranker Mann ist. Haben Sie das schon wieder vergessen?«, erinnerte Juricek Renner. »Er hat einen Gehirntumor, und, wie es aussieht, wohl nicht mehr lang zu leben.«

»Ich dachte, er hätte sich schon wieder von dieser Geschichte erholt«, zeigte Renner sich überrascht. »Er hat die Operation damals ja gut überstanden. Und seither war er wieder bei allen Treffen und Sitzungen der Lenaubrüder dabei.«

»Die Krankheit ist wiedergekommen. Er hat es gewusst. Ich habe heute mit seinem Arzt gesprochen«, teilte Juricek ihm in knappen Sätzen mit.

»Es muss ihn in den Wahnsinn getrieben haben. Er hat alle umgebracht: meinen Bruder Stefan, Gottfried …«

»Ich wäre immer vorsichtig dabei, den Geisteszustand anderer Menschen zu beurteilen. Die Sachverständigen werden ein Urteil darüber fällen müssen, wie zurechnungsfähig Baumgartner zum Zeitpunkt der Morde war. Er wird es wahrscheinlich gar nicht mehr erleben«, sinnierte Juricek. »Eine andere Sache interessiert mich derzeit aber viel mehr, Herr Renner, sie interessiert mich geradezu brennend: Weshalb musste Lothar Langthaler sterben?«

Horst Renner zuckte verlegen mit den Achseln. »Ein Streit, ein kleiner Spaß. Wir haben es nicht ernst gemeint. Niemand konnte ahnen, dass es so enden würde.«

Juricek fasste in seine Manteltasche. »Wissen Sie, Herr Renner, es hat lang gedauert, bis ich zu einem Foto von Lothar gekommen bin, aber jetzt habe ich eines. Ich habe es von Ihrer Mutter Brigitte bekommen.« Er hielt Renner das Bild unter die Nase. »Ein fescher Bursch, der das Leben noch vor sich hat, möchte man meinen. Doch es ist anders gekommen, wie wir wissen. Er war tot, noch bevor er eine Chance hatte, seine Position auf dieser Welt zu finden. Und da reden Sie von einem kleinen Spaß?«

Das Foto zeigte einen fröhlich lächelnden, unbeschwerten Lothar Langthaler. Renner wandte den Blick sofort ab. »Wir haben uns wirklich nichts Böses dabei gedacht«, beteuerte er. »Einen kleinen Denkzettel wollten wir ihm verpassen, weiter nichts. Er gehörte nicht zu uns und er war lästig. Überhaupt war das Ganze Stefans Idee.«

»Sie können sich nicht aus der Verantwortung herausreden. Sie begreifen es nur momentan nicht, weil Sie es schon jahrelang erfolgreich verdrängt haben«, warf Juricek Renner vor. »Wie hat Ihr Onkel davon erfahren?«

»Plötzlich ist er vor uns gestanden. Er ist ja öfter in der Au spazieren gegangen, das war eine seiner Lieblingsbeschäftigungen. Er hat nur gesagt: ›Jetzt ist Lothar tot. Ihr habt ihn umgebracht. Was ist euch da eingefallen?‹ Dann hat er nichts mehr gesagt und nur mehr geweint. Es war Stefan, der die Situation dann ausgenützt hat. ›Lothar ist von ganz allein ertrunken‹, behauptete er. ›Du hast es selbst gesehen. Das bleibt doch unter uns, oder? Es bringt niemandem etwas, wenn die Leute davon erfahren. Das macht Lothar auch nicht wieder lebendig.‹ Keiner von uns hat geglaubt, dass es etwas hilft, aber Onkel Hannes ist tatsächlich darauf eingegangen. Es war ihm lieber, weitere Aufregungen zu vermeiden. Nicht einmal Tante Sophie hat erfahren, wie die Sache wirklich gelaufen ist.«

»Und Eichinger? Welche Rolle hat er bei der ganzen Sache gespielt?«

Renner, dessen Stimme langsam an Festigkeit verlor, und der mit den Tränen kämpfte, antwortete: »Er war ein Mitläufer. Er war eben in unserer Clique. Hauptsächlich wollte er sich bei Stefan anbiedern.«

»Hat er einmal gedroht, alles zu verraten?«

»Nein. Es gab andere Gründe, dass er mit Stefan aneinandergeraten ist. Stefan hat ihn immer für einen Schwächling gehalten und deshalb im Grunde nicht ausstehen können. Mit Lothars Tod hatte das nichts zu tun.«

»Warum haben Sie bei Langthaler eingebrochen?«

Es war ein Schuss ins Blaue, aber er saß. Horst Renner redete automatisch weiter, ohne zu bedenken, dass er dieser Tat noch gar nicht überführt war. »Onkel Hannes hat immer angedeutet, dass er die Wahrheit irgendwo niedergeschrieben hat. Wir mussten Angst haben, dass nach seinem Tod vielleicht doch alles ans Tageslicht kommen würde. Was, wenn unsere Mutter davon erfahren würde, die das Haus ja geerbt hat? Aber es war, wie eine Nadel in einem Heuhaufen zu suchen. Ich habe alles umgedreht, aber nichts Konkretes gefunden. Schließlich musste ich die Suche ergebnislos abbrechen.«

»Dass Sie eingebrochen sind, ist Grund genug, Sie vorläufig mitzunehmen«, stellte Juricek fest, der aus seiner Antipathie gegen Renner kein Hehl machte. »Wahrscheinlich kommen Sie aus der Sache trotzdem relativ ungeschoren heraus. Aber eines werden Sie nicht verhindern können: dass publik wird, was damals in der Stockerauer Au geschehen ist. Es wird Sie Ihr Leben lang begleiten. Ihre Mutter wird es erfahren. Ihre Frau wird es erfahren. Ihre Kunden werden es erfahren, Ihr ganzer Bekanntenkreis und viele andere Leute auch. Wann immer Sie eine Person anschaut, werden Sie das Gefühl nicht loswerden, dass dieser Mensch alles über Sie weiß. Ich möchte nicht in Ihrer Haut stecken.«

Horst Renner schluchzte. Die Tränen rannen seine Wangen hinunter. Er war nicht mehr fähig, etwas zu sagen.

17

Könnten wir zusammenschauen
In den Mond empor,
Der da drüben aus den Auen
Leise taucht hervor.

(Aus: Lenau, Das Mondlicht)

Wondratschek ließ genüsslich ein Stück Kotelett in seinem Mund verschwinden und nippte daraufhin von seinem Weinglas. »Ausgezeichnet, Frau Heller, wirklich ausgezeichnet«, lobte er anerkennend. »Und so schön saftig.«

»Lassen Sie sich's nur schmecken«, zwinkerte Frau Heller ihm zu. »Wir haben also weitere Veranstaltungen in Aussicht?«

»Wenn ich es Ihnen doch sage! Man darf sich von ein paar kleinen Widerwärtigkeiten nicht aus der Ruhe bringen lassen. Im Prinzip ist unser Konzert sehr gut angekommen. Die Leute waren zufrieden. Was will man mehr? Wir werden Größeres nachfolgen lassen«, prophezeite Wondratschek. »Hätten Sie vielleicht noch ein Glas Wein für mich, meine Liebe?«

»Aber natürlich!« Frau Heller schenkte mit flinken Händen nach.

»Ich war nicht untätig«, betonte Wondratschek. »Ich weiß, man hat mein Fernbleiben in den letzten Tagen als eine Art Fahnenflucht ausgelegt, doch war ich bestrebt, die Eckpfeiler für unser Kulturprogramm im nächsten Jahr zu setzen. Zunächst werden wir Klothilde Gattermann vor Weihnachten die Möglichkeit geben, ihr Können zu zeigen. Ich denke, meine Idee, sie zusammen mit dem Schülerchor des Floridsdorfer Gymnasiums auftreten zu lassen, wird für ein epochales Adventkonzert sorgen. Und nun möchte ich Ihnen verraten, was ich sonst noch für Pläne habe.«

Während Wondratschek Frau Heller so in seine Absichten einweihte und sie ihm hingebungsvoll lauschte, nahm das Leben im Café Heller seinen gewohnten Lauf. Man vernahm das Klacken der Billardkugeln, vielleicht nicht ganz so rhythmisch wie sonst, weil gerade zwei eher ungeübte Spieler ihren Strauß ausfochten. Im hinteren Teil des Kaffeehauses wurde fleißig tarockiert, um klarzustellen, dass musikalische Klänge in diesem Bereich nur die Ausnahme und nicht die Regel sein konnten. Vorn, wo eifrig getratscht und Kaffee getrunken wurde, hatte Leopold gerade seinen Dienst angetreten. Es dauerte nicht lang, da war auch Thomas Korber da, um ihn zu besuchen. »Da hat sich ja gestern einiges getan«, meinte er, neugierig, mehr zu erfahren.

»Was heißt einiges? Alles«, verriet Leopold ihm mit bedeutungsvollem Blick. Am vorigen Abend in der Au hatte er ruhig sein müssen. Jetzt konnte er reden und machte davon ausgiebig Gebrauch, indem er Korber über die wesentlichen Vorgänge unterrichtete.

»Also hat Stefan Renner doch nicht mehr gelebt«, stellte Korber fest.

»Nein, obwohl ich zugeben muss, dass mich die Botschaft von Horst Renner auch ein wenig verunsichert hat«, gestand Leopold. »Aber nur kurz. Es wäre nicht logisch gewesen. Warum hätte er sein Verschwinden auf makabre Weise inszenieren sollen, nur um sich plötzlich Gottfried Eichingers zu entledigen? Wenn er Eichinger schon hätte loswerden wollen, hätte Stefan es sicher anders gemacht. Er war kein großer Pläneschmied. Dein Gedanke mit der geheimen Unterschrift hat mir dann die Augen geöffnet.«

»Ach so?«, versuchte Korber, sich zu erinnern. Er wusste nicht mehr genau, was er an jenem Nachmittag alles gesagt hatte.

»›Und alle Not endet langsam‹ – Lenau. Das war das Zeichen. Aber Langthaler kannte es – der Spruch war ja praktisch von einem seiner Gedichte abgekupfert – und so hat es auch Baumgartner erfahren und seinen Opfern damit einen Streich gespielt. Sowohl Horst Renner als auch Gottfried Eichinger dachten, sie hätten ihre Botschaft von Stefan Renner erhalten.«

»Gleich hast du Baumgartner nicht in Verdacht gehabt, oder? Das kannst du mir jetzt nicht weismachen«, grinste Korber.

»Ganz klar ist mir natürlich alles erst geworden, nachdem ich das Gedicht entziffert hatte – wiederum dank deines Hinweises auf die Anagramme.«

Korber dankte für das Lob, nur um sich erneut einzugestehen, dass ihm von jenem Nachmittag nicht viel im Gedächtnis geblieben war.

»Wie immer in so einem Fall wird das Denken allerdings allmählich bereits in eine bestimmte Richtung gelenkt«, fuhr Leopold unbeirrt fort. »Da waren einmal die frischen Blumen an Lothar Langthalers Grab, als ich am Sonntag mit Erika einen Sprung auf dem Stockerauer Friedhof vorbeischaute. Sie waren noch ganz frisch, müssen am selben Tag hergebracht worden sein. Wer macht sich solche Mühe? Wer denkt noch an Lothar, habe ich mich gefragt. Weiters hat mich stutzig gemacht, dass Baumgartner dich in seine Wohnung bestellt hat. Was wollte er dir erzählen? Und schließlich die Szene, als wir ihn am Boden liegend fanden. Kannst du dich erinnern?«

»So halbwegs«, schränkte Korber ein.

»*Frage Nummer 1*: Warum hat er, kaum dass er einigermaßen bei sich war, nach seinem Hut gegriffen und ihn sich wieder aufgesetzt? Wie typisch ist so ein Verhalten für einen Menschen in seiner eigenen Wohnung?

Antwort: Baumgartner ging es nur darum, seinen Kopf rasch wieder zu bedecken, damit wir seine Operationsnarbe nicht sehen konnten. Auch sonst hat er den Hut ja ständig auf.

Frage Nummer 2: Wie logisch war es, dass bei Baumgartner eingebrochen worden war? Dass jemand hier angeblich etwas ganz anderes gesucht hatte als bei Langthaler, etwas über die undurchsichtige Finanzgebarung bei den Lenaubrüdern? *Antwort*: Es war völlig unlogisch. Baumgartner konnte auch kaum zufriedenstellende Antworten geben und hatte Glück, dass wir zunächst alles seiner momentanen Verwirrung zugeschrieben haben.

Frage Nummer 3: Warum lag Baumgartner überhaupt vor uns auf dem Boden, bei offener Eingangstüre?

Antwort: Weil er einen Anfall hatte, weil etwas in seinem Gehirn ausgesetzt hat wie auch gestern Abend. Es muss ihm passiert sein, als er nach Hause kam. Er ist eben schon schwer von seiner Krankheit, seinem Gehirntumor, gezeichnet. Als wir kamen, war das Erste, was ihm einfiel, das Ganze als einen Überfall zu tarnen. Wahrscheinlich hat er noch schnell die Kastentür aufgerissen, als er uns hörte.«

Korber hörte geduldig zu. »Hast du denn von der Krankheit gewusst?«, fragte er.

»Nein, davon habe ich erst durch Richard erfahren. Aber dass da etwas nicht stimmt, habe ich mir eben schnell zusammengereimt«, antwortete Leopold.

»Also, an diese Sachen hätte ich alle nicht gedacht«, gestand Korber ein. »Glaubst du, es wäre für mich gefährlich gewesen, allein zu Baumgartner zu gehen?«

»Unter Umständen schon. Ich glaube jedenfalls nicht, dass es ihm darum ging, dir etwas über die Lenaubrüder zu verraten. Er wollte eher in Erfahrung bringen, wie viel wir wissen, und wie gefährlich ihm das werden konnte. Vergiss nicht: Er hatte nichts zu verlieren. Er wusste, dass es mit ihm zu Ende geht. Er hatte nur noch eins im Sinn, die Auseinandersetzung mit Horst Renner.«

»Weshalb hat er sich überhaupt auf ein Duell mit ihm eingelassen? Das konnte doch auch schlecht für ihn ausgehen.«

»Da hast du natürlich recht«, pflichtete Leopold Korber bei. »Er hat das irgendwie riskiert. Sein innerlicher

Triumph wäre bei einem Sieg vermutlich noch größer gewesen. Ich nehme auch an, dass er ein ausgezeichneter Bogenschütze ist, und vielleicht hat ihn sogar der Schießplatz am Anfang der Au inspiriert. Was ich am ehesten glaube, ist freilich, dass er nicht mehr ganz bei Sinnen war.«

»Wahnsinnig wie Lenau in den Tagen vor seinem Tod«, erinnerte Korber sich. »So schließt sich der Kreis. Ich hätte allerdings auf Jarosch als Mörder getippt.«

»Weil er dir übel mitgespielt hat. Oft sind es aber nicht die, die auf die Pauke hauen, sondern die stillen Wasser, die gefährlich sind«, bemerkte Leopold nur.

In der Zwischenzeit hatte auch Oberinspektor Juricek noch einmal seinen Sombrero zur Tür hereingesteckt. »Baumgartner hat alles gestanden«, berichtete er, während er entspannt in seiner Kaffeetasse umrührte. »Zu einer Verhandlung wird es wohl nie kommen. Die Ärzte geben ihm nur mehr wenige Wochen.«

»Damit hat der ganze Wahnsinn wohl angefangen«, mutmaßte Leopold. »Mit dem Bewusstsein, dass ihm nicht mehr viel Zeit zum Leben bleibt, nach dem, was er von Langthaler erfahren hatte und nach dessen Tod.«

»Vor dem ersten Mord war vielleicht noch eine gewisse Hemmschwelle vorhanden, und er ist Stefan Renner mit einer Mischung aus Neugier und Halbherzigkeit auf den Friedhof gefolgt«, erläuterte Juricek. »Aber eine Provokation von Stefans Seite hat genügt, um die Dinge in Bewegung zu setzen. Baumgartners Ziel war nur mehr, Lothar Langthalers Tod zu rächen und auch die beiden anderen Mitschuldigen umzubringen, bevor

300

»Musst meine Ratschläge ja nicht beherzigen«, unterbrach Leopold ihn sofort. »Das tust du ohnehin äußerst selten. Aber glaube mir, ich meine es dir nur gut.«

»Wenn du deine Ratschläge dauernd änderst, ist mir auch nicht geholfen«, seufzte Korber. Dabei glaubte er, den Grund für Leopolds Meinungsschwankungen zu kennen. Das alles konnte nur mit Erika Haller zusammenhängen. Leopold musste jetzt natürlich auch um seine eigene Junggesellenfreiheit fürchten, und da sah es mit seinen Prinzipien schon wieder ein wenig anders aus. Am liebsten hätte Korber jetzt auf der Stelle eine gehörige Debatte mit ihm vom Zaun gebrochen. Er sah allerdings ein, dass es nicht viel Sinn haben würde. Am besten war es wohl, Leopold seinem Schicksal zu überlassen und sich einmal um die eigenen Angelegenheiten zu kümmern.

*

Später, viel später, als das Geschäft im Café Heller so richtig in Schwung war und Leopold alle Hände voll zu tun hatte, kam Erika Haller. Wortlos setzte sie sich auf einen freien Platz am Fenster. Sobald er ein wenig Luft hatte, war Leopold bei ihr. »Hast du etwas?«, fragte er, als er ihre bedrückte Miene sah.

»Nein«, antwortete sie ausweichend. »Für dich muss es gestern ja ein schöner Abend gewesen sein.«

»Natürlich! Wir haben den Mörder gefasst«, erklärte Leopold stolz. »Ich hab's dir schon am Telefon erzählt.«

»Und ich hab mich gestern nach langer Zeit wieder einmal so richtig einsam gefühlt«, gestand sie ihm. »Weißt du, es ist ein Unterschied, ob man niemanden hat und deswegen allein ist, oder ob man glaubt, jemanden zu haben und dann doch nicht mit ihm beisammen ist. Und dann habe ich nachgedacht. Ich habe ja viel Zeit dazu gehabt.«

»Und?«, kam es kaum hörbar von Leopold.

»Es ist schon schlimm genug, dass du jeden zweiten Abend bis Mitternacht arbeiten musst. Das ist nicht deine Schuld, gut. Aber dann möchte ich dich wenigstens die anderen Abende für mich haben. Ich will nicht, dass uns die Leichen und Morde auseinanderbringen. Das wäre doch absurd!«

Leichen und Morde gab es nicht so oft. Das war einerseits bedauerlich, aber in diesem, für Leopolds Privatleben äußerst wichtigen, Fall ein Silberstreif am Horizont. Ohne weiter auf das Thema einzugehen, kam er daher zur entscheidenden Frage: »Möchtest du etwa mit mir zusammenziehen?«

»Bist du verrückt?«, schleuderte Erika ihm entgegen.

»Ich dachte nur, weil du am Sonntag beim Heurigen so energisch warst«, sagte Leopold erleichtert.

»Das war doch etwas ganz anderes«, erklärte Erika mit einer wegwerfenden Handbewegung. »Da ist es ja nicht um uns gegangen. Damals wollte ich nur Geli und Nora moralisch unterstützen. Ich hatte das Gefühl, sie könnten ein wenig Hilfe gebrauchen. Wir kämpfen einstweilen noch mit ganz anderen Problemen. Bevor wir die nicht im Griff haben, ist an ein Zusammenleben nicht zu denken.«

»Ach so ist das!« Leopolds Gesicht hellte sich langsam auf.

»Ja, so ist das! Es nimmt dich aber nicht aus der Pflicht, Schnucki. Versprich mir, für mich da zu sein, immer und immer wieder. Das ist ganz wichtig für mich.« Sie nahm seine Hand.

Leopold nickte. Dann schaute er zu Frau Heller hinüber. »Darf ich die junge Dame kurz entführen? Der Ansturm ist eh schon vorüber. Nur für zehn Minuten«, bat er.

»Es dürfen auch elf sein«, lächelte Frau Heller. »Aber keine 20.«

»Was hast du denn mit mir vor?«, fragte Erika Haller neugierig.

»Komm! Ich möchte mit dir ein kleines Stück spazieren gehen und dich im Mondschein küssen«, sagte Leopold, dem die Worte jetzt wie selbstverständlich aus dem Mund flossen. »Weil ich glaube, dass du der wunderbarste Mensch bist, der mir jemals begegnet ist.«

ENDE

GLOSSAR DER WIENER AUSDRÜCKE

abpaschen = weglaufen

alle Stückerln spielen = ein Ereignis sein

amal = einmal

brennen wie ein Luster = einen hohen Geldbetrag zahlen

Christkindl = hier: ungeübter Fahrer

über sie drüberfahren = derb für: mit ihr ins Bett gehen

Eierspeise = Portion Rührei

einfahren lassen = blamieren, täuschen

Fluchtachterl = (vielleicht) endgültig letztes Glas vor dem Nachhausegehen

Gesuder = Gejammere, Gewäsch

Giftler = Rauschgiftsüchtiger

goschert = frech, nicht auf den Mund gefallen

ins Gschäft = in die Arbeit

Haftelmacher = früher Erzeuger für Verschlüsse von Korsetten und Miedern, der sehr genau arbeiten musste

herbsteln = Herbst werden, kühler werden

hinhauen = jemanden schlagen

Kartentippler = passionierter Kartenspieler

Kracherl = Sodawasser mit Fruchtgeschmack, deswegen so benannt, weil es früher beim Öffnen aufgrund der Kohlensäure und des Verschlusses einen krachenden Laut gab.

Kren = Meerrettich

seinen Kren dazugeben = seinen (meist unnötigen) Kommentar dazu abgeben

moch Meter = verschwinde

oasch = beschissen

Öffis = öffentliche Verkehrsmittel

Oida = nicht gerade feines Wiener Modewort der letzten Jahrzehnte, etwa ‚Kollege'

Pantscherl = kurzes Liebesverhältnis

Paradeiser = Tomate(n)

paradeisroter Fleck = tomatenroter Fleck, Fleck von einer Tomate

Partezettel = Todesnachricht

Plauscherl = kurzes (unter Umständen auch längeres) Gespräch

Radl = Dienstplan

Rempler = Stoß mit dem Ellenbogen

Riesenduttln = große Brüste

si hamdrahn = sich umbringen

Schmattes = jiddisch für Trinkgeld

Schubser = Stoß

Strichkatze = Prostituierte

Supplierbereitschaft = Bereitschaft, eine Unterrichtsstunde für fehlende Kollegen einzuspringen

Spritzer = Wein (weiß oder rot) mit Sodawasser

Vickerl = Koseform von Viktor

wacheln = ungestüm winken

wurscht = egal

Zwetschkenkuchen = Pflaumenkuchen

*Weitere Krimis finden Sie auf den
folgenden Seiten und im Internet:
www.gmeiner-verlag.de*

Hermann Bauer
Nestroy-Jux
978-3-8392-1301-8

»Ein neuer Fall für den neugierigen Ober Leopold, atmosphärisch und mit viel Wiener Schmäh.«

Eine Floridsdorfer Amateurschauspieltruppe soll Nestroys »Einen Jux will er sich machen« aufführen. Regisseur ist der ehemalige Profi Herwig Walters, der sich den Unmut der Schauspieler zuzieht, als er den jungen Haslinger wegen einer Lappalie ausschließt. Man beschließt nicht zur nächsten Probe zu kommen. Doch auch Walters verschwindet spurlos. Ein schwieriger Fall für Chefober Leopold, dem diesmal nur Nestroy helfen kann.

Wir machen's spannend

Hermann Bauer
Philosophenpunsch
978-3-8392-1192-2

»Ein ebenso stimmungsvoller wie spannender Kaffeehauskrimi – präzise Beschreibungen der kleinbürgerlichen Wiener Gesellschaft inklusive.«

Weihnachtszeit in Wien. Im Café Heller finden zeitgleich die Weihnachtsfeier der Bekleidungsfirma Frick und die Debatte eines Philosophenzirkels statt. Die ganze Aufmerksamkeit gilt der offenherzigen Veronika Plank, die mit mehreren Männern auf die eine oder andere Weise verbandelt zu sein scheint. Nach einigen Gläsern Punsch kommt es zum Streit und Veronika verlässt das Kaffeehaus. Kurz darauf wird ihre Leiche im frischen Schnee entdeckt, offenbar wurde sie mit einem Schal erwürgt. Ganz klar, dass dieser delikate Fall auch Chefober Leopold nicht kalt lässt …

Wir machen's spannend

Hermann Bauer
Verschwörungsmelange
978-3-8392-1061-1

»Ein ungewöhnlicher Mordfall im Fußballmilieu. Unbedingt lesen!«

Die traditionsreichen Wiener Bezirksfußballvereine »Floridsdorfer Kickers« und »Eintracht Floridsdorf« beabsichtigen zu fusionieren. Vor allem die Anhänger der Eintracht können sich damit nicht abfinden und verschwören sich während einer Versammlung im Café Heller einmütig gegen die Pläne. Kurz darauf entdeckt Chefober Leopold den stärksten Verfechter der Fusion, Wolfgang Ehrentraut, erstochen hinter einem Fußballtor des Eintracht-Sportplatzes.

Leopold findet heraus, dass der Funktionär nicht nur im Fußballverein etliche Feinde hatte …

Wir machen's spannend

Hermann Bauer
Karambolage
978-3-89977-796-3

»Hermann Bauer taucht tief ein ins Kleinbürgermilieu, wo es nach ungelüfteten Nebenzimmern, verschüttetem Alkohol und uneingestandenen Sehnsüchten mieft.«
SWR.de

Wien, zur Osterzeit. Nach einem Billardturnier im Kaffeehaus »Heller« wird der Sieger, Georg Fellner, vor ein Auto gestoßen. Niemand hat etwas Genaues gesehen, denn es ist Nacht und stockfinster. Nicht nur sein Kontrahent Egon Sykora gehört zu den Verdächtigen, denn Fellner war ein Zyniker und Provokateur, den kaum jemand leiden konnte … Ein neuer Fall für Wiens liebenswürdigsten Ermittler – Chefober Leopold!

Wir machen's spannend

Hermann Bauer
Fernwehträume
978-3-89977-750-5

»Der erste Fall für den neugierigen Chefober Leopold!«

Ruhig liegt das Kaffeehaus »Heller« im nebligen Wien nördlich der Donau. Dies ändert sich schlagartig, als ein Stammgast, die pensionierte Susanne Niedermayer, erschlagen aufgefunden wird. Die Polizei vermutet einen Betrunkenen als Täter, doch Chef-Ober Leopold mag nicht an diese Version glauben …

Wir machen's spannend

Anni Bürkl
Göttinnensturz
978-3-8392-1419-0

»Willkommen im Club der Krimiheldinnen!«
Kurier

Frühling im Ausseerland: In Berenikes Teesalon herrscht Hochbetrieb. Dann gibt es eine ermordete Dirndl-Schönheit im Wolfgangsee. Was geht im idyllischen Ausseerland vor, dass ausgerechnet die traditionellen Trachten als Mordwerkzeuge gebraucht werden? Mittendrin Berenikes Liebhaber, der Kriminalpolizist Jonas Lichtenegger, bei dem ein Burnout droht. Als weitere Todesopfer auftauchen und Jonas sich immer mehr von Berenike entfremdet, ermittelt sie auf eigene Faust …

Wir machen's spannend

Marlene Faro
Kalter Weihrauch
978-3-8392-1453-4

»Chefinspektor Artur Pestallozzi und Gerichtsmedizinerin Lisa Kleinschmidt ermitteln wieder!«

Chefinspektor Artur Pestallozzi wird zu seinem zweiten Fall an den Wolfgangsee gerufen. Eine tote junge Frau ist neben dem Adventmarkt gefunden worden, offenbar eine Novizin aus dem nahen Kloster. Ihr Körper weist Spuren von Mißhandlungen auf und ein Merkmal, das nicht nur Gerichtsmedizinerin Lisa Kleinschmidt zutiefst verstört. In die Ermittlungen platzt ein zweiter Mord, Angst vor einem Serienkiller macht sich breit. Da gibt eine Nonne einen Hinweis, der zunächst völlig unglaublich klingt.

Wir machen's spannend

Unsere Lesermagazine
2 x jährlich das Neueste aus der Gmeiner-Bibliothek

Alle Lesermagazine erhalten Sie in Ihrer Buchhandlung oder unter www.gmeiner-verlag.de.

24 x 35 cm, 32 S., farbig; inkl. Büchermagazin »nicht nur« für Frauen

10 x 18 cm, 16 S., farbig

GmeinerNewsletter
Neues aus der Welt der Gmeiner-Romane

Haben Sie schon unsere GmeinerNewsletter abonniert?

Monatlich erhalten Sie per E-Mail aktuelle Informationen aus der Welt der Krimis, der historischen Romane und der Frauenromane: Buchtipps, Berichte über Autoren und ihre Arbeit, Veranstaltungshinweise, neue Literaturseiten im Internet und interessante Neuigkeiten.

Die Anmeldung zu den GmeinerNewslettern ist ganz einfach. Direkt auf der Homepage des Gmeiner-Verlags (www.gmeiner-verlag.de) finden Sie das entsprechende Anmeldeformular.

Ihre Meinung ist gefragt!
Mitmachen und gewinnen

Wir möchten Ihnen mit unseren Romanen immer beste Unterhaltung bieten. Sie können uns dabei unterstützen, indem Sie uns Ihre Meinung zu den Gmeiner-Romanen sagen! Senden Sie eine E-Mail an gewinnspiel@gmeiner-verlag.de und teilen Sie uns mit, welches Buch Sie gelesen haben und wie es Ihnen gefallen hat. Alle Einsendungen nehmen automatisch am großen Jahresgewinnspiel mit attraktiven Buchpreisen teil.

Wir machen's spannend